Für Monika, die beste Reisebegleiterin der Welt.

Wilfried Hildebrandt

Reisehusten

und andere Urlaubsabenteuer

© 2016 Wilfried Hildebrandt
Umschlag: Monika Hempel
Karten: © OpenStreetMap contributors
Routen: OpenRouteService.org

Verlag: tredition GmbH, Hamburg

ISBN
Paperback   978-3-7345-8306-3
Hardcover   978-3-7345-8307-0
e-Book   978-3-7345-8308-7

Printed in Germany

Das Werk, einschließlich seiner Teile, ist urheberrechtlich geschützt. Jede Verwertung ist ohne Zustimmung des Verlages und des Autors unzulässig. Dies gilt insbesondere für die elektronische oder sonstige Vervielfältigung, Übersetzung, Verbreitung und öffentliche Zugänglichmachung.

Inhalt

Wenn einer eine Reise tut 6
Wernigerode (Harz) 7
Grünheide (Berliner Umland) 14
Breege (Rügen) 18
Mielno (Polen) 22
Schweriner See (Berliner Umland) 32
Konopiště (ČSSR) 40
Chałupy (Polen) 49
Börnichen (Erzgebirge) 62
Achtopol (Bulgarien) 74
Westberlin 104
Železná Ruda (ČSSR) 112
Frammersbach (Spessart) 123
Amsterdam 137
Pfronten (Allgäu) 146
London 158
Genf 174
Stockholm 193
Port Leucate (Frankreich) 208
Euronat Grayan (Frankreich) 230
Sliema (Malta) 249
Toronto 261
Humboldt (Kanada) 275
Banff (Kanada) 288

Wenn einer eine Reise tut ...

... dann kann er was erzählen oder er schreibt seine Erlebnisse auf. Das Schreiben hat den Vorteil, dass man länger nachdenken kann, bevor man seine Abenteuer schildert. Heutzutage gibt es ja die Möglichkeit alles im Internet zu recherchieren, sodass man auch Jahrzehnte nach einer Reise noch recht gut weiß, wo man vorbeigekommen ist und was man gesehen hat - oder auch nicht.

Für den Leser hat es den Vorteil, dass er nicht wie der Zuhörer Interesse vortäuschen muss. Er kann ungeniert gähnen und wenn ihm danach ist, sogar einschlafen, ohne dass er sich den Zorn des Erzählers zuzieht. Natürlich hoffe ich, dass niemand bei der Lektüre meiner Reiseerlebnisse einschläft, aber wenn es nicht anders geht, dann bitte. Es ist schließlich kein Krimi, der seine Leser derart fesselt, dass sie gar nicht mehr schlafen können.

In diesem Buch berichte ich über meine Reisen von 1958 bis 1995 oder anders ausgedrückt von Wernigerode bis in die kanadischen Rocky Mountains.

Namen von Menschen habe ich mit Absicht nicht genannt, und wo es doch nötig schien, habe ich sie verändert. Firmennamen kommen vor, sollen aber keine Werbung für das jeweilige Unternehmen sein. Manchmal ließ es sich einfach nicht vermeiden, sie zu nennen.

In der Hoffnung für eine gute Unterhaltung sorgen zu können, wünsche ich viel Spaß beim Lesen.

Wernigerode (Harz)

Meine allererste Reise machte ich im Juli 1958. Meine Mutter war der Meinung, man müsse sich auch mal etwas gönnen, weshalb sie ihre alte Schulfreundin Ilse, die beim Reisebüro arbeitete, bat uns eine Reise zusammenzustellen – egal wohin. Das tat die liebe Freundin dann auch und organisierte unseren Urlaub in Wernigerode am Harz.

Da es am und nicht im Harz heißt, dachte ich mir: „Schade, dicht daneben!"

Weil es zur damaligen Zeit nicht selbstverständlich war, dass man Unterkunft und Fahrkarten wie gewünscht bekam, gab meine Mutter ihrer Schulfreundin fünf Westmark. Für meine Mutter war das kein großes Opfer, denn sie arbeitete in West-Berlin und verdiente demzufolge Westgeld. Für die Beschenkte hingegen waren fünf DM ein Vermögen. Beim Umtauschkurs von 1 zu 4, der damals galt, waren das immerhin zwanzig Ostmark – ganz abgesehen davon, was man sich in Westberlin alles von fünf DM kaufen konnte.

Ich muss ehrlich sagen, dass ich dem ganzen Unterfangen einigermaßen skeptisch gegenüberstand. Erstens war ich bis dahin noch nie verreist gewesen und fühlte mich zu Hause eigentlich ganz wohl und zweitens fiel die Reise zeitlich mit meinem zehnten Geburtstag zusammen, sodass ich befürchtete, die Feier und somit die Geschenke könnten mir verloren gehen.

Auch meine Großmutter, die schon 75 Jahre alt war, sollte mit. Sie machte gute Miene zum bösen Spiel, aber sie wäre ebenfalls viel lieber daheim geblieben.

Trotz aller Bedenken wurde es eines Morgens ernst. Schon tagelang waren zwei Koffer gepackt worden. Diese trug uns ein freundlicher Nachbar aus unserer Wohnung im vierten Stock herunter zu einem bereitstehenden Taxi.

Die Organisation eines Taxis zu dieser Zeit stelle man sich jetzt nicht zu einfach vor. Die Mehrheit der Bevölkerung, zu der wir gehörten, hatte kein Telefon. Hätten wir eines gehabt, hätte uns das in diesem Fall aber auch nichts genützt, denn es gab keine Taxizentrale, bei der man anrufen konnte und die Taxis wären auch gar nicht erreichbar gewesen, denn sie besaßen keine Funkgeräte. Deshalb musste meine Mutter wohl schon im Morgengrauen auf die Straße gegangen sein und solange gewartet haben, bis ein Taxi vorbeigekommen war, das sie anhalten und vor unsere Tür beordern konnte.

Wir fuhren also zum Ostbahnhof. Dort winkte meine Mutter einen Gepäckträger heran, der unser Gepäck gegen Zahlung eines Trinkgeldes bis an den Zug brachte.

Ilse hatte meiner Mutter gesagt: „Das Geld für die erste Klasse kannst du dir sparen – die zweite Klasse ist genauso gut". Dass dies ein Irrtum war, bemerkten wir, als wir unsere reservierten Plätze gefunden hatten. Wir saßen im wahrsten Sinne des Wortes in der Holzklasse.

Mir machte die Eisenbahnfahrt trotzdem riesigen Spaß, war ich doch bis dahin immer nur mit S- und U-Bahn in Berlin unterwegs gewesen. Besonders interessant fand ich die letzte Etappe. Wir fuhren in den Bahnhof Halberstadt vorwärts ein und rückwärts wieder heraus. Meine Befürchtung, dass wir somit wieder nach Hause fahren würden, bestätigte sich aber glücklicherweise nicht.

Endlich waren wir am Ziel, dem Bahnhof von Wernigerode. Dort sollten wir von dem Vermieter der Ferienwohnung, wie man heute sagen würde, abgeholt werden. Der Herr mit dem seltsamen Namen Pilz glänzte allerdings durch Abwesenheit. Meine Mutter hatte mir bereits zu Hause stundenlang eingebläut, dass man über Namen nicht lacht und ich hatte mir fest vorgenommen, dies zu beherzigen. Eigentlich fand ich den Namen auch gar nicht so lustig.

Als wir eine Weile unschlüssig wartend auf dem Bahnhofsvorplatz herumgestanden hatten, kam plötzlich eine Frau auf uns zu. Sie fragte in einer für mich seltsamen Aussprache: „Worten Sie auf Herrn Bilz?". Als meine Mutter dies bejahte, fuhr die fremde Dame fort: „Denn gomm Se mol mit mir mit, Se wohnen nämlich bei mir, denn die Bilzens vermieden gor nich mehr seit dies Johr."

Meine Mutter stellte uns vor und fragte dann die neue Vermieterin nach deren Namen.

„Och so, jo, ich bin de Fra Brihschwein".

„Frau Brühschwein?" fragte meine Mutter sicherheitshalber nach.

„Soch ich doch!", war die Antwort.

Da konnte ich mich nicht mehr beherrschen und prustete los. Meine Mutter warf mir einen strafenden Blick zu, aber meine Oma schaute mich verständnisvoll an, wobei ein kleines Lächeln um ihren Mund spielte.

Frau Brühschwein schien diese Reaktion auf die Nennung ihres Namens gewohnt zu sein und ließ sich nichts anmerken. Sie nahm in jede Hand einen unserer Koffer, sodass wir gar nichts mehr zu tragen hatten und schritt vor uns her in die Stadt. Meine Oma hatte Probleme mit dem vorgegebenen Tempo mitzuhalten und so liefen wir in einem sehr lang gestreckten Gänsemarsch durch Wernigerode. Vorn lief Frau Brühschwein, etwa zehn Meter dahinter liefen meine Mutter und ich und weitere 20 Meter dahinter keuchte meine Großmutter.

Schließlich erreichten wir das angesteuerte Haus. Darin ging es eine Hühnerstiege hoch und im ersten und zugleich obersten Stock waren unsere beiden Zimmer. Das größere Zimmer war mit einem Doppelbett und einigen Wohnzimmermöbeln ausgestattet. Es hatte eine zweite Tür, die auf einen Balkon führte. Nach Überwindung einiger Stolperstellen, bestehend aus Löchern im Betonfußboden und zwei hervor ragenden Balken, gelangte man in ein kleineres Zimmer mit nur einem Bett, einem Nachttisch und einem Hocker. So ähnlich hatte ich mir immer Gefängniszellen vorgestellt. Meine Oma nannte diesen ihr zugedachten Raum vornehm „Alkoven".

Meine Mutter besprach noch einige Details mit der Vermieterin. Dabei kam heraus, dass die Frühstücksversorgung nicht so, wie gebucht durchführbar war, denn Herr und Frau Brühschwein arbeiteten von morgens bis abends bei der LPG.

„Frieschtick müssen Se sich schon selbor mochen. Se gänn sich jo ne Quiddung gäbn lossen und dann lossen Se sich das Geld vom Reisebüro zurickgäbm", riet uns Frau Brühschwein.

Gütigerweise wurde uns aber Geschirr in Form von jeweils drei Tellern, Tassen, Untertassen, Messern und Löffeln sowie einer Kaffeekanne und einem Tauchsieder zur Verfügung gestellt. Brötchen und Belag sollten wir uns selber kaufen und Kaffee konnten wir uns brühen. Zum Glück hatte sich meine Mutter nicht auf den vermeintlich angebotenen Ostkaffee verlassen wollen und deshalb vorsorglich ein Pfund Westkaffee in den Koffer gepackt.

Zur Körperpflege gab es eine Porzellanschüssel, in der eine Porzellankanne stand, in welcher sich Wasser befand. Zum Abtrocknen gab es ein Minihandtuch pro Person. Man schüttete sich aus der Kanne etwas Wasser in die Schüssel, dann wusch man sich Gesicht und Hände. Hatte man sich abgetrocknet, schüttete man das Wasser vom Balkon auf den Hof.

Das Frühstück verlief folgendermaßen: Während meine Oma Kaffee kochte, ging meine Mutter mit mir zum Konsum, dem Urahn des heutigen Supermarktes, um täglich Brötchen und je nach Bedarf Marmelade, Butter und Milch zu kaufen. Als meine Mutter nach einer Quittung fragte, schaute der Verkäufer sie nur mitleidig an. Man rechnete damals im Laden noch im Kopf und hatte keine Kasse, aus der ein bedruckter Papierstreifen herauskam. Eine Schrippe – oder Semmel, wie man dort sagte – kostete fünf Pfennig, sodass es müßig war, dafür Belege zu sammeln. Einzig für ein Glas Mehrfruchtmarmelade und ein halbes Pfund Butter bekamen wir eine Quittung.

Als meine Mutter einmal Kopfschmerzen hatte, gingen wir zur Apotheke. Während wir dort anstanden, staunte ich nicht schlecht, als eine Frau vor uns nach etwas zum Spielen fragte. Ich war gespannt was sie bekommen würde, wurde aber enttäuscht, als die Apothekerin ihr nur etwas zum Gurgeln gab. Anscheinend war das Spielzeug ausverkauft.

Wir machten viele schöne Wanderungen zum Christianental und ich konnte mir die Geschichten von Karl May viel besser vorstellen, sah ich doch zum ersten Mal in meinem Leben Berge und Wald. Ich sah förmlich, wie Winnetou und Old Shatterhand durch die Schlucht ritten, in der wir gerade wanderten und wie oben im dichten Gebüsch die feindlichen Krieger der Kiowa lauerten.

Mittags aßen wir meist im Ratskeller in Wernigerode und es gab jeden Tag „Kasper Rippenspeer" - jedenfalls verstand ich es so. Ich war enttäuscht, dass beim Essen nie Kasperletheater vorgeführt wurde. Außerdem wunderte ich mich über den seltsamen Nachnamen. Aber das Essen war trotzdem nicht schlecht im Ratskeller.

Einmal fiel meine Oma hin, als sie den Balkon überqueren wollte. Abgesehen davon, dass sie sich dabei weh tat, ging auch noch eine Tasse zu Bruch, die sie sich wohl zur nächtlichen Lagerung ihrer Zähne immer mitnahm. Wie aus dem Nichts tauchte plötzlich Frau Brühschwein auf und schrie höchst erregt: „Die Dosse bezohln Se mir ober!" Sie schien wohl kein weiteres Geschirr zu haben, denn während der restlichen Zeit mussten wir uns zwei Tassen teilen. Damals konnte man ja auch nicht einfach in ein Geschäft gehen, wenn man etwas brauchte. Da musste man warten bis mal wieder eine Lieferung mit der gewünschten Ware eingetroffen war und außerdem den Verkäufer gut kennen. Die Versorgung der DDR-Bevölkerung mit den Dingen des täglichen Lebens klappte überhaupt nicht. In dieser Beziehung waren wir Ostberliner sehr privilegiert, denn die Hauptstadt wurde am besten versorgt, war sie doch ein Aushängeschild der gesamten DDR.

Ganz in der Nähe unseres Hauses befand sich ein Bahnhof. Mit der dort verkehrenden Eisenbahn hätte man zum Brocken, der höchsten Erhebung des Harzes fahren können. Leider lag der Brocken aber genau im Grenzgebiet zwischen Ost- und Westdeutschland. Somit war es nicht möglich, spontan mit diesem Zug zu fahren. Vielmehr musste man vier Wochen vor der beabsichtigten Fahrt einen Passierschein beantragen. Ich weiß nicht, ob wir eine solche Erlaubnis bekommen hätten, aber unsere Zeit vor Ort reichte ohnehin nicht für die Beantragung und so musste der Brocken ohne uns auskommen.

Dafür unternahmen wir eine Busfahrt zu den Sehenswürdigkeiten des Harzes. Als wir an der Rosstrappe ausstiegen, stellten wir uns im Halbkreis auf und der Fremdenführer erklärte uns, was es mit diesem Eindruck in das Gestein auf sich hatte. Leider suchten wir alle vergeblich nach diesem Hufabdruck. Erst als der Reiseleiter meine Oma bat, einige Schritte beiseite zu gehen, konnten alle die Rosstrappe sehen, in der meine Oma bis eben gestanden hatte.

Diese Episode wurde bei uns zu Hause dann zu jeder sich bietenden Gelegenheit erzählt und alle lachten auch nach der zehnten Wiederholung noch darüber.

Schon in der Nacht vor meinem Geburtstag konnte ich kaum schlafen, denn meine Erwartungen an Geschenke waren enorm. Es war immerhin mein zehnter Geburtstag. Zu meiner großen Enttäuschung bekam ich dann jedoch nur ein kleines Holzauto, das nicht schlecht war, aber es war eben das einzige Geschenk. Meine Mutter und Großmutter trösteten mich damit, dass wir doch die schöne Reise machten.

Ich war ausgesprochen enttäuscht und hätte gern auf die Reise verzichtet, wenn ich dafür mehr Spielzeug bekommen hätte. Nun machte mir der Urlaub gar keinen Spaß mehr und ich konnte sein Ende kaum erwarten.

Nach einer Woche fuhren wir zurück nach Berlin. Frau Brühschwein hatte sich extra freigenommen, um uns zum Nachmittagszug zu bringen. Während der Fahrt im D-Zug schaute ich auch wieder interessiert aus dem Fenster. Plötzlich hörte ich jemanden fortwährend rufen: „Platzkarten zum Abendessen!" Ich schaute hin und sah, dass der Urheber dieser Ansage ein Mann in Eisenbahnuniform war. Soweit ich sah, machte niemand von dem Angebot Gebrauch. Das war logisch, denn obwohl ich wirklich großen Hunger hatte, wäre es mir nicht in den Sinn gekommen, Platzkarten zu essen.

Wieder nach Hause zurückgekehrt wurde meine Geburtstagsfeier nachgeholt. Ich bekam noch etliche Geschenke von meinen Verwandten und Freunden und die Welt war wieder in Ordnung.

Das Fazit, das ich aus meiner ersten Reise zog, bestand darin, dass man im Urlaub weit und unbequem fahren muss und dass die Menschen am Urlaubsort anders sprechen und heißen sowie eigenartige Dinge essen. Außerdem stellte ich fest, dass im Urlaub nicht eingeplante Kosten auf die Reisenden zukommen können.

Bei allen Reisen, die ich seitdem unternommen habe, fand ich diese, meine kindlichen Erkenntnisse, immer wieder mehr oder weniger bestätigt.

Grünheide (Berliner Umland)

Meine zweite Reise fand elf Jahre später statt. Sie war nicht so gut organisiert wie die erste, dafür aber wesentlich schöner und folgenreicher. Das lag vor allem daran, dass ich nicht mit Mutter und Oma reiste, sondern mit meiner Freundin. Wir waren beide Studenten und hatten wenig Geld. Um sich zu erholen, dachten wir, braucht man nicht weit zu fahren. Wichtig war uns eigentlich nur, dass wir außer Sichtweite ihrer Eltern und meiner Mutter waren.

Unsere Anreise begann mit einer S-Bahnfahrt nach Erkner, dort stiegen wir in den Zug nach Frankfurt an der Oder um. Das war leichter gesagt als getan, denn wir hatten beide unsere Fahrräder dabei, die mit allen benötigten Zeltutensilien vollgepackt waren. Ich erinnere mich noch gut, dass wir beim Umsteigen mehrmals die gesamte Ladung verloren und so mussten wir sie mühsam aufsammeln und provisorisch am Fahrrad befestigen. Erst als wir im Gepäckabteil des Dampfzuges saßen, konnten wir erleichtert aufatmen.

Im Nu erreichten wir den Bahnhof Fangschleuse und wuchteten unsere Räder herab auf Waldbodenniveau, denn einen Bahnsteig im heutigen Sinne gab es dort nicht. Nun galt es noch etwa zwei Kilometer mit dem Fahrrad zurückzulegen und schon waren wir auf dem Campingplatz Grünheide am schönen Peetzsee.

Den Zeltwart hatten wir schon eine Woche vorher gefragt, ob wir uns dort niederlassen dürften und er hatte zugestimmt. Es war ja kein Ostseezeltplatz, für den man sich schon fast ein Jahr vorher anmelden musste.

Wir bauten also das von meinem Cousin geborgte Zelt auf, das die Größe einer Hundehütte für Pudel hatte und pusteten unsere Luftmatratzen auf. Dann weihten wir diese erst einmal zünftig ein. Bis dahin waren wir nicht allzu oft zu zweit allein gewesen und so nutzten wir die erste Gelegenheit, um uns einmal gründlich miteinander zu beschäftigen.

Von dem vielen Beschäftigen und natürlich auch weil es inzwischen spät geworden war, bekamen wir Hunger, der uns aus dem Zelt trieb. Wir fuhren mit unseren Fahrrädern los und suchten eine Gaststätte, die wir schließlich auch fanden. An einem freien Tisch nahmen wir Platz und in Ermangelung einer Speisekarte schauten wir, was die Leute an den anderen Tischen so alles auf ihren Tellern hatten. Besonders gefiel uns ein Gericht, das aussah wie Eierkuchen mit Apfelstücken. Da ich so etwas gerne aß, bestellte ich beim Kellner zwei Portionen Eierkuchen, wobei ich zum Nebentisch deutete. Der Kellner war erst verblüfft bis er lachend erwiderte: „Das ist unser Bauernfrühstück, möchten Sie es trotzdem?".

Natürlich wollten wir und bestellten dieses ominöse Bauernfrühstück, das aussah wie Eierkuchen. Zum Trinken orderte ich forsch zwei Bier. Der Kellner sah erst mich an, dann meine Freundin, um dann streng zu fragen: „Kann ich mal den Ausweis sehen, junges Fräulein?". Sie zeigte ihm ihren Ausweis und er war zufrieden. Bei uns löste dieser Zwischenfall allerdings nachhaltige Heiterkeit aus, denn meine Freundin war drei Jahre älter als ich. Objektiv betrachtet mussten wir allerdings zugeben, dass sie mit ihren seitlichen Zöpfchen, die wir damals Rattenschwänze nannten, ohne Weiteres als 16-Jährige durchgegangen wäre.

Nachdem serviert worden war, ließen wir es uns schmecken, denn das sogenannte Bauernfrühstück und das Bier waren wirklich gut.

Es war schon sehr dunkel, als wir uns auf den Rückweg zum Zeltplatz machten. Wir hatten große Mühe den richtigen Weg zu finden. Dummerweise war gerade Neumond, sodass man nicht die Hand vor Augen sah. Ich konnte mich nur daran erinnern, dass wir auf dem Hinweg zum Restaurant ständig auf einem Kiesweg gefahren waren. Also mussten wir auch zurück auf diesem bleiben.

Solange wir noch im offenen Gelände waren ging das auch ganz gut, denn nachdem sich die Augen an die Dunkelheit gewöhnt hatten, erkannten wir den Kiesweg als schwach leuchtendes gelbes Band. Schwieriger wurde es jedoch, als wir in den Wald kamen. Da war gar nichts mehr zu sehen. Sicherheitshalber stiegen wir nun ab und schoben unsere Fahrräder. Jetzt konnten wir uns nur noch auf unser Gehör verlassen. Wenn es aufhörte zu knirschen, wussten wir, dass wir vom Weg abgewichen waren und beeilten uns, ihn wiederzufinden. Mehrmals hatten wir die Befürchtung, dass wir uns verlaufen hätten. Schließlich erreichten wir aber doch unser Zelt und fielen todmüde auf die Luftmatratzen.

Während meine Freundin es recht weich und warm hatte, lag ich quasi auf der Erde, denn meine Luftmatratze hatte sämtliche Luft verloren und ich musste sie erneut aufblasen damit ich es auch einigermaßen bequem hatte.

Wir schliefen schnell ein, weil der vergangene Tag anstrengend gewesen war und das Bier seine Wirkung entfaltete. Allerdings hielt mein Tiefschlaf nicht lange an, denn mitten in der Nacht war meine Luftmatratze wieder flach und wollte erneut mit Luft gefüllt werden. Dazu hatte ich allerdings gar keine Lust und versuchte bis zum nächsten Morgen durchzuhalten. Leider hatten wir es versäumt, vorher alle Steine, Tannenzapfen und andere Unebenheiten dort wegzuräumen, wo unser Zelt stehen sollte, weshalb ich sehr unangenehme Eindrücke vom Waldboden bekam. Es blieb mir nichts Anderes übrig, als wieder zu pusten, was allerdings meine Freundin weckte und kaum war meine Matratze prall, wollte sie, dass ich mich um ihren ebensolchen Busen kümmerte.

Am nächsten Morgen wachten wir gegen elf Uhr auf. Wir hatten riesigen Hunger und so setzten wir uns vor unser Zelt auf die Erde, um uns über unsere Vorräte herzumachen. Leider wurden wir von einem unangenehmen Geräusch, das mit einem widerlichen Geruch verbunden war, belästigt. Wie wir bemerkten, hätten wir besser auf den Standort für unser Zelt achten sollen. Wir saßen nämlich direkt neben der Toilette und während wir frühstückten wurde gerade deren Klärgrube ausgepumpt. Das geschah zum Glück nur einmal pro Woche, war aber auch dringend nötig, denn bis dahin hatte sich jeder Toilettenbesuch als wahre Stippvisite erwiesen.

Wegen des Geruchs stoppten wir sofort die Nahrungsaufnahme und verzogen uns wieder in unser Zelt.

Was soll ich sagen? Wir hatten in den zehn Tagen nicht viel Schlaf und an der Sonne waren wir auch nicht sehr oft.

Wenn ich noch erwähne, dass meine Freundin damals noch überzeugte Katholikin war und demzufolge nichts von Empfängnisverhütung hielt, kann man sich die Folgen wahrscheinlich schon denken.

Eine Bekannte von uns erzählte einmal, dass ihre Tochter Denia heißt, weil sie in Denia in Spanien entstanden sei.

Gut, dass diese Methode der Namensfindung nicht obligatorisch ist, sonst würde unser 1970 geborener Sohn Grünheide heißen, was als Vorname irgendwie komisch klänge.

Breege (Rügen)

In der DDR musste jeder männliche Student wenigstens ein Mal an einer vormilitärischen Ausbildung teilnehmen, sofern er gesundheitlich dazu in der Lage war. Da ich mich damals bester Gesundheit erfreute, folgte unmittelbar auf den Traumurlaub mit meiner Freundin die Einberufung in ein Lager der Gesellschaft für Sport und Technik (GST) auf Rügen. Es handelte sich zwar um keine Reise im üblichen Sinne, aber ich freute mich auch darauf, mal mit den Kommilitonen sechs Wochen an der Ostsee zu verbringen. Ich war bis dahin noch nie an der See gewesen.

Als wir im Zug saßen, war die Stimmung gut. Jeder gab seine Urlaubserlebnisse zum Besten und spekulierte darüber, wie denn die nächsten sechs Wochen wohl verlaufen würden. Alle zusammen waren wir fest davon überzeugt, dass die Zeit schnell und vor allem lustig vergehen würde. Unsere Ausbilder würden andere Studenten sein, die bereits bei der Armee gedient hatten. Unter diesen Umständen konnte es eigentlich nicht so schlimm werden.

In Sagard mussten wir den Zug verlassen. Dort sollten LKW auf uns warten, mit denen wir die Fahrt fortzusetzen hätten.

Als wir auf den Bahnhofsvorplatz kamen, waren dort auch tatsächlich etliche Armeelaster und bei jedem stand ein Uniformierter. Sobald diese uns erblickten, begannen sie sofort unartikuliert zu schreien. Wir verstanden, dass wir uns auf die bereitstehenden Fahrzeuge verteilen sollten, aber das wäre auch ohne dieses Gekreische klar gewesen. Das Aufsteigen wurde ebenfalls mit Gebrüll verbunden, denn wir erledigten es wohl nicht schnell genug.

Die folgende Fahrt ging mit affenartiger Geschwindigkeit über Stock und Stein, sodass wir „Passagiere" auf der Ladefläche größte Mühe hatten, uns festzuhalten, um nicht herunterzufallen.

Als die LKW endlich anhielten, begann sofort wieder ein unglaubliches Geschrei. An meine Ohren drangen Satzfetzen, wie: „Absitzen!", „Los, los, los, das muss schneller gehen", „Schlafen Sie nicht ein!" und ähnliches.

Nachdem wir von den Ladeflächen herunter waren, schrien wieder irgendwelche Uniformierten herum. Diesmal ging es darum, dass wir uns in einer Reihe anstellen – oder wie man hier sagte – „in Linie zu einem Glied antreten" sollten. Als das endlich geschafft war, wurden Namen verlesen. Zu den Namen wurde geschrien, zu welcher Gruppe, welchem Zug und welcher Hundertschaft man gehörte. Es galt nun, so schnell wie möglich zu der jeweiligen Truppe zu gelangen. Damit es möglichst zügig ging, kreischten die Uniformierten wiederum aus Leibeskräften.

Als endlich jeder seine Gruppe gefunden hatte, meldeten die Gruppenführer den Zugführern und diese wiederum dem Hundertschaftskommandeur, dass wir vollzählig angetreten waren. Die HunKos, wie wir sie bald nannten, meldeten dem Lagerkommandanten, dass wir alle da waren und der bedankte sich, um dann eifrig und lautstark auszurufen: „Na, dann lassen Sie mal ... äh ... na, Sie wissen schon!"
Wir bekamen den Befehl „Wegtreten!" und durften unserem Gruppenführer zu unserer Baracke folgen.

Nachdem wir einen Spind und ein Bett zugewiesen bekommen hatten, ging es zur Uniform- und Waffenausgabe. Wir bekamen jeder eine GST-Uniform, ein Kochgeschirr, eine Schutzmaske, einen Klappspaten und ein Gewehr, bei dem der Lauf zugelötet war.

Derartig ausgerüstet, gingen wir in die Unterkünfte, um uns umzuziehen. Ich war gerade dabei, in die Hose zu steigen, da trillerte es draußen schon. Wir hörten wieder das Gebrüll und wussten, dass wir eigentlich schon fertig sein sollten.

„Was sind denn das für Hohlkörper?", fragte mein Kumpel Roland. „Ich denke, das sind Studenten wie wir. Warum machen die denn hier so ein Theater?"

Wir kamen nicht mehr dazu, die aufgeworfene Problematik zu diskutieren, denn in diesem Moment wurde die Tür aufgerissen und unser Gruppenführer stand in der Stube. Natürlich hatte er wieder etwas in seiner unnachahmlichen Weise zu schreien.

„Was ist denn das hier für ein Sauhaufen? Wenn ich das Kommando gebe, dann stehen Sie sofort draußen mit Käppi und Koppel! Wer ist hier eigentlich der Stubenälteste?"

Wir sahen uns an und es war klar, dass ich der Älteste war, weshalb alle auf mich zeigten. Der Gruppenführer belehrte mich, dass ich immer, wenn jemand mit höherem Dienstgrad die Baracke betrat, aufspringen und Meldung machen müsse.

Als wir endlich zünftig angezogen waren, gab es eine Besprechung vor der Baracke. Wir wurden über alles Mögliche belehrt, was zu beachten war. So erfuhren wir auch, dass unsere derzeitigen Vorgesetzten nicht einfach nur Studenten waren, sondern es handelte sich ausnahmslos um langjährige Offiziere, die zum Studium abkommandiert waren. Die meisten studierten Jura und Kriminalistik. Wir ahnten, welche Karriere sie anstrebten.

Einer meiner Kommilitonen warf ein, dass bei der GST die Anrede „Kamerad" üblich sei und nicht „Genosse". Diese Kritik brachte ihm sofort Ärger ein. Er musste zehn Mal den Appellplatz umrunden. Als ich bemerkte, dass die Frage doch berechtigt sei, durfte ich gleich hinterher rennen, musste aber nach jeder Runde noch zehn Liegestütze absolvieren.

In den darauf folgenden Wochen wurden wir zu knallharten Kämpfern für Frieden und Sozialismus ausgebildet. Wir lernten schießen, Handgranaten werfen, Sturmbahn mit Eskaladierwand überwinden und vieles Andere mehr.

Außerdem hatten wir noch jede Menge Politinformation. Andauernd kamen irgendwelche Typen, die uns erklärten, dass es nur noch eine Frage der Zeit sei, bis wir das kapitalistische Lager angreifen, um den aggressiven Kriegstreibern im Westen zuvorzukommen.

„Bevor die wissen, was los ist, stehen wir schon in Köln und München!", hieß es da zum Beispiel vollmundig. Wir Berliner konnten jedoch Westfernsehen empfangen und wussten, wie voll im Westen die Autobahnen waren. Da schien es uns recht schwer in so kurzer Zeit in den besagten Städten anzukommen. „Ein Ferienwochenende darf man jedenfalls nicht für den Einmarsch nutzen", raunte mir mein Kumpel zu und holte sich dafür erneut eine Bestrafung ab.

Schön blöd fanden wir auch die Belehrung, wie man sich bei einem Atombombenabwurf zu verhalten habe. Am wichtigsten war, dass man sich auf den Boden warf und seine Waffe mit seinem Körper schützte. Wie jeder weiß, ist ja so ein Gewehr furchtbar anfällig für atomare Strahlung, was man vom menschlichen Körper absolut nicht sagen kann.

Wir gewöhnten uns irgendwann an das Herumgeschreie und absolvierten alle Wege nur noch im Laufschritt. Kurz gesagt, wir wurden geschleift. Viele Leute verwechseln ja gern geschleift und geschliffen. Ich glaube, in diesem Fall kann man beides sagen, denn immerhin nahm ich in den drei Wochen zehn Kilo ab. Mein Schleifstaub muss noch irgendwo auf dem Acker zwischen Breege und Juliusruh herumliegen.

Ach ja, die Ostsee sah ich auch einmal. Das war, als wir zur Verwunderung der Badegäste den Strand im Entengang passieren mussten.

Hätten wir nicht eigentlich sechs Wochen bleiben sollen? Im Prinzip ja, aber der 20. Geburtstag der Deutschen Demokratischen Republik stand unmittelbar bevor und es gab noch viel zu tun, damit alles rechtzeitig fertig wurde. So wurde kurzerhand die vormilitärische Ausbildung vorfristig beendet, denn wir Studenten wurden auf dem Berliner Alexanderplatz gebraucht. Ich arbeitete in meinem erlernten Beruf als Elektriker auf dem Fernsehturm, wo ich mich viel wohler fühlte als auf dem Gefechtsacker.

Mielno (Polen)

Im Sommer 1972 unternahm ich meine erste Reise ins Ausland. Es begleiteten mich dieses Mal unser Sohn und meine Freundin, die inzwischen die Mutter unseres gemeinsamen Sohnes geworden war. Wir waren eigentlich nicht verheiratet, aber ich nannte sie damals einfach „meine Frau". Wörter wie Lebensgefährtin oder Lebensabschnittspartner waren zu dieser Zeit noch nicht gebräuchlich.

Um das nötige Urlaubsgeld zu bekommen, hatte ich viele Nächte lang im Werk für Fernsehelektronik heiße Bildröhren durch die Gegend geschleppt.

Meine Schwägerin kannte einen Zeltplatz in Polen im Ort Millno, wie sie ihn nannte, auf dem man Ferienhäuschen mieten konnte. Sie übernahm Umtausch und Transfer des Geldes für uns.

Unseren inzwischen 2jährigen Sohn hatten wir schon früh darüber informiert, dass wir im Sommer alle drei in den Urlaub fahren würden. Allerdings konnte er sich nicht so recht vorstellen, was das bedeutete.

Nachdem alle Vorbereitungen getroffen waren, konnte es an einem Morgen im August endlich losgehen. Wir stiegen am Ostbahnhof in den Zug, der uns nach Szczecin (Stettin) brachte. Dort mussten wir umsteigen und unsere Fahrt mit der polnischen Staatsbahn bis Kotschalin, wie meine Schwägerin es aussprach, fortsetzen.

Zwar durften wir zu dieser Zeit visafrei nach Polen reisen, aber dennoch dauerte die Grenzkontrolle eine gefühlte Ewigkeit und so kamen wir sehr spät in Stettin an. Nachdem wir ausgestiegen waren, fragte ich einen polnischen Eisenbahner in Ermangelung eines größeren polnischen Wortschatzes einfach nur: „Kotschalin?" Der Schaffner sah mich verständnislos an. Zum Glück erinnerte ich mich an den Zielbahnhof des Zuges und fragte nach „Gdańsk". Der Gesichtsausdruck des Eisenbahners hellte sich auf und er antwortete: „Peron pierwszy!". Ich verstand wegen jahrelangen Russischunterrichts, dass er Bahnsteig 1 meinte und sagte „dziękuję", weil ich das polnische Wort für „danke" vorsorglich gelernt hatte. Dann setzten wir uns schnell in Bewegung, um den Zug noch zu erreichen.

Wir gingen eine eiserne Treppe herunter und gelangten so auf einen sehr schmalen Bahnsteig. Der Zug stand da, aber weit und breit war kein anderer Fahrgast zu sehen und auch Bahnpersonal fehlte vollständig. Es gelang mir eine Wagentür zu öffnen, die sich in ziemlich großer Höhe genau zwischen zwei der vielen auf dem Bahnsteig befindlichen Blumenkübel befand. Ich fragte mich, wie es dem Lokführer gelang, den Zug immer so anzuhalten, dass alle Türen der Wagen zugänglich blieben. Das war schon Präzisionsarbeit. Zum Glück halfen uns freundliche polnische Fahrgäste im Inneren des Zuges beim Einsteigen, denn während wir unser Gepäck und unser Kind in den Waggon hievten, fuhr der Zug schon an. Wir wunderten uns, dass wir keinerlei Abfahrtsignale gesehen oder gehört hatten. Es gab ja auch gar kein Bahnpersonal auf diesem Bahnsteig, was wir für sehr leichtsinnig hielten.

Als wir dann endlich glücklich an Bord waren und aus den Fenstern auf der anderen Seite schauten, bemerkten wir, dass wir auf der falschen Seite eingestiegen waren. Wir waren in der Eile auf einem schmalen Hilfsbahnsteig gelandet. Einerseits durchfuhr uns ein riesiger Schreck, aber andererseits war es uns wahrscheinlich nur auf diese Weise möglich gewesen, den Zug noch zu erreichen. Dass kein Pole sich aufgeregt hatte, weil wir etwas falsch gemacht hatten, machte uns dieses Volk sofort sympathisch.

Wir fanden ein Abteil, in dem noch drei Plätze frei waren. Sofort wurden wir von den polnischen Mitreisenden angesprochen. Eine Dame konnte sogar Deutsch. Sie fragte, wohin wir denn reisten und ich antwortete: "Millno". Sie schaute mich nachdenklich an, dann fragte sie, wo das denn sein sollte. „Bei Kotschalin", erwiderte ich. Sie sprach mit den anderen Polen im Abteil und sie kamen schließlich zu dem Schluss, dass wir nach Mielno bei Koszalin fuhren, was sich bei ihr ganz anders anhörte. Als ich zu meiner Frau sagte, dass wohl die Aussprache meiner Schwägerin nicht so ganz stimme, nahm sie ihre Schwester sofort in Schutz und meinte, es könne sich doch auch um verschiedene polnische Dialekte handeln.

Von Koszalin nach Mielno mussten wir noch mit einem Bus fahren. Auf dem Bahnhofsvorplatz standen schon einige Busse und es galt herauszufinden, welcher der richtige für uns war. Ich ging zu allen Bussen, aber an keinem fand ich das gesuchte Fahrtziel. So ging ich zu dem ersten Bus in der Reihe der als Fahrziel Kołobrzeg anzeigte und fragte den Fahrer: „Do Millno?" Ich hatte nämlich im Zug schon die Präposition „do" kennengelernt und wusste, dass sie „nach" bedeutet. Trotzdem schaute mich der Busfahrer sehr fragend an. Er wusste offensichtlich gar nicht, was ich von ihm wollte. Ich zeigte auf sein Schild, auf dem das Ziel stand. Er kletterte daraufhin aus dem Bus und schaute sich sein Schild an, um kopfschüttelnd wieder einzusteigen. Plötzlich fiel mir meine falsche Aussprache des Städtenamens ein, die schon vorher für Verunsicherung gesorgt hatte und ich wiederholte meine Frage folgendermaßen: „Do Mielno?" Da erhellte sich das Gesicht des Busfahrers und er machte eine einladende Geste. Dazu sagte er etwas, das ich nicht verstand, in dem aber das Wort „Mielno" vorkam. Wir stiegen ein und nach etwa einer halben Stunde Fahrt waren wir endlich am Ziel.

Von der Bushaltestelle war es nur noch ein Katzensprung bis zum Zeltplatz.

Wir fanden sofort den Besitzer und begrüßten ihn auf Deutsch. Zu unserer großen Freude sprach dieser auch tatsächlich unsere Sprache. Das erleichterte die Kommunikation sehr. Der freundliche Herr zeigte uns unser Häuschen. Es war winzig klein, aber für uns drei würde es auf jeden Fall reichen.

Der Platz hatte neben zahlreichen gleich aussehenden kleinen Häuschen auch einen Sanitärtrakt, der von außen sehr ordentlich aussah. Leider hatte man aber vergessen in die schönen neuen Toiletten eine Spülung einzubauen. Der Besitzer erklärte uns, dieses Gebäude sei projektiert und erbaut worden als Abschlussarbeit einer Berufsfachschule. Ich nahm an, dass alle Prüflinge durchgefallen waren.

Der Vermieter riet uns, nur morgens kurz nach sechs auf die Toilette gehen, da er diese jeden Morgen um sechs mittels Wasserschlauch reinige. Abflüsse waren glücklicherweise vorhanden.

Meine Frau und unser Sohn mussten sich nach der Ankunft erst mal hinlegen. Sie waren von der Reise sehr erschöpft. Inzwischen erkundete ich die Umgebung. Ich wollte wissen, wo es zum Strand ging, wo man morgens Brötchen bekam und wo man mittags essen gehen konnte. Ich war einigermaßen erfolgreich mit meiner Erkundung und so konnten wir sofort zum Strand gehen nachdem die beiden ihren Mittagsschlaf beendet hatten.

Während wir gingen, fragte unser Sohn ständig: „Wo ist denn der Urlaub?". Unsere Antwort, dass dies der Urlaub sei, verstand er nicht. Das war ihm noch zu abstrakt. Worüber er sich allerdings freute, war das Geräusch, das das Meer macht, wenn es auf Land trifft. Er hob seinen kleinen Zeigefinger und rief: „Horch, Eisenbahn!" Es war schwer, ihm klarzumachen, dass nicht die Eisenbahn, sondern die Ostsee sich so anhörte. Wir fürchteten, dass in ihm Zweifel am Sinn dieser Reise kamen, denn nirgends war der viel zitierte Urlaub zu finden und außerdem fuhr hier nicht einmal die Eisenbahn.

Dass es doch nicht so schlecht war, an der polnischen Ostsee zu sein, stellte er in den nächsten Tagen fest. Es gab am Kiosk, der sich „Ruch" nannte, tolle Lutscher. Er musste nur „Lizak" sagen und schon hatte er einen. Außerdem gab es an verschiedenen Buden Placki, Rurki und viele andere leckere Sachen, die wir zu Hause nicht hatten.

Überhaupt waren wir erstaunt, wie viel die Polen überall anboten. Es gab Obst und Gemüse, was in der DDR zu dieser Zeit Mangelware war. Überall fand man Stände mit Zuckerwatte, Eis oder anderen leckeren Sachen vor allem für Kinder. Es war schwer, mit unserem Sohn die Hauptstraße von Mielno entlangzugehen, ohne ständig etwas Süßes für ihn zu kaufen.

Wir hatten notgedrungen ein ganz hartes Finanzregime. Ich verwaltete das polnische Geld und hatte ausgerechnet, dass wir jeden Tag höchstens 100 Złoty ausgeben durften, um mit unserem Budget über die Runden zu kommen. Das entsprach nach offiziellem Wechselkurs 20 Mark der DDR.

Zum Mittag aßen wir vor allem die preiswerten Speisen. Besonders das traditionelle polnische Gericht Bigos hatte es uns angetan. Die Polen aßen es mit Brot, aber die Kellner dachten immer, dass Deutsche lieber Kartoffeln essen und so mussten wir immer dazu sagen „Z chlebem", damit wir es auch mit Brot erhielten.

Am Strand fühlte sich unser Kleiner ausgesprochen wohl und hatte keine Angst vor den Wellen. Besondere Höhepunkte waren die Momente, da Eisverkäufer vorbei kamen und lautstark für Lody warben. Dann bekam er ein paar Złoty von uns und durfte sich selbst ein Lody Bambino kaufen. Ich blieb immer in Reichweite, falls es zu Problemen kommen sollte. Das war allerdings absolut unnötig, denn alle waren sehr nett zu uns.

Wir waren erstaunt, dass es jemanden gab, der Eis am Strand verkaufte. Das hatten wir in der DDR nicht.

Eine dramatische Situation entstand einmal, als wir für etwa eine Sekunde unseren Sohn aus den Augen gelassen hatten. Er war plötzlich weg! So sehr wir auch den Strand mit den Augen absuchten – er blieb verschwunden! Alle Kinder sahen an dem belebten Strand gleich aus; sie waren blond und nur mit einem Eimerchen bekleidet. Wir sprangen erschrocken auf und suchten überall nach unserem Kleinen. Sogar im Wasser suchte ich aus Furcht, er könne untergegangen sein. Er war einfach nicht zu finden.

Da plötzlich drang sein kleines Stimmchen an mein Ohr: „Huhu Papi, kuck mal, wo ich bin!". Mir schien die Stimme aus der Höhe zu kommen und ich blickte nach oben. Da sah ich ihn. Er war auf einen dieser Türme für Bademeister geklettert und winkte von oben begeistert herunter. Der Stein, der uns damals vom Herzen fiel, war riesengroß.

Neben unserem Häuschen hatte eine junge Polin ihr Zelt aufgebaut. Wir grüßten sie mit einem freundlichen „dzień dobry", wenn sie nachmittags verschlafen aus ihrem Zelt kroch. Sie hatte fast jede Nacht einen anderen Mann im Zelt. Wenn sie manchmal ihre Matratze zum Trocknen herausstellte, erinnerte diese an eine Landkarte aus unserem Schulatlas. Hin und wieder mussten wir sie ermahnen, nicht ganz so laut zu sein. Immerhin sollte unser Sohn abends einschlafen.

Am Eingang des Platzes gab es einen Grill, an dem wir fast täglich ein Stück Bratwurst kauften, die hier kiełbasa hieß und nach Gewicht bezahlt wurde. Eines Abends kamen wir vom Strand zurück und zu unserem größten Erstaunen saß unsere Nachbarin hinter dem Grill und reinigte sich gerade mit dem Fleischermesser die Fingernägel. Sie schien zur Wurstverkäuferin aufgestiegen zu sein. Unser Sohn steuerte schnurstracks auf den Grill zu, aber wir nahmen ihn bei der Hand und wollten direkt zu unserem Haus gehen. Da wir ihm unsere Vorbehalte bezüglich der Hygiene der jungen Dame nicht klarmachen konnten, hatten wir das schwere Los, ein müdes schreiendes Kind über die gesamte Anlage tragen zu müssen. Er brüllte ständig aus Leibeskräften: „Würstchen essen, Würstchen essen!"

Das Marmeladenbrot, das wir ersatzweise anboten, verschmähte er.

Durch das Kindergeschrei aufgeschreckt schauten viele Leute erstaunt aus ihren Häusern. So bemerkten wir, dass sich in unserer Nachbarschaft zwischenzeitlich zwei Familien aus der DDR eingemietet hatten. Wie man dem Autokennzeichen und ihrem Dialekt entnehmen konnte, kamen sie aus dem Bezirk Erfurt und wir staunten, wie die fünf Erwachsenen die lange Fahrt in einem Auto ausgehalten hatten.

Noch mehr aber staunten wir, was die Herrschaften alles so bei sich führten. Zwischen den beiden von ihnen bewohnten Häusern spannten sie eine Wäscheleine, die sie mittels Hammer und Nägeln befestigten. Dann packten sie zwei Kochplatten, zwei Tauchsieder und mehrere Töpfe aus. Sie schienen wohl schon sehr lange unterwegs gewesen zu sein, denn sie begannen sofort Wäsche zu waschen. Dazu musste natürlich Wasser erwärmt werden. Als sie jedoch ihre Kochplatten und ihre Tauchsieder in Betrieb nahmen, fiel augenblicklich in der gesamten Ferienanlage der Strom aus. Die Sicherungen waren durchgebrannt.

Der Besitzer kam und bat höflich, nicht so viel Strom zu verbrauchen. Daraufhin kam es zu einem erregten Wortwechsel, in dessen Verlauf die Deutschen wohl auf unsere Unterstützung hofften. Wir hielten uns aber heraus, denn wir wollten ihnen nicht sagen, dass wir es auch seltsam fanden, im Urlaub einen solchen Aufwand zu betreiben.

So wuschen sie wahrscheinlich ihre Geschirr- und Taschentücher in lauwarmem Wasser, um sie am nächsten Tag mit dem mitgebrachten Bügeleisen zu glätten.

Im weiteren Verlauf des Urlaubs sollten wir noch viel mehr staunen, denn diese Campingfreunde hatten stets ein blütenweißes, besticktes

Tischtuch, das sie über den vor ihrem Haus stehenden Holztisch legten. Sie aßen auch nicht wie wir von Brettchen, sondern hatten für jede Mahlzeit das korrekte Geschirr und Besteck dabei. Die Krönung waren die Butterdose und das Marmeladenschälchen, die beide aus Kristall waren.

In der einen Woche, die sie dort waren gingen die beiden Männer mit dem erwachsenen Sohn ein einziges Mal zum Strand. Die Frauen waren eigentlich die ganze Zeit mit Hausarbeiten beschäftigt. Wir staunten nur, dass sie keinen Staubsauger bei sich hatten.

Abends saßen sie lange zwischen ihren Häusern und tranken ihr aus der DDR mitgebrachtes Bier.

Noch heute frage ich mich, wie sie das alles in den Skoda S100 hineinbekommen hatten, der besaß nämlich einen Heckmotor und war deshalb nicht mit einem großen Kofferraum gesegnet.

Es mag heute unglaublich klingen, aber in der DDR war es auf legalem Weg nicht möglich Räucheraal zu bekommen. In Polen schien das kein Problem zu sein. Überall wurde Węgorz angeboten und ein Blick ins Wörterbuch zeigte, dass es sich dabei um Aal handelte. Trotz knapper Kasse beschlossen wir einen Räucheraal zu kaufen. Vorher machten wir uns Gedanken über das genaue Vorgehen. Man hörte ja schlimme Dinge von den Polen. Sie sollten Touristen betrogen und sie sogar zusammengeschlagen haben. Ich wollte also allein gehen und nichts außer einem 500 Złoty-Schein bei mir haben. Sogar meinen Personalausweis ließ ich bei meiner Frau, damit ihn mir niemand wegnehmen konnte. Dann ging ich zum Hafen, wo die Fischer ihre Ware feilboten. Der Aal sollte die ungeheure Summe von 240 Złoty kosten. Wir wurden uns handelseinig, der Fischer packte den Aal ein und gab ihn mir. Ich übergab ihm dafür den Geldschein und bekam eine Menge Wechselgeld heraus.

Irgendwie hatte ich das Gefühl, etwas Kriminelles getan zu haben und entfernte mich deshalb so schnell wie möglich von der Stelle des Geschehens. Als ich zurück bei meiner Frau war, gab ich ihr das Wechselgeld, das sie sofort argwöhnisch nachzählte. Sie zählte mehrmals und fragte dann: „Was für einen Schein hast du hingegeben?"

„500 Złoty," antwortete ich ängstlich, denn ich befürchtete, dass ich zu wenig herausbekommen hatte.

„Nein, du musst ihm 1000 Złoty gegeben haben, denn du hast 760 zurückbekommen."

Ich war ganz sicher, dass das nicht sein konnte, denn wir hatten uns vor der Reise das polnische Geld neugierig angesehen und ich war sicher, dass kein 1000 Złoty-Schein dabei gewesen war.

Ich bitte jetzt noch den Fischer im Hafen von Mielno um Verzeihung, aber ich bin nicht zurück gegangen, um ihm sein zu viel gezahltes Geld zurückzugeben. Zur Entschuldigung kann ich nur den heute oft zu hörenden Spruch zitieren: „Wir waren jung und brauchten das Geld." Ich hoffe, der Fischer ist deshalb nicht verarmt.

An einem Wochenende bekam unser Zeltplatzbesitzer Besuch von seiner Familie. Dabei war auch sein Enkel. Der war etwa so alt wie unser Sohn und freute sich, einen Spielkameraden zu haben. Die beiden bauten Straßen im Sand und ließen ihre Autos darauf fahren. Alles verlief wunderbar harmonisch und wir staunten, dass die unterschiedlichen Sprachen gar keine Rolle spielten. Einmal fragten wir unseren Sohn, ob er seinen Spielkameraden denn verstehe und er antwortete: „Ja, Tunnel hat er gesagt."

Der Höhepunkt unseres Urlaubs sollte eine Dampferfahrt auf dem Bodden sein. Immer, wenn wir an der Anlegestelle vorbeigekommen waren, lag uns unser Sohn in den Ohren, dass er unbedingt mit dem Schiff fahren wollte. Also versprachen wir es ihm, vertrösteten ihn aber von Tag zu Tag. Der Grund war unser begrenzter Etat. Wir wollten erst einmal sehen, wie wir mit dem Geld auskamen. Als wir am Ende des Urlaubs tatsächlich noch Geld übrig hatten, machten wir unser Versprechen wahr und kauften Fahrkarten für den Dampfer. Dann gingen wir an Bord und fanden auf dem fast leeren Schiff schöne Fensterplätze.

Nachdem alle Passagiere an Bord waren, wurde der Motor angeworfen und tuckerte monoton vor sich hin. Das Schiff legte ab und fuhr an der Küste entlang. Von dieser Seite war der schmale Streifen zwischen Ostsee und Jezioro Jamno durchweg grün bewachsen, sodass man eigentlich nicht viel sehen konnte außer Wasser und Buschwerk. Es dauerte keine fünf Minuten und unser Sohn war eingeschlafen. Nach weiteren fünf Minuten schlief auch meine Frau und ich fragte mich, wofür wir eigentlich das teure Fahrgeld bezahlt hatten. Es waren langweilige 90 Minuten und auch ich kämpfte die ganze Zeit gegen den Schlaf.

Um mich zu verständigen, musste ich sehr schnell viele polnische Vokabeln lernen. Meine Versuche, mit Englisch über die Runden zu kommen, scheiterten fast immer, denn die Polen lernten überwiegend Französisch als Fremdsprache und das konnte ich nicht. Nach zwei Wochen Urlaub im Freundesland hatte ich schon so viel von der polnischen Sprache mitbekommen, dass ich bei der Heimreise verstand, wann unser Zug von welchem Gleis abfahren würde.

Alles klappte gut und so planten wir, unsere Rückreise in Szczecin zu unterbrechen und eine Hafenbesichtigung zu machen.

Am Stettiner Hauptbahnhof (Szczecin Główny) wollten wir unser Gepäck aufgeben, um unbelastet den Hafen zu besuchen. Ich hätte einfach auf Deutsch fragen können: „Wo kann man das Gepäck aufgeben?" Das schien mir aber zu primitiv. Deshalb benutzte ich mein jüngst erworbenes Wissen gepaart mit meinem dort gekauften Sprachführer und fragte einen polnischen Bahnmitarbeiter: „Gdzie można nadaje swoj bagaz?" Dieser antwortete mir wie aus der Pistole geschossen auf Deutsch: „Da gehen Sie bis an das Ende der Halle und dann sehen Sie rechts schon die Gepäckaufbewahrung".

Wir gaben also unser Gepäck auf und stürzten uns in das Gewühl im Hafen. Da Szczecin eine Grenzstadt ist, gab es viele DDR-Bürger, die mal eben einen kleinen Ausflug nach Polen machten. Wir konnten miterleben, wie einige von ihnen auftraten. Im Gegensatz zu uns schien es niemand für nötig zu halten wenigstens „bitte" und „danke" auf Polnisch zu sagen. Warum auch? Die Polen in dieser Gegend sprachen offenbar alle deutsch. Wir mussten schmunzeln, als ein Gernegroß aus Sachsen ein paar Äpfel kaufte und dabei 70 statt 17 Złoty bezahlte, da er den polnischen Händler wohl falsch verstanden hatte und dieser so höflich war, ihn nicht zu verbessern.

Während der Hafenrundfahrt schlief unser Sohn nach fünf Minuten ein – meine Frau erst nach einer Viertelstunde.

Polen hatte einen nachhaltigen Eindruck auf mich gemacht. Ich war erstaunt, wie schnell ich mich in die Sprache und die Mentalität der Polen hineingefunden hatte. Die Überwindung der Sprachbarriere konnte ich vielleicht noch mit meinen Russischkenntnissen erklären. Allerdings hatte meine Frau genau so lange Russisch gelernt wie ich und konnte fast nichts auf Polnisch sagen und verstehen.

Polen, wie wir es kennengelernt hatten, verkörperte ein leichtes, südländisches Flair. Wir hatten uns sehr wohl gefühlt und nahmen uns vor noch öfter in dieses Land zu reisen.

Übrigens zeugten wir auf dieser Reise einen zweiten Sohn, den wir natürlich nicht Mielno nannten.

Schweriner See (Berliner Umland)

Wer da denkt, dass wir die heutige Landeshauptstadt von Mecklenburg-Vorpommern besucht hätten, der irrt. Auf dem Gebiet der DDR gab es mindestens zwei Orte mit dem Namen Schwerin. Der hier gemeinte befindet sich südlich von Berlin im heutigen Landkreis Dahme-Spreewald.

Wir hatten mittlerweile zwei Söhne, von denen der jüngere erst einheinhalb Jahre alt war.

Ich war inzwischen mit dem Studium fertig und verdiente mein erstes Gehalt. Das reichte leider noch nicht für einen Trabant, den Volkswagen der DDR, aber ein neues, großes Zelt konnten wir uns wenigstens schon leisten.

Unter größter Kraftanstrengung war es mir gelungen das immerhin 30 Kilogramm schwere Zelt zu Fuß aus dem Laden nach Hause zu bringen. Ein Kollege, der in Schwerin wohnte, war so freundlich, uns einen großen Teil unseres Gepäcks mit seinem Auto zu transportieren, sodass wir bei der Anreise nur noch unsere Kinder und viele Kleinigkeiten mit uns führen mussten.

Am Sonntag, dem 21. Juni 1974 ging es los. Wir mussten mehrmals umsteigen bis wir endlich den Bahnhof Teupitz-Groß Köris erreicht hatten.

Vom Bahnhof zu dem Kollegen waren es 2,1 km, wie ich heute weiß. Damals erschien es uns wie eine Marathonstrecke, die wir zu bewältigen hatten. Wir hatten trotz allem noch ziemlich viel zu tragen und unser jüngster Sohn konnte noch nicht so weit laufen. Erschwerend kam hinzu, dass es an diesem Tag extrem heiß war. Wir ächzten einen heißen Sandweg entlang und wenn ich unseren kleinen Sohn nicht trug, so setzte er sich in den staubigen Sand der sogenannten Straße um zu spielen.

Als wir endlich bei dem Kollegen ankamen, war dieser schon in Sorge, wo wir denn blieben. Er servierte uns erst mal eine Erfrischung, verfrachtete uns mit unserem ganzen Gepäck in sein Ruderboot und brachte uns zum Zeltplatz über den Schweriner See.

Als alles entladen war, meldeten wir uns beim Platzwart und bekamen eine Stelle für den Aufbau unseres Zeltes zugewiesen.

Der Aufbau gestaltete sich einigermaßen schwierig, weil erstens viele Teile des Zeltgestänges zusammengefügt werden mussten, ohne dass von vornherein klar war, an welche Stelle sie gehörten und zweitens die Kinder wie die Wilden herumtobten, sodass meine Frau voll damit beschäftigt war, sie zu bändigen. Zum Glück bemerkte ein freundlicher Zeltnachbar unser verzweifeltes Bemühen und half mir bei der Aufstellung des Zeltes. So dauerte es nicht allzu lange bis wir die Leinwandvilla errichtet hatten. Wir mussten nur noch die Inneneinrichtung vollenden und schon konnte der ungetrübte Urlaub losgehen – dachten wir. „Doch mit des Geschickes Mächten ist kein ewiger Bund zu flechten", formulierte schon unser großer Dichter Friedrich Schiller so treffend.

In unserem Fall hieß das, dass sich plötzlich aus heiterem Himmel eine Gewitterfront näherte. Wir flüchteten also schnell in das soeben aufgestellte Zelt und warteten ab, dass sich das Gewitter verziehen würde. Es rüttelte kräftig an unserer Behausung, konnte ihr aber keinen erkennbaren Schaden zufügen. Es lief lediglich ein kleiner Bach quer durch unser Zelt, denn wir standen wohl auf etwas schrägem Untergrund und hatten noch keinen Graben gebuddelt, der das Wasser ableiten konnte.

Wir maßen dem keine Bedeutung bei, denn bei dem schönen Wetter, das bis dahin geherrscht hatte und das wir auch weiterhin erwarteten, sollte dieses Rinnsal schnell wieder trocknen. Leider endete der Regen nicht ganz so schnell, wie wir es uns erhofft hatten, weshalb wir gezwungen waren bis zum Abend im Zelt zu bleiben. Dass das eine ziemliche Herausforderung sein kann, werden viele Eltern von kleinen Kindern nachvollziehen können. Kinder wollen sich bewegen und das tun sie auch, unabhängig von der Umgebung. Sehr problematisch wird das, wenn man, wie wir damals, auf engstem Raum zusammen sitzt. Zum Glück sind Zeltwände weich, sonst hätte es wohl Beulen und blaue Flecke bei den Kindern gegeben, so wie sie tobten. Dafür hatten wir jeden Augenblick Angst, unser dünnes Dach über dem Kopf, könne der Belastung nicht standhalten.

Am Abend hörte der Regen auf und die Kinder durften noch kurz draußen im Matsch spielen. Klar, die Kleidung wurde ein wenig feucht, aber das war ja kein Problem, denn es würde ja morgen wieder warm und trocken werden.

Wir hatten zu der Zeit noch keine Schlafsäcke, sondern lagen auf Luftmatratzen (ich hatte noch die poröse von damals) und deckten uns mit Wolldecken zu. Um nicht zu frieren, zogen wir uns und den Kindern dicke Unterwäsche, Socken und Trainingsanzüge an.
Es war keine erholsame Nacht, da ständig Regen auf unser Dach trommelte und ich immer wieder meine Matratze aufpusten musste. Als das Wasser begann in unsere Schlafkabine zu laufen, stand ich auf, zog mich aus und grub draußen fast nackt den notwendigen Graben um das Zelt. Danach schlief ich endlich beruhigt und erschöpft ein.

Am nächsten Morgen schien die Welt wieder in Ordnung zu sein. Die Sonne lachte und wir konnten vor unserem Zelt frühstücken. Ich hatte bereits ganz früh aus einigen gefundenen Ästen und Brettern einen Tisch gebaut und wir saßen daran auf zwei unserer Luftmatratzen. Zum Glück hatten wir eine erste Notration bei uns, sodass wir uns halbwegs satt essen konnten.

Nach dem Frühstück suchten wir die Einkaufsmöglichkeit des Zeltplatzes, um uns mit Lebensmitteln zu versorgen - es gab aber leider keine. Es gab auch keine Gaststätte. So beschlossen wir, dass ich mit dem 4-jährigen Sohn ins Dorf gehen würde, um einzukaufen, während meine Frau mit dem Kleinen am Zelt blieb.

Wir schnappten uns also den in der DDR üblichen Blümchenbeutel und trabten los. Es war ein weiter Weg bis nach Groß Köris. Wir mussten erst lange querfeldein gehen und dann verbotenerweise mittels einer Eisenbahnbrücke das Wasser überqueren. Als wir endlich beim Dorfkonsum angekommen waren, wurden wir jedoch enttäuscht, denn es gab kein Brot und auch sonst sah es traurig aus. Wir hatten vergessen, dass wir uns in der Provinz aufhielten und nicht in der Hauptstadt.

Verzweifelt kaufte ich fünf Päckchen Knäckebrot aus sowjetischer Produktion, ein paar Gläser mit undefinierbarer Wurst, eine Packung Milch, eine Schachtel Sportkeks und zum sofortigen Verzehr ein Moskauer Eis für meinen kleinen Begleiter.

Auf dem Rückweg kam es, wie es kommen musste. Wir wurden mitten auf einem freien Feld von einem heftigen Gewitterguss überrascht. So schnell wie möglich versuchten wir in den Schutz des Waldes zu gelangen. Beim Sprung über einen kleinen Bach fiel mein Sohn in diesen hinein. Das war aber halb so schlimm, denn dadurch war er lediglich wenige Minuten früher durchnässt als ich.

Irgendwann erreichten wir klitschnass das rettende Zelt. Die magere Ausbeute unseres Einkaufs löste kaum Begeisterung bei den anderen beiden Familienmitgliedern aus.

Da es inzwischen Mittagszeit war, bereitete meine Frau eine Tütensuppe, zu der wir Knäckebrot essen wollten. Leider erwies sich dieses sowjetische Produkt als so hart, dass wir es kaum beißen konnten und so bröselten wir es in unsere Suppe.

Am Nachmittag hörte es auf zu regnen, sodass wir endlich einen Spaziergang machen konnten. Wir wanderten am Ufer des Schweriner Sees entlang, wobei der kleine Sohn getragen werden musste, da er überhaupt keinen Sinn darin zu sehen schien, zu laufen. Als wir ziemlich weit von unserem Campingplatz entfernt waren, verdunkelte sich der Himmel schlagartig und das nächste Gewitter zog auf. Wir rannten so schnell wie möglich zurück, um das schützende Zelt zu erreichen. Trotzdem kamen wir pudelnass dort an. In Ermangelung weiterer trockener Kleidung zogen wir den Kindern sofort ihre Schlafsachen an. Das nasse Zeug musste erst mal trocknen. Meine Frau machte heißen Tee für alle. Das wärmte innerlich durch und die Luft im Zelt wurde auch etwas wärmer – allerdings auch feuchter, wie wir feststellten.

Wir aßen die mitgebrachten Kekse und warteten auf besseres Wetter. Dies stellte sich bedauerlicherweise an diesem Nachmittag nicht mehr ein, weshalb wir die Kinder gleich in ihrer Schlafbekleidung ließen.

Probleme bereitete natürlich auch der Drang zur Harnentleerung. Wir Erwachsenen zogen uns weitestgehend aus und huschten dann zum Plumpsklo im Wald, aber mit den Kindern wäre dies ein schwer durchführbares Verfahren gewesen. Da Not ja bekanntlich erfinderisch macht, entnahmen wir die grobe Leberwurst aus dem einen am Vormittag gekauften Glas, um ein leeres Gefäß für den anfallenden Kinderurin zu bekommen. Dieses Glas nahmen wir dann mit, wenn wir mal mussten und entleerten es in die Jauchegrube. Bei großen Geschäften blieb allerdings nur der Weg in den Wald.

Nachdem wir Knäckebrot mit Leberwurst gegessen hatten, legten wir uns schlafen und lauschten die ganze Nacht, wie die Regentropfen auf unser Zelt prasselten.

Am nächsten Morgen schien wieder die Sonne und wir waren zuversichtlich, dass das schlechte Wetter nun endlich vorbei sei.

Wir aßen wieder Knäckebrot, das wohl wegen der hohen Luftfeuchtigkeit schon viel weicher war, mit Leberwurst und machten uns erneut auf, die Gegend zu erkunden.

Jetzt erst sahen wir, dass die Zeltler um uns herum fast alle Fernsehgeräte hatten. An dem jeweils nächst stehenden Baum hatten sie eine Antenne befestigt. Da sie mehr oder weniger alle aus Sachsen kamen, wie man den Autonummern entnehmen konnte, waren sie scharf darauf Westfernsehen zu schauen. Dresden wurde nicht ohne Grund das Tal der Ahnungslosen genannt, denn dort war man von jeglicher westlicher Beeinflussung ausgeschlossen. So saßen die Campingfreunde fast den ganzen Tag vor ihren Zelten, sahen Westfernsehen und aßen Äpfel, die es in der Provinz nicht gab. Einmal täglich fuhren sie mit ihren Wartburgs oder Trabants nach Berlin, um neue Äpfel einzukaufen und die Autobatterie für den weiteren Fernsehempfang aufzuladen.

Der Zeltplatzwart hatte ein ausleihbares Ruderboot, das wir charterten, um in See zu stechen. Zuerst musste natürlich das viele Regenwasser aus dem Boot geschöpft werden, wozu sich die Buddeleimer der Kinder als sehr hilfreich erwiesen. Als das Wasser mehr oder weniger entfernt war, stiegen wir ein. Ich ruderte und die Kinder hatten einen Riesenspaß. Das Ziel unserer ersten Seefahrt sollte das gegenüberliegende Ufer sein. Als wir es fast geschafft hatten, verfinsterte sich der Himmel erneut und innerhalb von wenigen Minuten brach ein ausgesprochenes Unwetter los. Ich verdoppelte meine Schlagzahl, um möglichst schnell zum anderen Ufer zu kommen. Bis dahin hatten wir allerdings noch einiges auszuhalten. Man glaubt gar nicht, wie hoch die Wellen eines Binnensees werden können und wie stark der Wind so eine Nussschale wie unser Ruderboot abtreiben kann. Die Jungen jauchzten vor Vergnügen; uns Eltern wurde es Himmelangst.

Endlich hatten wir das rettende Ufer erreicht. Ich sprang aus dem Boot, um es an einen kleinen Baum anzubinden, doch kaum hatte ich festen Boden unter den Füßen, da kam ein Hund in der Größe eines Kalbes angerannt. Er fletschte die Zähne und knurrte ganz fürchterlich. Wahrscheinlich waren wir in sein Reich eingedrungen, welches er mit aller Kraft verteidigte.

Der Klügere gibt nach und so blieb mir nichts anderes übrig, als wieder ins Boot zu steigen und den Rückweg über den stürmischen See anzutreten. Zwar hatten die Kinder aufgeblasene Schwimmärmel um, aber das beruhigte uns Eltern auch nur teilweise.

Irgendwann hatten wir es geschafft, das heimische Ufer zu erreichen. Wir gaben das inzwischen ziemlich vollgelaufene Boot beim Platzwart ab und verkrochen uns wieder in unser Zelt.

Der Versuch, erneut heißen Tee zu kochen, scheiterte dieses Mal, da die Streichhölzer inzwischen nass geworden waren und nicht mehr zündeten.

Jetzt war es Zeit für einen Familienrat. Wir mussten überlegen, wie es weitergehen sollte. Um schneller zum Dorfkonsum zu gelangen, beschlossen wir, dass ich kurz den Urlaub unterbrechen sollte, um mein Fahrrad von zu Hause zu holen. Ich würde zwar etwa einen Tag unterwegs sein, aber dafür könnten wir für den Rest des Urlaubs leichter einkaufen.

Nachdem das Fahrrad vor Ort war, vereinfachte sich die Nahrungsbeschaffung tatsächlich enorm, denn ich konnte schnell ins Dorf fahren und mehr auf einmal mitbringen.

Meine Frau konnte sich wohl nicht vorstellen, dass das Angebot im Ort so schlecht war, wie ich es ihr beschrieb. Sie wollte sich persönlich davon überzeugen. Also fuhr sie los, während ich mit den Kindern am Zelt blieb.

Als sie nach zwei Stunden immer noch nicht zurück war, machte ich mir doch langsam Sorgen, nahm den großen Sohn an die Hand und den kleinen auf die Schulter, um ihr entgegenzugehen. Zum Glück mussten wir nicht allzu weit laufen, da sahen wir sie. Sie befand sich in einer ziemlich prekären Situation. Ihr rechtes Hosenbein war in die Fahrradkette geraten und somit fixiert. Zwischen Vorderrad und Gabel waren mehrere Kartoffeln aus dem Netz eingeklemmt. Da das Fahrrad sich somit weder vorwärts noch rückwärts bewegen ließ, war sie quasi stehend k.o. Ich weiß nicht, wie lange sie schon so gestanden hatte, aber lange hätte sie es nicht mehr ausgehalten, dann wäre sie wahrscheinlich umgekippt. Warum sie mich nicht mit dem Handy angerufen hat? He, wir schrieben das Jahr 1974, da waren Handys noch nicht erfunden!

Mit vereinten Kräften zogen wir die Kartoffeln aus dem Vorderrad, wobei einige von ihnen nur noch in Form von Scheiben zur Verfügung standen. Dann gelang es uns, das Hosenbein aus der Kette zu bekommen. In der damals so beliebten Schlaghose blieben allerdings mehrere kleine Löcher zurück.

So vergingen drei Wochen Zelturlaub zwischen Hoffen und Bangen, dass das Wetter wieder besser werde. Es wurde nicht! Es gab nichts mehr im Zelt, das nicht klamm war, außer den neu gekauften Streichhölzern. Die schützten wir, indem wir sie in einer leeren Margarinedose aufbewahrten, welche wir sicherheitshalber noch mit einem Plastbeutel (ja, so sagte man damals) umhüllten.

Zu allem Überfluss war in dieser Zeit Fußball-WM. Wir hatten ein winziges Transistorradio namens Mikki bei uns. Nachdem ich mehrere Spiele der deutschen Mannschaft verfolgt hatte, waren die Batterien leer und mangels Elektroanschluss konnte ich sie auch nicht nachladen. Dass Deutschland Weltmeister geworden war, erfuhr ich von Zeltnachbarn.

So sehr wir auch hofften, unser Urlaub war durch und durch verregnet und kalt. Als er nach drei Wochen endete, war unser Zelt klitschnass, aber - Ironie des Schicksals - jetzt herrschte strahlender Sonnenschein. Wir bekamen die Erlaubnis, das Zelt noch eine Woche länger stehen zu lassen. Erstens konnte es trocknen und zweitens hätten wir gar nicht alles auf einmal abtransportieren können.

Ein freundlicher Zeltnachbar brachte uns mit seinem Trabant zum Bahnhof, sodass wir nicht mit Kind und Kegel den weiten Weg zu Fuß machen mussten. Das Fahrrad ließen wir im Zelt zurück.

Am Tag unserer Abreise begann der uneingeschränkte Sommer in Berlin und Umgebung. Unser trockenes Zelt konnten wir eine Woche später abbauen und einpacken.

Im Juli und August 1974 quälten wir uns mit ungewöhnlich hohen Temperaturen herum und beschlossen, künftig nur noch im Hochsommer zu verreisen.

Außerdem wollten wir uns erst einen Trabant kaufen und dann erst wieder verreisen.

Konopiště (ČSSR)

Wir schrieben das Jahr 1977. Seit einiger Zeit nannten wir einen Trabant unser Eigen. Er war Baujahr 1967, aber noch toll in Schuss, wie mir sein Vorbesitzer versichert hatte. Wir hatten damit schon viele Fahrten in und um Berlin gemacht und kannten so die Vor- und Nachteile des Fahrzeuges.

Der Betrieb, in dem ich damals arbeitete, bot einen 14-tägigen Aufenthalt in einem Wohnanhänger auf einem Campingplatz in der damaligen ČSSR an. Das hörte sich gut an und so planten wir eine Reise in den Süden.

Die Tschechoslowakei war ein beliebtes Urlaubsziel für DDR-Bürger, weil man visafrei über die Grenze kam, die Versorgung sehr gut war und es eine wesentlich bessere Gaststättenkultur gab als in der DDR. Wenn man allerdings darauf angewiesen war, seinen Aufenthalt mit der Menge der legal eingetauschten Kronen zu bezahlen, reichte das Geld meistens nicht aus. Deshalb fuhren Menschen aus der DDR in die ČSSR zu Verwandten (sofern vorhanden) oder nahmen Angebote ihrer Betriebe wahr (sofern vorhanden).

Wir hatten den Kindern schon lange vorher von dem geplanten Urlaub erzählt. Meine Frau fragte sie einmal, ob sie schon Reisefieber hätten, aber sie wussten gar nicht, was das war. Als dann aber unser 4-Jähriger einmal eine Erkältung hatte, sagte er: „Mutti, ich glaube, jetzt habe ich Reisehusten." Seit dieser Zeit hat man in unserer Familie immer Reisehusten, wenn man vor einer Reise aufgeregt ist.

Ein Kollege, der vor mir in dem Campingwagen Urlaub gemacht hatte, erzählte mir, dass der dortige Platzwart sich Vogelfutter aus der DDR wünsche, weil es das bei ihm nicht gebe.

„Kein Problem", dachte ich. Warum sollte man dem Menschen keine Freude machen. Also ging ich mit meinem großen Sohn zur Zoohandlung an der Ecke und kaufte eine große Tüte Vogelfutter.

„Doch ein Problem!", sagte mein Schwiegervater, der ein außerordentlich korrekter Mensch war. Er zeigte mir das Zollgesetz der DDR, worin stand, dass die Ausfuhr von Sämereien verboten sei. Ich nahm das zu seinem Leidwesen nicht ernst und hatte vor, diese Bagatelle an der Grenze nicht anzugeben, auf dass es niemand merkte.

An einem regnerischen Sonntagmorgen sollte es also losgehen. Wir hatten alles in unseren Trabi gepackt, was wir für nötig hielten, um 14 Tage weit weg von Zuhause Urlaub zu machen. Der Tank war voll, der Reservekanister war ebenfalls gefüllt und auch an Motoröl war gedacht, denn der Trabi war ein Zweitakter und nur in der DDR konnte man sicher sein, das benötigte Benzin-Öl-Gemisch an allen Tankstellen zu bekommen. Im Ausland brauchte man natürlich einen Messbecher und eine Tabelle, mit denen man das genaue Mischungsverhältnis zwischen Öl und Benzin bestimmen konnte. Unser Trabi brauchte 1:33.

Da wir im Norden von Berlin wohnten, mussten wir erst durch ganz (Ost-)Berlin fahren, bis wir die Autobahn in Richtung Dresden erreichten. Nach etwa einer halben Stunde Fahrzeit – wir waren noch in Berlin – fingen die Kinder an zu fragen, wann wir denn endlich da wären. Das Fragen ging schnell über in Genörgel und als wir endlich auf der Autobahn waren, fingen sie vor Langeweile an, sich zu prügeln. Meiner Frau gelang es weder mit Bonbons noch mit ablenkenden Worten Ruhe auf die Rückbank zu bringen.

Während ich schon genervt genug war, wurde der Trabi immer langsamer. Ich konnte gerade noch auf das Gras neben der Autobahn rollen, dann war der Motor aus.

Die Kinder freuten sich. Meine Frau kletterte mit ihnen die Böschung hoch und dort durften sie toben. Ich versuchte den Fehler zu finden und zu beheben. Die üblichen Verdächtigen waren die Unterbrecherkontakte. Ich hatte wohl zu viel Öl verwendet, als ich das Auto für die Reise vorbereitet hatte und nun waren die Kontakte verölt. Diesen Fehler konnte ich relativ einfach beheben, indem ich das überschüssige Öl herauspresste.

Nach einer halben Stunde Arbeit sprang der Motor wieder an und wir konnten unsere Fahrt fortsetzen.

Gegen Mittag verließen wir die Autobahn bei Dresden, um den Weg zum Grenzübergang Schmilka zu suchen. Der Einfachheit halber folgte ich einem tschechischen LKW. Der wusste ganz sicher, wie man zur Grenze kommt, dachte ich zumindest. Es handelte sich allerdings um einen typischen Fall von „Denkste", denn wir folgten dem wahrscheinlich einzigen Trucker, der sich nicht auskannte. Schließlich landeten wir auf dem Wirtschaftshof eines Dresdner Interhotels. Während es für mich noch relativ einfach war, aus der Sackgasse wieder herauszukommen, sah ich noch mit ehrlichem Bedauern den armen LKW-Fahrer im Rückspiegel, wie er sich mühsam aus dem Schlamassel herausmanövrierte.

Wir folgten von da an lieber den Wegweisern, die uns den Weg zur ČSSR wiesen. Kurz vor der Grenze tankte ich noch, denn das Benzin war drüben viel teurer.

Als wir die Kontrollhäuschen bereits sahen, belehrte meine Frau die Kinder sicherheitshalber: „Wenn der Grenzpolizist irgendetwas fragt, dann seid ihr ruhig und lasst Vati antworten."

Die Jungen nickten eifrig und wir fuhren mit gezückten Personalausweisen an den Grenzübergang. Der Zöllner kontrollierte unsere Ausweise sehr gewissenhaft, dann fragte er, während er uns die Dokumente zurück gab, ob wir irgendwelche Geschenke für ČSSR-Bürger bei uns hätten. Ich verneinte dies und während er uns eine gute Fahrt wünschte und ich Gas gab, ertönte von hinten die verzweifelte Stimme unseres 7-jährigen Sohnes. Er rief so laut er konnte: „Aber Vati, das Vogelfutter!"

Ich war zum ersten Mal froh, dass der Trabi so laut war. Der Zöllner hatte anscheinend nichts mitbekommen. Ich dachte nur: „Das hat man davon, wenn man seine Kinder zur Wahrheitsliebe erzieht!"

Als wir ein paar Minuten auf tschechischen Straßen gefahren waren, zog der Trabant nicht mehr und blieb schließlich endgültig stehen. Meine Vermutung, dass die Unterbrecherkontakte wieder veröt waren, bestätigte sich diesmal nicht. Als ich den Motor nach kurzer Zeit probeweise erneut startete, sprang er auch tatsächlich an, aber die Freude währte nicht lange, dann erstarb er wieder.

Von der Rückbank musste ich mir helfende Fragen anhören, wie zum Beispiel „Sind die Reifen aufgepumpt?", „Ist die Batterie geladen?" und „Ist der Benzinhahn auf?". All diese Fragen zeigten zwar das ehrliche Bemühen unserer Söhne, an der Problemlösung mitzuwirken, waren aber naturgemäß nicht von großer Sachkenntnis geprägt.

Für alle, die nie einen Trabant gefahren haben, sei gesagt, dieser hat unten rechts (da wo der Beifahrer seine Füße hat) einen Benzinhahn mit den drei Stellungen „Aus", „Normal" und „Reserve". Wenn man parkt, stellt man den Benzinhahn auf „Aus", damit kein Benzin ausläuft. Beim Fahren ist „Normal" richtig, bis die ersten 20 Liter alle sind. Dann fängt der Trabi an zu ruckeln und man muss auf „Reserve" umstellen und schnell eine Tankstelle suchen. Denn das Benzin reicht nicht mehr weit.

Nachdem ich mehrmals hintereinander das Phänomen erlebt hatte, dass der Motor nach kurzer Zeit wieder ausgegangen war, schlug der große Sohn vor: „Stell doch den Benzinhahn mal auf Reserve, Vati!"

Dass dies keine Lösung unseres Problems war, lag für mich auf der Hand, denn wir hatten kurz vor der Grenze getankt und der Tank musste randvoll sein, sodass überhaupt kein Grund bestand, den Benzinhahn auf Reserve zu stellen. Um des lieben Friedens willen tat ich es aber schließlich doch. Und siehe da: Wir hatten plötzlich freie Fahrt. Wie ich später feststellte, hatte sich irgendetwas vor den Hauptweg des Benzinhahns gesetzt und versperrte den Durchfluss. Auf Reserve dagegen lief es.

Seitdem bin ich etwas vorsichtiger geworden, was die Abwertung von anscheinend unqualifizierten Vorschlägen betrifft. Wenn ich heute ein Problem habe (meist am Computer), und ich tue Lösungsvorschläge einfach ab, weil sie von meiner Frau kommen, die keine Ahnung hat, fragt sie mich immer: „Ist der Benzinhahn offen?"

Wir waren also wieder in Fahrt und wurden langsam hungrig. Schon vor der Reise hatten wir unseren Kindern vorgeschwärmt, wie gut das Essen in der Tschechoslowakei schmecke. Leider mussten wir erst eine lange Strecke zwischen alten hässlichen Fabrikgebäuden überwinden, bis wir zu einem Gasthaus kamen, das einen vertrauenerweckenden Eindruck machte.

Dort aßen wir gut und tranken Coca Cola dazu, die es in der DDR nicht gab, die den Kindern aber ganz besonders gut schmeckte.

Gestärkt setzten wir unsere Reise fort und ohne weitere Verzögerungen erreichten wir Prag. Nun musste es uns nur gelingen, durch die Stadt zu kommen und den Autobahnanschluss im Süden zu finden. Das war aber leichter gesagt als getan. Die Wegweiser waren für uns schwer zu lesen und wir waren mitten in den Feierabendverkehr geraten. Wir verhedderten uns in einem undurchdringlichen Gestrüpp aus Einbahnstraßen bis wir gar nicht mehr weiter wussten. An dieser Stelle weise ich die jüngeren Leser darauf hin, dass wir zu dieser Zeit nicht einmal ahnten, dass es irgendwann in ferner Zukunft so etwas wie Navigationssysteme geben würde. Damals waren wir auf Karte und Kompass angewiesen. Die Karte half im Moment nicht weiter, da wir gar nicht wussten, wo wir waren. Deshalb musste der Kompass reichen. Unser Ziel lag im Süden, also war es klar, wie wir zu fahren hatten. Eine Zeit lang ging das auch ganz gut, aber dann, als wir endlich auf eine große Ausfallstraße stießen, die uns ganz sicher zur Autobahn im Süden bringen würde, hätte ich nach rechts abbiegen müssen, was aber an dieser Stelle verboten war. Entnervt und verzweifelt beging ich bewusst eine Verkehrsübertretung. Ich war noch nicht ganz abgebogen, da sah ich mich mit einer roten Kelle konfrontiert, die ein Verkehrspolizist hochhielt.

Es gab eine längere Belehrung in Tschechisch, die ich nicht verstand. Dann konnte der Polizist plötzlich Deutsch und verlangte 100 Kronen Strafe von mir. Das waren immerhin etwa 33 Mark. Während wir da standen, sah ich etliche tschechische Autos falsch abbiegen, ohne dass der Ordnungshüter tätig geworden wäre. Ich gab ihm also das Geld, bekam nicht mal eine Quittung dafür und sah beim Weiterfahren im Rückspiegel, wie er einen Italiener herauswinkte, der denselben Fehler gemacht hatte wie ich.

Wir fuhren nun auf der Hauptstraße und wie vermutet, führte diese direkt zur Autobahn. Prag lag endlich hinter uns und wir konnten ungestört weiterfahren. Leider mussten wir die Autobahn bald wieder verlassen und unsere Fahrt über die Dörfer fortsetzen. An dieser Stelle wurde uns bewusst, woher der Ausspruch „böhmische Dörfer" kommt. Wenn man die

Ortsschilder und Wegweiser dort sieht, hat man größte Schwierigkeiten, die Namen der Städte und Dörfer zu lesen, geschweige denn sie sich zu merken.

Erst einmal konnten wir uns nach Benesov orientieren. Dann aber wurde es kompliziert. Wir fanden absolut keinen Hinweis zum gesuchten Motel Konopiště, zu dem der Campingplatz gehörte. So hielt ich an, um Passanten zu fragen. In Ermangelung tschechischer Sprachkenntnisse lautete meine Frage einfach: „Motel Konopiště?"

Die Leute waren sehr freundlich und zeigten uns den Weg. Wir fuhren los, wunderten uns aber, dass wir inmitten von Spaziergängern durch einen Park fuhren. Aber auch auf die erneute Frage, zeigte man uns, dass wir auf dem richtigen Weg waren. Am Ende des Weges befand sich ein Schloss, wie sich herausstellte, das Zámek Konopiště. Die Spaziergänger hatten wahrscheinlich das Wort „Motel" nicht verstanden und uns zum Schloss geschickt. Nun mussten wir also mit unserem stinkenden und knatternden Trabant wieder den ganzen Weg zurück fahren. Ich hoffe bis heute inständig, dass die Erholungssuchenden uns vergeben haben.

Irgendwie fanden wir dann aber schließlich doch noch zum Motel, übergaben dem Platzwart das Vogelfutter und richteten uns im Campingwagen ein.

Auf dem Campingplatz gab es auch einen Lebensmittelladen, in dem wir die Dinge des täglichen Bedarfs einkaufen konnten. Wir holten uns also Brot, Butter und Marmelade für das Frühstück am nächsten Morgen.

Als wir aber am nächsten Morgen frühstückten, schüttelten wir Erwachsenen uns und die Kinder wollten überhaupt nichts essen. Das Brot schmeckte nach Kümmel und das passte nicht zur Marmelade. Zum Glück hatten wir wie immer Knäckebrot dabei. So konnten die Kinder wenigstens etwas Kümmelloses essen.

Alle späteren Versuche, Brot oder Brötchen ohne Kümmel zu bekommen, scheiterten kläglich, sodass wir, nachdem das Knäckebrot alle war, die Marmelade allein essen mussten. Die Kinder aßen widerwillig nur noch Käsebrote, aus denen wir mühsam die Kümmelkörner herausoperiert hatten.

Gut war bei diesem Urlaub, dass es Fahrräder gab, die wir benutzen konnten. Meine Frau und ich fuhren mit den beiden Erwachsenenrädern, unser großer Sohn bekam ein Kinderrad und den 4-Jährigen nahm ich auf dem Kindersitz mit. So radelten wir kreuz und quer durch die hüglige Landschaft. Unser Großer fuhr gern die Berge herunter und genoss den Rausch der Geschwindigkeit. Einmal schien er mir zu leichtsinnig zu sein und ich rief ihm zu: „Brems mal ab, da unten ist eine Hauptstraße!" Anstatt aber vorsichtig die Geschwindigkeit zu verringern, zog er mit voller Kraft die Handbremse, worauf das Vorderrad blockierte und er über den Lenker flog. Er landete der Länge nach auf dem Asphalt und zog sich einige Schürfwunden zu. Meine Frau setzte sich mit ihm ins Gras am Straßenrand, um ihn zu trösten. Ich fuhr mit dem Fahrrad zum Campingplatz, um das Auto und damit auch Verbandsmaterial zu holen.

Als ich wiederkam, hatte sich der Verunfallte schon wieder einigermaßen beruhigt und während wir ihn verpflasterten, sagte er: „Das Fliegen war eigentlich ganz schön, nur das Landen nicht."

Er fliegt übrigens heute noch gerne.

Abends im Campingwagen war es uns meist ziemlich kalt. Das Heizen mittels des Gaskochers funktionierte nicht, denn es erhöhte die Luftfeuchtigkeit so sehr, dass das Kondenswasser von der Decke tropfte. Wir sammelten deshalb größere Steine, die wir bei offenem Fenster auf der Gasflamme erhitzten, damit sie dann später trockene Wärme abgaben.

In feuchten Sommern wachsen die Pilze bekanntlich besonders gut. So war es auch im Sommer 77 in der Gegend von Benesov. Was also lag näher, als in den Wald zu fahren und Pilze zu suchen?

Deshalb starteten wir an einem halbwegs trockenen Nachmittag und fuhren eine Landstraße entlang vorbei an den besagten böhmischen Dörfern, bis wir zu einem schönen Wald kamen. Dort stellten wir das Auto ab und gingen auf Pilzsuche. Wir gingen tiefer und tiefer in das Dickicht und irgendwann wussten wir nicht mehr, wo wir waren. Wir suchten den Waldweg, auf dem wir gekommen waren und fanden einen, der genauso aussah. Dann war zu entscheiden, in welche Richtung wir gehen sollten. Ein Lehrer von mir sagte immer: „Von zwei Möglichkeiten errät man mit

Sicherheit zuerst die falsche." Getreu dieser Maxime liefen wir dann auch in die falsche Richtung. Zum Glück erreichten wir irgendwann eine Landstraße und hofften, dass es die war, auf der wir gekommen waren. Da wir keine Ahnung hatten, welche Orte wir durchfahren hatten, war es ein Glücksspiel, die richtige Richtung herauszufinden. Wir orientierten uns nur an der hinter dichten Wolken versteckten Sonne und hatten Glück. Nach einer über zweistündigen Wanderung erreichten wir tatsächlich unser Auto. Wenn man überlegt, dass wir höchstens 500 Meter weit in den Wald hineingegangen waren und der Rückweg mehr als 10 km lang war, konnten wir nicht sehr stolz auf unsere Leistung sein. Aber man soll ja alles positiv sehen und immerhin hatten wir das Auto wiedergefunden. Allerdings tat mir der Rücken weh wie noch nie, denn ich musste unseren Jüngsten die ganze Strecke huckepack tragen.

Am Abend gab es Pilze, die unsere Kinder aber nicht aßen.

Am nächsten Tag wollten wir uns etwas Gutes antun und gingen nachmittags in das dem Motel angeschlossene Restaurant. Wir bestellten zu Kaffee und Cola die uns nur aus dem Westfernsehen bekannten Palatschinken. Die kamen dann auch mit viel Schlagsahne. Wir kosteten und waren etwas enttäuscht, denn die Sahne schmeckte sauer. Sie prickelte förmlich auf der Zunge. Meine Frau fragte sich, wie es gelungen war, diese saure Sahne überhaupt zu schlagen. Die Kinder aßen nur den Eierkuchen. Alle Versuche, sie zu überzeugen, alles aufzuessen scheiterten. Wir erklärten ihnen, dass nicht immer alles süß sein müsse. Auch saure Speisen könnten sehr lecker sein. Vergeblich – die Sahne und alle Teile des Eierkuchens, die mit ihr in Berührung gekommen waren, blieben auf den Tellern.

Als der Kellner das Geschirr abräumte, sah er die umfangreichen Reste auf den Tellern der Kinder und fragte, ob irgendetwas nicht in Ordnung gewesen sei. Ich sagte, dass den Kindern die saure Sahne nicht geschmeckt hätte. Er schaute verdutzt, dann verschwand er in der Küche. Als er nach kurzer Zeit zurückkam, entschuldigte er sich, und eröffnete uns, dass der Koch die Patronen von Sahne- und Sodasyphon verwechselt hätte, sodass unsere Schlagsahne mit Kohlensäure aufgeschäumt worden war.

Wir mussten für die vier Palatschinken nichts bezahlen, aber lieber hätten wir das Geld ausgegeben und gewusst, wie Palatschinken wirklich schmecken.

Auf dem Heimweg nach Berlin hatten wir noch eine Panne. Die Unterbrecherkontakte waren diesmal zu trocken und unterbrachen gar nicht mehr. Mit letzter Kraft kamen wir zu einer Autowerkstatt in Děčín. Obwohl es Wochenende war, hatte sie offen. Unterbrecherkontakte für einen Trabant waren aber nicht vorrätig. Der Meister zuckte bedauernd die Schultern. Als ich aus meiner Hosentasche jedoch eine Schachtel Westzigaretten herausholte, suchte er etwas gründlicher und wurde doch noch fündig. Er baute die Kontakte sogar eigenhändig ein.

Strafe mussten wir auch wieder bezahlen. Diesmal war es wegen Überholens im Überholverbot. Ich war mir ganz sicher, dass ich nichts falsch gemacht hatte, zahlte aber am Ende doch.

Wieder zu Hause, zogen wir eine Bilanz der Reise, die etwa so lautete: Obwohl auch in diesem Urlaub die Anzahl der Regentage leider sehr hoch gewesen war, hatten wir uns sehr wohl gefühlt. Es war eine ganz neue Qualität mit einem Auto in den Urlaub zu fahren, selbst wenn es nur ein Trabant war. Wir kamen bequemer ans Ziel und konnten vor Ort Ausflüge unternehmen. Nachteile gab es jedoch leider auch: Das Auto kostete Geld bei der Anschaffung und im Betrieb, musste gehegt und gepflegt werden und wenn es darauf ankam, ließ es einen im Stich.

Tschechisch hatten wir nicht gelernt, da wir kaum Kontakt mit der Bevölkerung hatten; und wenn doch, so sprachen die Menschen deutsch. Lediglich die Kinder hatten das für sie wichtige Wort „zmrzlina" gelernt, was Eis bedeutet.

Das Niveau der Gaststätten war tatsächlich besser als in der DDR. Selbst das Missgeschick mit der sauren Sahne war für uns ein positives Beispiel. In der DDR hätten wir wahrscheinlich weder eine Entschuldigung gehört noch einen Preisnachlass erhalten.

Trotz allem blieb Polen bei uns das Reiseland Nummer 1, was im krassen Widerspruch zur herrschenden Meinung der übrigen DDR-Bevölkerung stand.

Chałupy (Polen)

Eigentlich war es eine Herausforderung des Schicksals, dass wir nach dem Debakel, das wir beim ersten Zelturlaub mit beiden Kindern erlebt hatten, überhaupt noch einmal Campingurlaub machten. Auch die Pannen unseres fahrbaren Untersatzes während unserer ersten Autoreise hätten uns von weiteren Experimenten abhalten sollen, aber erstens hatte ich mit den Macken unseres Autos und deren Behebung mittlerweile mehr Erfahrung und zweitens waren die Kinder inzwischen größer und vernünftiger geworden. Auch wäre es schade gewesen, das Zelt auf dem Hängeboden verkümmern zu lassen.

Also beluden wir an einem Juliwochenende des Jahres 1979 unsere inzwischen 12 Jahre alte Trabant-Limousine mit allem, von dem wir annahmen, dass wir es im Urlaub brauchen würden. Dazu gehörten vor allem das Zelt, Campingmöbel, Luftmatratzen und Schlafsäcke, aber auch Lebensmittel, Autoersatzteile und wieder Motoröl. Wer heute noch weiß, wie groß so ein Trabant ist, der wird sich fragen, wie wir das alles unterbringen konnten. Nun, da der Kofferraum nicht allzu groß war, hatte ich einen Dachgepäckträger gekauft und installiert. Darauf wurden die Zeltstangen sowie der Campingtisch und die Campingstühle befestigt. Die Kinder saßen etwas erhöht auf zwei Wolldecken. Ihre Beine hingen trotzdem nicht in der Luft, denn unter ihren Füßen befanden sich die neu gekauften doppelten Luftmatratzen. Der Kofferraum musste die Weichteile des Zeltes, die Koffer mit der Kleidung, den Kanister mit Motoröl, einen Reservekanister mit Benzin und einen roten Kanister mit Trinkwasser aufnehmen. Ersatzteile wie Querlenker, Auspuffkrümmer. Keilriemen und Unterbrecherkontakte hatten wir diesmal bei uns, denn wie wir aus leidvoller Erfahrung wussten, bekam man so etwas bei einer Panne nur mit Schwierigkeiten.

So bepackt ging es dann am Sonntagmorgen los. Unser Ziel war die Halbinsel Hel in Polen. Der Trabi ächzte unter der Last und ich war froh, nicht in eine Fahrzeugkontrolle zu kommen. Ich bin ganz sicher, dass wir damals die maximal erlaubte Zuladung weit überschritten hatten. Die Hinterräder glichen X-Beinen.

Wir fuhren gemächlich auf der holperigen Autobahn Richtung Pomellen, welches der nördlichste Autobahngrenzübergang nach Polen war. Obwohl wir 1979 immer noch visafreien Reiseverkehr mit Polen hatten, mussten wir über eine Stunde an der Grenze anstehen, da alle Autos nach illegalen Mitbringseln durchsucht wurden. Als wir in Polen waren, hatte ich das Gefühl, nach Hause zu kommen. Laut rief ich: „Jesteśmy w Polsce!" Als mich meine Familie fragend anschaute, wiederholte ich auf Deutsch: „Wir sind in Polen!"

In Polen ging die schreckliche Autobahn weiter, nur mit dem Unterschied, dass sich niemand an die Verkehrsregeln für Autobahnen hielt. Wir waren noch in Sichtweite der Grenzkontrollen, da wendete ein entgegenkommender PKW, indem er den Mittelstreifen überquerte. Dann fuhr dieses Auto neben uns und der Beifahrer hielt eine große Menge Geld aller möglichen Währungen aufgefächert aus dem Fenster. Dazu schrie er dauernd: „Tauschen!?"

Wir hatten bereits unser Geld bei der Staatsbank der DDR umgetauscht, sodass wir keinen Bedarf an Złoty hatten. Ich schüttelte deshalb den Kopf und rief: Nie, dziękuję!". Da wendete das polnische Auto erneut und fuhr wieder in Richtung Grenze.

Bald verließen wir die fürchterliche Autobahn und befuhren von da an sehr gute polnische Landstraßen. Da ich versuchte, mich einigermaßen an die Geschwindigkeitsregeln zu halten, wurden wir ständig von polnischen Autos überholt. Das war umso erstaunlicher, als es sich dabei meist um Polski Fiat 126p handelte, die einen Heckmotor hatten, welcher an Hubraum und Leistung dem Trabant-Motor glich, aber ein Viertakter war. Bei fast allen stand die Heck-Motorhaube offen, um den Motor besser zu kühlen. Da diese Autos jedoch ein ganzes Stück kürzer, schmaler und niedriger waren als der Trabant, hatten die meisten einen riesigen Aufbau auf dem Dach, um alle benötigten Reiseutensilien unterzubringen. Das erhöhte den Luftwiderstand des Fahrzeugs und führte in jeder Kurve zu extremer Schlagseite.

Mehrmals sahen wir polnische Autos, die im Straßengraben auf dem Dach lagen. Offenbar hatten deren Fahrer zu viel Wässerchen, was auf polnisch wódka heißt, getrunken. Was jedoch bei uns zu einem großen Auflauf mit Polizei und Feuerwehr geführt hätte, lief in Polen ganz unauffällig ab. Es hielten ein paar weitere Wagen an, die Fahrer stiegen aus und zusammen mit dem erstaunlicherweise unverletzten Fahrer des Unglückswagens bugsierten sie das umgestürzte Auto wieder auf die Straße und die Fahrt ging weiter. Wir bewunderten, wie robust diese Autos und deren Fahrer waren.

Mittags hielten wir an einem typischen polnischen Restaurant, welches als Bar bezeichnet wurde. Ich bestellte vier Coca Cola und vier Portionen Bigos mit Brot. Als die Getränke serviert worden waren, setzte unser 9-jähriger Sohn sein Glas genussvoll an, um dann zu sagen: „Wenn ich die erste Coca Cola trinke, weiß ich, dass der Urlaub anfängt."

Nach vielen Stunden erreichten wir endlich die Halbinsel Hel. Wir hatten noch keine Ahnung, wo wir unser Zelt aufbauen würden. Der Zeltplatz bei Chałupy war voll, weshalb wir weiterfuhren.

In Kuźnica fragte ich einen Herrn, der gerade in seinem Garten arbeitete in meinem besten Polnisch, wo man denn hier zelten könne. Er bat mich, ihm zu folgen und führte mich zu einer alten halb verfallenen herrschaftlichen Villa. Sie war total mit Efeu überwuchert, was ihr ein unheimliches Aussehen verlieh. Am Eingang standen zwei Typen als Wachposten, denen er erklärte, was ich wollte. Einer davon nahm mich mit ins Haus und flüsterte mir zu, dass er mich zum „Patron" brächte, der an der Krankheit „Beriberi" leide. Ich schluckte schwer, wollte mir aber nichts anmerken lassen.

Ich betrat einen großen dunklen Raum, in dessen Mittelpunkt eine Liege gestellt war. Darauf lag der sogenannte Patron - ein junger Mann. Er war umringt von vielen jungen Leuten, die anscheinend viel Spaß mit ihm hatten. Ich wurde von dem Wachmann ins Blickfeld des Kranken geschoben. Der unterbrach sein Gespräch, sah mich aufmerksam an und fragte: "Proszę pana?"
Ich stammelte: „Dzień dobry, pana, szukam kemping."
Er bemerkte sofort, dass ich Deutscher war und antwortete mir auf Deutsch: „Bitte kommen Sie in meinen Garten. Bauen Sie Ihr Zelt hier auf. Sie sind herzlich willkommen."

Für die Einladung dankend verließ ich ziemlich schnell die gruslige Stätte. Mir saß die Angst im Nacken, denn ich hatte keine Ahnung, woher diese Beriberi-Krankheit kam und ob sie ansteckend war. Außerdem wurde ich den Anblick des Kranken mit seinen merkwürdigen Jüngern in der gespenstischen Villa nicht los. Auf dem Weg zum Auto drehte ich mich mehrmals vorsichtig um, ob ich verfolgt würde, aber außer einigen Raben oder Krähen, die über mir flogen und unheilvoll krächzten, sah ich nichts. Meine Schritte wurden schneller und schneller bis ich endlich das mysteriöse Grundstück verlassen hatte. Hastig startete ich den Motor und fuhr los.

Als wir weit genug weg waren, sagte ich laut: „Da war kein Zeltplatz." Meiner Frau flüsterte ich heimlich ins Ohr: „Ich war in einem Spukschloss und bin froh, dass ich wieder bei euch bin."

Während wir in Richtung Festland fuhren, wurde es bereits dunkel. Ich hatte auf dem Hinweg an der Straße einen Biwakplatz gesehen. Den steuerte ich an, denn schließlich brauchten wir eine Bleibe.

Als wir bei diesem Pole Biwakowe ankamen, suchten wir nach guter deutscher Art den Verantwortlichen, um zu fragen, ob wir unser Zelt aufstellen dürfen. Wir fanden aber niemanden. Die Frage nach dem

Kierownik löste bei anderen Campern Gelächter aus. Einer sagte: „Setzen Sie sich!"

Wir verstanden die Aufforderung so, dass wir unser Zelt einfach aufbauen durften, wo Platz war. Das taten wir dann auch und da wir beim letzten Abbau alle Zeltstangen beschriftet hatten, ging es recht schnell vonstatten. Wo und wie viel wir für den Zeltplatz bezahlen sollten, fragte ich erst gar nicht.

Die Kinder pumpten schon die Luftmatratzen auf und so war unser Urlaubsdomizil bald fertig.

Nachdem wir noch etwas von dem mitgebrachten Proviant gegessen hatten, wollten wir nur noch schlafen. Allerdings gibt es da etwas, das man unbedingt noch vor dem Zubettgehen erledigen sollte. Nein, ich meine nicht das Zähneputzen. Das ist auch wichtig, aber optional. Essenziell dagegen ist es, noch einmal auf die Toilette zu gehen. Das hatten auch wir vor und suchten die entsprechende Örtlichkeit. Es war jedoch schon stockdunkel und so fanden wir den Sanitärtrakt nicht. Was also blieb übrig, als ein Stück in Richtung Wald zu gehen und die Notdurft dort zu erledigen?

Die Nacht verlief ruhig, wir konnten gut schlafen und wachten am nächsten Morgen ausgeruht auf. Jedoch auch unsere erneute Suche nach dem Waschhaus war erfolglos. Wir mussten zur Kenntnis nehmen, dass es keines gab. Unsere Zeltnachbarn verschwanden alle nach und nach im Wald. Die einzige zivilisatorische Errungenschaft auf diesem Gelände war eine Wasserleitung. An ihr konnten wir immerhin unseren roten Trinkwasserkanister nachfüllen.

Der Not gehorchend, gingen wir ebenfalls in den Wald. Erst jetzt sahen wir, welches Glück wir am Abend zuvor gehabt hatten, dass wir mit sauberen Schuhen zurückgekommen waren. Weil es dunkel war, hatten wir es nicht nötig gehabt, tiefer in den Wald hineinzugehen und das war gut so.

Die Halbinsel war an dieser Stelle circa 500 m breit. Diese Breite teilten sich der Biwakplatz, eine Straße, eine Eisenbahnlinie und der besagte Wald. Da dieser Wald von allen Campern für hinterlistige Zwecke missbraucht wurde, gab es fast keinen Flecken mehr, an dem nicht Toilettenpapier nebst Zubehör zu finden war. Es war äußerst schwierig, soweit in den

Wald hineinzugehen, dass man von der Straße aus nicht gesehen wurde, ohne irgendwo hineinzutreten. Vor allem die Kinder brauchten dringend Hilfe bei den Waldbesuchen.

Wir wuschen uns im Zatoka Pucka (Putziger Wiek), denn das machten hier alle so. Diese Art der Körperpflege war auch für die kleinsten Kinder völlig ungefährlich, denn so weit man auch hineinging, das Wasser reichte immer nur bis zum Knie.

Dann ging es an die Nahrungssuche. Mit unserem großen Sohn lief ich in Richtung Dorf und wir fanden einen Laden, in dem wir Brot, Butter und Marmelade kaufen konnten.

Zurück am Zelt, bauten wir den Campingtisch und die vier Stühle auf. Dann wurde gefrühstückt.

Nach dem Frühstück machten wir uns auf die Suche nach dem Strand. Wir waren inzwischen FKK-Anhänger geworden und in der DDR hatten wir damit keine Probleme. Da konnte man fast überall nackt baden. Von Polen wussten wir jedoch, dass man dort nicht so erpicht auf Nackte war. Es gab zwar überall Reklame für Striptease-Bars, aber am Strand sollte man sich bitteschön etwas anziehen. Deshalb hatten wir auch den weiten Weg nach Hel gemacht, denn dort sollte nach unbestätigten Angaben FKK möglich sein.

Wir setzten also unseren Trabi wieder in Bewegung und fuhren in Richtung Kuźnica bis wir an einer Stelle sehr viele parkende Autos bemerkten. Wir stellten unser Auto dazu und peilten die Lage. Als wir die Düne durchquert hatten, sahen wir tatsächlich so weit das Auge blicken konnte nur nackte Menschen am Strand. Also holten wir unseren Windschutz und andere wichtige Badeutensilien aus dem Auto und gingen an den Strand. Aus Bequemlichkeit bauten wir unseren Windschutz direkt neben dem Dünendurchgang auf. Wir drei Männer zogen uns schleunigst aus und stürmten ins Wasser, während meine Frau unsere Sachen ordnete.

Wir hatten vollen Badespaß bis zu dem Moment, als plötzlich ein Polizist den Strand betrat. Er war fixiert auf uns und schimpfte. Wir verstanden nur sinngemäß, dass wir uns etwas anziehen, unsere Dokumente zeigen und 1000 Złoty Strafe zahlen sollten. Bevor wir noch irgendwie reagieren konnten, standen plötzlich unzählige polnische Nackte an unserer Seite. Sie redeten auf den Ordnungshüter ein und irgendwie hatte ihre Übermacht etwas Bedrohliches. Das musste wohl auch der einsame Polizist so empfunden haben, denn er trat recht schnell den geordneten Rückzug an.

Alle jubelten und wir hatten schlagartig etliche polnische Freunde. Unter ihnen war auch eine Gruppe von Studenten aus Warschau. Mittels eines Kauderwelschs aus Deutsch, Polnisch und Englisch unterhielten wir uns ganz ausgezeichnet mit ihnen. Dabei stellte es sich heraus, dass sie auf demselben Biwakplatz kampierten wie wir. Die jungen Leute waren sehr nett zu unseren Söhnen und spielten mit ihnen am Strand.

Als wir abends vor unserem Zelt saßen und Abendbrot aßen, kam einer der Studenten und brachte für die Kinder ein paar Tomaten. Wir dankten ihm, aber unser älterer Sohn wandte sich angeekelt ab. Er aß keine Tomaten. Ich sagte ihm, dass sein Freund ganz sicher traurig wäre, wenn er das Geschenk zurückweisen würde und so steckte er widerwillig ein Stück Tomate in seinen Mund. Er kaute zuerst angewidert, aber dann mit immer größerem Vergnügen darauf herum, um schließlich ein weiteres Stück zu nehmen. Als wir verwundert fragten, ob es ihm denn so gut schmecke, antwortete er: „Ja, die polnischen Tomaten schmecken viel besser als die deutschen."

Seit jener Zeit gab es bei uns immer nur polnische Tomaten – auch in Berlin.

Nach dem Abendbrot ging es wieder in das verminte Gelände, aus dem wir auch an diesem Abend mit viel Glück unbeschadet heraus kamen.

Der nächste Morgen begrüßte uns mit schönem Wetter und Vogelgezwitscher sowie einem ständig wiederkehrenden Ruf, der da klang wie „Jagody, Blaubeutel!" Verwundert schauten wir aus unserem Zelt und sahen einen Mann, der über den Platz ging und Blaubeeren anbot. Damit war die Frage geklärt, was Jagody waren, und dass mit Blaubeuteln in Wirklichkeit Blaubeeren gemeint waren. Wir kauften eine Tasse voller Beeren und mussten dafür nur einen geringen Betrag bezahlen.

Danach ging ich wieder Brot holen und versuchte dabei auch andere wichtige Dinge mitzubringen. Ganz vorne auf der Prioritätenliste stand Toilettenpapier. Auch Zucker war unbedingt nötig. Beides war jedoch in Polen zu dieser Zeit Mangelware. Für Zucker brauchten die Polen Bezugsscheine und Toilettenpapier gab es überhaupt nicht.

Als ich vom Einkauf zurückkam, war die Enttäuschung groß. Wir hatten zwar H-Milch aus Berlin mitgenommen, aber nur einige Zuckerwürfel die jetzt alle wurden. Unsere Kinder tranken leider nur süße Milch. Über die Probleme, die das fehlende Toilettenpapier bereitete, muss ich wohl nichts sagen.

Da die Kinder ihre Milch stehen ließen und auch keinen ungesüßten Tee trinken wollten, mussten wir Eltern uns etwas einfallen lassen. Immer nur Cola und andere süße Brause sollten sie ja nicht trinken. Wir beschlossen, zum Mittag nach Chałupy zu gehen, um dort die beliebten Placki zu kaufen. Diese wurden, wie wir wussten stets mit viel Zucker bestreut.

Es gelang uns, den überschüssigen Zucker von den Kartoffelpuffern auf einen Pappteller zu schütteln, sodass wir eine Chance hatten, das nächste Getränk für die Kinder genießbar zu machen. Beim Essen fiel uns ein weiterer Vorteil auf. Wenn wir uns möglichst viele Servietten zu dem Essen geben ließen, wäre auch der nächste „Waldspaziergang" gesichert. Wer jedoch schon einmal in Polen im Restaurant oder an einem Stand gegessen hat, wird mir beipflichten, dass die dortigen Servietten sehr klein sind und eine ausgesprochen glatte Oberfläche haben. Als Toilettenpapier sind sie demnach äußerst ungeeignet. Aber was sollten wir machen? Unsere Vorräte würden sich schnell verbrauchen. Wir hatten nicht mit dem Mangel dieser beiden Güter gerechnet. Dass es kein Fleisch und keine Wurst in Polen gab, wussten wir und hatten deswegen für jede Woche eine Salami eingepackt. Außerdem hatten wir das ganze Jahr über so oft es sie gab, Schmalzfleischbüchsen gekauft und gelagert. Es hieß damals, dies seien Staatsreserven, deren Haltbarkeit abgelaufen sei. Ob das stimmte, weiß ich bis heute nicht. Fakt ist jedenfalls, dass wir auf alle Reisen solche goldenen Büchsen mitnahmen, da wir damals fest daran glaubten, dass Fleisch eine elementare Bedeutung für die menschliche Ernährung hätte - insbesondere für die Entwicklung Heranwachsender. In Polen sahen wir übrigens sogar Hunde vegetarisch fressen, denen anscheinend nichts fehlte.

Nach dem Essen fuhren wir erneut zum Strand. Diesmal wollten wir schlauer sein und nicht wieder direkt am Dünendurchgang liegen. Sollten sich doch andere Nackte mit der Staatsmacht herumärgern, falls diese noch einmal auftauchen würde.

Nach dem ausgiebigen Baden legten wir Erwachsenen uns innerhalb unseres Windschutzes ein wenig hin. Ich hatte den schönen blauen Himmel und die Düne im Blick, als ich plötzlich dachte, ich würde von einer Halluzination heimgesucht. Ich sah den Polizisten vom Vortag die Dünen herunterkommen. Er fiel und rutschte im Sand, aber dann stand er direkt hinter unserem Windschutz und wiederholte seine Aufforderungen, die wir schon kannten. Zum Glück eilten uns wieder polnische FKK-Anhänger zu Hilfe. Sie diskutierten den Ordnungshüter in Grund und Boden, sodass er auch diesmal wieder die Flucht antrat. Er erklomm mühsam die Düne und einer der Polen rief ihm hinterher, dass das Betreten der Düne verboten sei und 1000 Złoty Strafe kostete, worauf wir alle herzlich lachten.

So waren wir noch einmal um die Strafe wegen Nacktbaden herum gekommen und dachten lange darüber nach, dass wir es uns niemals erlaubt hätten, so mit unserer Volkspolizei umzugehen.

Der Polizist tauchte zum Glück während der gesamten drei Wochen nicht wieder auf und wir hatten bis zum Schluss einen sorgenfreien Strandaufenthalt.

Eines Morgens war es etwas diesig und nicht so warm wie an den vorigen Tagen. Deshalb beschlossen wir, der Hafenstadt Gdańsk (Danzig) einen Besuch abzustatten. Wegen der anhaltenden Wärme hatte ich meinen sicherheitshalber eingepackten dicken Rollkragenpullover in diesem Urlaub überhaupt noch nicht gebraucht. Jetzt hielt ich die Gelegenheit für gekommen, um ihn anzuziehen. Da es nun aber auch nicht wirklich kalt war, zog ich nichts darunter an.

Wir fuhren mit dem Trabi bis Wejherowo, von wo aus eine S-Bahn nach Gdańsk verkehrte. Schon während der Bahnfahrt hatte ich das Gefühl, etwas zu warm angezogen zu sein. Der Himmel wurde immer blauer und die Sonne strahlte so gut sie konnte.

Spätestens beim Stadtrundgang war mir dann klar, dass der Pullover eine Fehlentscheidung gewesen war, ich aber keine Alternative hatte. Einen Mann, der oben ohne durch eine Stadt gegangen wäre, hätte man damals wahrscheinlich weggefangen. Die einzige Erleichterung, die ich mir verschaffen konnte, war die, dass ich die Ärmel hochkrempelte.

Wir hatten beschlossen, das Angenehme mit dem Nützlichen zu verbinden. In diesem Fall hieß das, während der Stadtbesichtigung zu versuchen, irgendwie Zucker und Toilettenpapier zu bekommen. Leider gab es auch in Gdańsk kein Geschäft, in dem man dergleichen kaufen konnte. Also nutzten wir den Restaurantbesuch am Mittag, um das Gewünschte zu besorgen.

Als der von uns bestellte Tee serviert wurde, war ein Tütchen Zucker dabei, das wir sofort einsteckten. Für die Kinder gab es Cola, die ihnen glücklicherweise süß genug war.

Danach folgte der zweite Teil unseres Plans. Ich ging zur Toilette. Dazu musste ich in den Keller herabsteigen. Dort residierte eine Toilettenfrau, mit der man sich lieber nicht anlegte. Ich betrat eine der Kabinen, um enttäuscht festzustellen, dass es darin kein Papier gab. Also ging ich wieder zu der Gralshüterin und bat um papier toaletowy. Sie blickte mich strafend an, dann riss sie mir zwei Blatt von der Rolle, die sie wie ein Baby im Arm hielt, ab. Ich bettelte „więcej!", und bekam ein weiteres Blatt. Ebenso ging es meiner Frau, als sie dasselbe versuchte. So war unsere Ausbeute eher bescheiden, obwohl wir am Nachmittag auch noch Kaffeetrinken waren. Immerhin war wenigstens der Waldspaziergang der Kinder am nächsten Tag gesichert. Es durfte nur niemand Durchfall bekommen.

Unser Stadtbummel führte uns auch zu einer großen Markthalle, in die wir hineingingen. Wir wollten nichts kaufen, sondern hatten vor, uns das Treiben dort drinnen näher anzusehen. Ich genoss die angenehme Kühle und meine Frau staunte über die angebotenen Waren. Wir gingen weiter, bis wir in eine etwas dunkle Ecke gelangten. Dort befand sich eine Gruppe von Leuten, die uns scheinbar schon erwartet hatten. Ich ahnte nichts Gutes und hielt meine Tasche mit dem Geld und den Papieren besonders fest. Die Kinder beorderte ich dicht zu mir und wir hielten einen Sicherheitsabstand von der Gruppe. Meine Frau ging weiter und wurde prompt von einer älteren Dame, die wie eine Kräuterhexe aussah, auf Polnisch angesprochen. Als es Verständigungsprobleme gab, schaltete die Hexe sofort auf Deutsch um und sagte: „Bitte geben mir einen Złoty. Ich sagen Zukunft voraus."

Meine Frau kramte in ihren Taschen, fand aber nur einen 10-Złoty-Schein. Sie gab ihn der Wahrsagerin, worauf diese sofort begann aus der Hand zu lesen. Dort sah sie angeblich, dass meine Frau dereinst zu einer Tante in den Westen reisen dürfe und dass sie noch einen Sohn bekäme. Nach diesen Mitteilungen blieb meine Frau stehen und wartete auf das Wechselgeld. Wenn ich sie nicht an die Hand genommen und weggeführt hätte, stünde sie wahrscheinlich heute noch dort. So verlor sie zwar den uneingeschränkten Glauben an das Gute im Menschen, war aber um eine Erfahrung reicher.

Die Tante im Westen durfte sie tatsächlich viele Jahre später besuchen – auf den dritten Sohn warten wir jedoch noch heute.

Obwohl mir Gdańsk sehr gefallen hat, war ich froh, als wir wieder im Auto saßen. Da konnte ich wenigstens die Scheibe runterkurbeln und mich etwas im Fahrtwind abkühlen.

In Ermangelung von Toilettenpapier kauften wir eine dicke polnische Zeitung. Damit war das Problem gelöst.

In der letzten Woche unseres Aufenthaltes bekamen wir es dann doch noch mit einem Unwetter zu tun. Wir saßen im Zelt, da verdunkelte sich plötzlich der Himmel. Ich ahnte, was sich da zusammenbraute und kontrollierte noch schnell die Spannung der Zeltschnüre, dann brach es über uns herein. Es goss wie aus Kannen und dazu gesellte sich ein heftiger Sturm. Wir schauten aus dem Zeltfenster und sahen, wie das kleine Zelt gegenüber langsam in sich zusammenbrach. Wir riefen dem Besitzer zu, er möge zu uns kommen und sich unterstellen, aber er winkte gelassen ab. Er verkroch sich in die kollabierte Leinwand wie in einen übergroßen

Schlafsack und als das Unwetter vorüber war, löste er die wenigen noch verankerten Heringe, rollte sein Zelt zusammen, so nass es war und trug alles zum Bahnhof, der sich in unmittelbarer Nähe befand. Dort wartete er geduldig auf den nächsten Zug und fuhr dann weg.

Ein paar Tage später war unser Urlaub so gut wie zu Ende. Wir packten alles in den braven Trabi, der unter der Last wieder ächzte und fuhren davon. Unterwegs wollten wir noch einen Abstecher zur Wanderdüne bei Łeba machen. Ich hatte gelesen, dass dies eine fast echte Wüste sei. Die wollten wir besuchen, weil wir sonst keine Chance sahen, jemals eine Wüste zu sehen.

Wie meistens, wenn wir reisten, saß ich am Steuer und meine Frau sagte, wo es lang ging. Da wir einen alten polnischen Autoatlas besaßen, sollte es kein Problem sein, Łeba zu finden. Das hätte auch fast geklappt, bis meine Frau meinte, eine Abkürzung gefunden zu haben. Ich war auch für Abkürzen, und so fuhren wir von der Straße herunter und durchquerten den Wald auf unbefestigten Wegen. Das ging anfangs noch ganz gut, aber bald wurde der Weg immer abenteuerlicher. Rechts und links von uns war Wasser und ab und zu mussten wir über Brücken, die eigentlich nur aus zwei über das Wasser gelegten dicken Brettern bestanden. Ich ließ immer vorher die Familie aussteigen, damit sie im Falle eines Falles nicht mit ins Wasser fiele. Außerdem brauchte ich jemanden, der aufpasste, dass ich auch wirklich auf den Brettern fuhr und nicht daneben. So fuhren wir immer tiefer in die Pampa bis es plötzlich nicht mehr weiterging. Eine dieser sogenannten Brücken war durchgefault und unbenutzbar. Nun war guter Rat teuer. Wenden ging nicht, dazu war der Weg zu schmal. Es blieb also nichts anderes übrig, als den ganzen Weg noch einmal rückwärts zu bewältigen. Das war wahrlich kein Vergnügen. War es schon vorwärts sehr kompliziert, so über die Brückenbretter zu fahren, dass das Auto nicht aufsetzte und auch Reifen und Federn geschont wurden, so war es rückwärts um ein Vielfaches schwerer.

Völlig durchgeschwitzt und k.o. erreichten wir irgendwann wieder eine Straße, auf der wir uns dann auf den „Umweg" nach Łeba machten.

Wegen unserer Irrfahrt war es bereits Abend als wir auf dem Parkplatz in Rąbka eintrafen. Hier musste man sein Auto stehen lassen und den restlichen Weg zur Wanderdüne zu Fuß absolvieren. Da es schon so spät war, mussten wir weder Parkgebühren noch Eintrittsgeld für den Nationalpark bezahlen, denn die Kassen waren geschlossen. Wir brauchten nur 5,5 km zu gehen, dann würden wir bei der Wüste sein. Leider war dieser einfache Plan nicht in die Praxis umsetzbar, denn während unser 9-jähriger Sohn zügigen Schrittes mit uns lief, war der 6-jährige nicht vom Wandern zu begeistern. Er blieb dauernd stehen, was zur Folge hatte, dass die zahlreichen Mücken sich auf ihn stürzten und malträtierten.

In Anbetracht der fortgeschrittenen Zeit und der widrigen Umstände mussten wir die Aktion leider abbrechen. Wir setzten uns in unser Auto und fuhren in Richtung Heimat, wo wir dann auch spät in der Nacht ankamen.

Zusammenfassend kann man sagen: Der Trabant hatte tapfer durchgehalten und es war ein billiger Urlaub. Wir hatten uns erneut sehr wohl gefühlt in Polen und trotz der Versorgungsprobleme wollten wir unbedingt wieder dorthin reisen.

In Polen kam es im Sommer 1980 zu einer massiven Streikwelle in deren Folge 1981 das Kriegsrecht ausgerufen wurde, das Privatreisen fast unmöglich machte. Aus diesem Grund sollte die hier beschriebene Polenreise für lange Zeit die letzte sein.

Börnichen (Erzgebirge)

In den Winterferien war es schon Tradition bei uns, dass meine Frau zusammen mit unseren Söhnen Tante Uschi in Börnichen besuchte. Dort lag immer Schnee und die Jungen konnten nach Herzenslust Ski laufen und rodeln. Das war allerdings nur die eine Seite der Medaille, die andere Seite war Tante Uschi selbst. Sie war früher Lehrerin gewesen und hatte kraft ihres Amtes immer recht. Sie war alleinstehend und hatte daher niemanden, der sie ab und zu auf den Boden der Tatsachen zurückholte.

Solange ich nicht mitfahren musste, berührten mich ihre Macken wenig. Als meine Frau mir in den Ohren lag, doch auch einmal einen Winterurlaub mit ihr und den Kindern gemeinsam zu machen, stieß sie nicht gerade auf Begeisterung bei mir. Das lag nicht nur daran, dass ich kein Wintersportler bin, sondern auch Tante Uschis voraussichtliches Verhalten machte mir Sorgen. Trotzdem ließ ich mich erweichen und so starteten wir im Februar 1980 in Richtung Erzgebirge. Die Kinder sollten bei Tante Uschi schlafen, für uns hatte sie eine Unterkunft im Waldcafé in einem benachbarten Ort gebucht. Zum Glück für mich sollte das Ganze nur ein verlängertes Wochenende dauern.

Als wir bei der Tante vorfuhren, winkte sie erfreut aus dem Fenster ihrer Mansardenwohnung. Von außen sah eigentlich alles ganz normal aus, aber als wir das Haus betraten, verschlug es mir fast den Atem. Es stank so beißend nach Fäkalien, dass ich am liebsten kehrt gemacht hätte. Meine Frau und die Kinder schien das nicht zu stören und so zwang ich mich, die Treppe zu Tante Uschis Wohnung zu erklimmen.

Nach der Begrüßungszeremonie traten wir ein und ich war erstaunt, auf welch engem Raum ein Mensch leben konnte. Die ganze Wohnung bestand aus zwei winzigen Zimmerchen sowie einer Koch/Waschnische und schien mir etwa halb so groß zu sein, wie unser Wohnzimmer in Berlin. Beheizt wurde alles mittels eines Kanonenofens, der im Wohnzimmer direkt neben der Wohnungstür stand.

Tante Uschi hatte schon den Tisch gedeckt und es gab Kaffee und Kuchen. Da sie aber selber keinen Kaffee trank und auch nicht wollte, dass wir krank werden, hatte sie keinen Bohnenkaffee sondern Malzkaffee gekocht. Zum Kuchen sagte sie uns, dass sie den vor ein paar Tagen von ihrer Nachbarin bekommen habe, weil diese am vorletzten Wochenende zu viel gebacken hätte. Dieses Geschenk kam ihr natürlich gerade recht, um uns zu verwöhnen. Dass sie keinen Kühlschrank hatte, tat der Haltbarkeit ihrer Meinung nach keinen Abbruch, denn sie hatte ja ein Schränkchen auf dem kühlen Treppenabsatz, in dem sie alle ihre Lebensmittel aufbewahrte.

Ich bin eigentlich ein leidenschaftlicher Kuchenesser, hatte aber in diesem Moment keinen rechten Appetit auf das angebotene Backwerk. Ich gab vielmehr vor, auf die Toilette zu müssen. Tante Uschi gab mir einen großen Schlüssel und schickte mich eine halbe Treppe tiefer. Dass in dieser Mini-Wohnung kein Platz für ein stilles Örtchen war, hätte ich mir eigentlich denken können.

Im Treppenhaus angekommen, schlug mir gleich wieder dieser schreckliche Gestank entgegen und als ich die Toilettentür mittels Schlüssel öffnete, wusste ich wo er herkam. Es war ein sogenanntes Plumpsklo, welches dadurch gekennzeichnet ist, dass es keinen Geruchsverschluss und keine Wasserspülung hat. Ich war froh, dass ich ein Mann war, der im Stehen pinkeln konnte, denn das Sitzen auf diesem gefleckten Holzsitz schien mir unmöglich. Angewidert betrachtete ich während des Urinierens die Hinterlassenschaften der vorherigen Nutzer dieses Ortes und war froh, als ich nach erledigtem Geschäft den Holzdeckel schließen durfte, wobei ich mir einen Splitter einriss.

Ich fragte mich, ob ich möglicherweise eine Zeitreise ins Mittelalter gemacht hatte.

Während ich die halbe Treppe zu Tante Uschis Wohnung wieder emporstieg und den Gestank nicht mehr los wurde, fiel mein Blick auf das besagte Vorratsschränkchen. Mir wurde schlagartig klar, dass alle darin aufbewahrten Lebensmittel Tag und Nacht diesem Mief ausgesetzt waren. Ich beschloss, hier nichts zu essen. Lieber würde ich verhungern! Leider wusste ich nicht, wie ich die Kinder vor dem Genuss all dessen bewahren sollte.

Als ich zurück in die Wohnung kam, suchte ich eine Waschgelegenheit für meine Hände, fand aber keine. Meine Frau deutete meinen fragenden Blick richtig und wies mir den Weg in die Wasch- und Kochnische. Dort gab es ein Waschbecken über dem ein 5-Liter-Boiler hing. So hätte ich sogar den Luxus gehabt, mir die Hände warm waschen zu können, wenn der Boiler angeschlossen gewesen wäre. Also wusch ich mir die Hände eben nur kalt, was ja auch kein Problem war.

Zurück am Kaffeetisch musste ich feststellen, dass noch sehr viel Kuchen übrig war. Um nicht ständig genötigt zu werden, täuschte ich Magenbeschwerden vor und der Kuchen wurde wieder eingepackt, um zurück in den Schrank auf dem Treppenflur zu wandern. Wir sollten schließlich am nächsten Tag auch noch etwas zum Kaffee haben.

Meine Frau und Tante Uschi hatten einander viel zu erzählen, was die Familiengeschichte betraf. Ich ging derweil mit den Kindern ein wenig vor das Haus. Es war zwar sehr kalt, aber dafür stank es nicht. Die Kinder zeigten mir, einige Sehenswürdigkeiten des Ortes. Das Highlight schlechthin war Oswald. Oswald war ein Kramladen, in dem es so ziemlich alles gab, was man nicht gebrauchen konnte, aber Tante Uschi schwärmte immer von dem guten Angebot bei Oswald und machte reichlich Gebrauch davon. Wahrscheinlich kaufte sie nur da. Zu Weihnachten und zum Geburtstag kamen stets Päckchen mit Geschenken, die sie dort erstanden hatte. Darin befanden sich dann zum Beispiel ein Stück geblümter Vorhangstoff und die Bitte, den Kinder Blusen daraus nähen zu lassen. Ich fragte mich jedes Mal, ob denn unsere Söhne so ärmlich gekleidet herumliefen, dass man ihnen solche hässlichen Stoffreste schenken müsse, damit sie mal etwas zum Anziehen hätten. Ich bekam meist Stoffkalender des zurückliegenden Jahres, die man aber noch gut als Küchenhandtücher benutzen konnte. Meine Frau erhielt abgelegte Schlüpfer und BHs, die so ausgeleiert waren, dass sie der Tante nicht mehr passten. Die angerauten Schlüpfer eigneten sich ganz gut zum Autowaschen, aber die BHs warf selbst meine sonst so sparsame Frau in den Müll.

Wir schlenderten also durch den Ort und wurden von allen Leuten, die wir trafen gegrüßt. Wahrscheinlich wussten hier alle, dass wir Tante Uschis Gäste waren.

Die Jungen zeigten mir den Idiotenhügel, auf dem sie ihre ersten Abfahrtserlebnisse auf Skiern unternommen hatten. Ich nahm mir vor, es am nächsten Tag auch einmal zu versuchen. Schnee lag jedenfalls genug.

Endlich kamen auch meine Frau und Tante Uschi aus dem Haus. Wir beschlossen, dass wir erst einmal in das Waldcafé fahren sollten, um uns dort anzumelden. Tante Uschi kletterte zu den Jungen auf die Rückbank unseres Trabis und obwohl sie wirklich nicht dick war, herrschte ziemliche Enge in der hinteren Reihe.

Wir fuhren los, wobei Tante Uschi die Anweisungen gab, damit wir das Waldcafé nicht verfehlten. Nach einer kurzen Fahrt mussten wir eine ziemlich steile Straße bergab fahren, denn das Waldcafé lag in einem Tal. Zum Glück waren alle Straßen vom Schnee geräumt, sonst hätten wir schön ins Rutschen kommen können.

So kamen wir wohlbehalten bei unserem Quartier an und bezogen unser Zimmer. Mein erster kritischer Blick galt der Toilette. Sie befand sich am Ende des Ganges und hatte die berühmte Zimmernummer 00 (Null Null). Wie ich zu meiner Erleichterung feststellen konnte, handelte es sich auch um ein richtiges WC – also kein Plumpsklo. Die Waschgelegenheit bestand aus einem Wasserhahn mit Waschbecken nebst Ablage für Seife und Zahnbürste. Eine Dusche erwartete zu dieser Zeit niemand in einer Pension wie dieser.

Nachdem wir unser Gepäck ins Zimmer gebracht hatten, wollten wir gern im Waldcafé zu Abend essen und dann die Kinder und Tante Uschi nach Hause bringen. Da hatten wir allerdings die Rechnung ohne die Tante gemacht. Sie bestand darauf, dass wir sofort zu ihr fahren sollten, um dort Abendbrot zu essen. Sie hatte überzeugende Argumente, indem sie sagte, dass sie die Reste ihres Mittagessens, das sie täglich geliefert bekam, aufgehoben habe und uns daraus ein schmackhaftes Mahl bereiten würde. Mir drehte sich schon der Magen um und ich versuchte Widerstand zu leisten. Aber der Kampf war von vorn herein aussichtslos. Tante Uschi hatte einfach immer recht.

Also fuhren wir wieder zu ihr und ergaben uns unserem Schicksal.

Aus dem bereits erwähnten Schränkchen holte sie mehrere kleine Töpfe hervor, stellte alle auf den heißen Kanonenofen und während unser Essen warm wurde, deckte sie den Tisch. Erstaunlicherweise hatte sie sogar fünf Teller, Messer und Gabeln.

Auch bei dieser Mahlzeit hatte ich wenig Appetit und aß so gut wie gar nichts. Unsere Söhne hatten auch keinen Hunger, wobei ich nicht wusste, ob sie sich auch so ekelten wie ich oder ob es die übliche Appetitlosigkeit war, die wir an ihnen kannten. Meine Frau aß dafür umso mehr und so wurde das, was sich die Tante wohl vom Munde abgespart hatte, aufgegessen. Darüber war ich sehr froh, denn sonst hätte es die Reste der Reste vermutlich noch am nächsten Tag zum Mittag gegeben.

Wir halfen abzuräumen und zu meinem allergrößten Entsetzen sah ich, dass die Tante das Geschirr in dem Becken abwusch, das wohl auch zu ihrer Körperreinigung diente. Als wenn dies alles noch nicht schlimm genug war, bemerkte ich, dass der Stöpsel des Waschbeckens zu klein war und damit das Wasser trotzdem nicht zu schnell ablief, hatte Tante Uschi einen alten Lappen um den Stöpsel gelegt, der die Lücke notdürftig schloss. Ich versuchte krampfhaft, nicht daran zu denken, was wohl dieser Lappen alles so in sich hatte. Auf jeden Fall wurde mir jetzt schon schlecht, wenn ich an die nächste Mahlzeit dachte.

Danach wurde es Zeit, sich zu verabschieden. Unsere Söhne mussten ins Bett, Tante Uschi wollte auf dem Sofa schlafen und wir fuhren ins Waldcafé. Dort gönnte ich mir in der Wirtsstube erst einmal ein Abendessen und wir tranken beide noch einige wohlverdiente Gläser Bier.

Am nächsten Morgen gab es gutes Frühstück im Hotel und danach wollten wir zu unseren bedauernswerten Kindern aufbrechen. Was würden die Armen zum Frühstück gegessen haben? Wahrscheinlich altbackene Brötchen mit ranziger Butter und verschimmelter Marmelade. Ich kam mir schlecht vor, dass ich sie da gelassen hatte, aber meine Frau meinte, das sei alles nicht so schlimm. Sie sei schließlich als Kind jedes Jahr dort gewesen und hätte auch keinen Schaden genommen.

Als wir bei Tante Uschi ankamen, war auch dort das Frühstück schon erledigt. Ich wagte gar nicht zu fragen, ob es geschmeckt hatte.

Wir beschlossen, das schöne Wetter auszunutzen und einen Ausflug zu machen. Tante Uschi schlug vor, nach Oberwiesenthal auf den Fichtelberg zu fahren. Zu fünft fuhren wir in unserem Trabant los. Solange wir in der Ebene blieben, war alles in Ordnung. Probleme gab es erst, als die Straße recht steil anstieg. Der Motor wurde immer langsamer und ich musste bis auf den ersten Gang herunterschalten, damit wir nicht stehen blieben. So fuhren wir mit schrecklich laut heulendem Motor mit einer Geschwindigkeit von weniger als 10 Stundenkilometern bergauf. Hinter uns bildete sich eine lange Schlange und es gab ein Hupkonzert. Obwohl ich das Gaspedal bis auf das Bodenblech durchdrückte, wurden wir nicht schneller. Wenn es die Straße zuließ, überholten uns andere Autos. Niemand war so langsam wie wir. Sogar die schwersten LKW schafften den Überholvorgang in kürzester Zeit.

Endlich waren wir oben und ich atmete auf. Sicherheitshalber parkte ich etwas abseits, um nicht direkt neben einem der Fahrzeuge zu stehen, das ich soeben behindert hatte.

Nach der unendlich langen Anfahrt waren wir am Fichtelberghaus angekommen. Das war ein schmuckloser DDR-Neubau mit einem Turm. Die Tante erzählte uns, dass das alte Fichtelberghaus in den 60er Jahren abgebrannt sei.

Wir gingen hinein und befanden uns in einer typischen DDR-Mehrzweckgaststätte. Nach längerem Anstehen durften wir uns an einen freien Tisch setzen. Wir nahmen Rücksicht auf Tante Uschi und ließen sie den Platz aussuchen. Als sie saß, setzten auch wir uns. Kaum hatten wir uns jedoch gesetzt, da sprang Tante Uschi wieder auf und sagte, sie könne hier nicht sitzen, da es ziehe. Wir tauschten deshalb so oft die Plätze bis sie zufrieden war.

Als endlich der Kellner kam, bestellten wir uns alle etwas zu Essen und ein alkoholfreies Getränk dazu. Lediglich Tante Uschi bestellte sich ein warmes Bier. Der Kellner sah sie erstaunt an. Hinter seiner Stirn arbeitete es wohl heftig. Hatte er ihr schon einmal warmes Bier serviert und war dies jetzt eine Kritik? Deshalb fragte er misstrauisch: „Wie meinen Sie das?"

Tante Uschi war nicht zu erschüttern. „Ich möchte, dass sie mir ein warmes Bier bringen! Was ist daran nicht zu verstehen?"

Jetzt fühlte sich der Kellner aber doch veralbert. „Tut mir leid, aber bei uns kommt nur kaltes Bier aus dem Hahn."

Damit kam er bei Tante Uschi allerdings schlecht an. „Das ist in allen Restaurants so, junger Mann! Aber dafür gibt es ja Bierwärmer, die man in das Glas hineinhängt. Fragen Sie mal jemanden, der den Beruf des Kellners gelernt hat, der wird Ihnen das bestätigen!"

Der Kellner stand da wie ein gescholtener Schüler. Nach kurzem Zögern drehte er sich um und verschwand in Richtung Theke.

Wir anderen saßen peinlich berührt um den Tisch. Wie oft hatten wir schon aus viel gewichtigeren Anlässen Gründe gehabt, uns zu beschweren, aber so ein Aufsehen hätten wir nie gemacht. An allen Tischen um uns herum wurde getuschelt und gelacht.

Nach einiger Zeit kam der Kellner mit den Getränken zurück an unseren Tisch. Wir bekamen unsere Limonaden und die Tante tatsächlich ein Glas Bier, in dem eine Art Tauchsieder hing. Tantchen konnte es sich nicht verkneifen süffisant zu bemerken: „Na also, es geht doch!"

Der Kellner war auffallend ruhig und verschwand sofort wieder. Ich sah mir das Bier an und beobachtete die Wirkung des Tauchsieders. Er sorgte für viel Schaum. Ich hatte jedoch den Verdacht, der Ober könnte in seiner Wut in das Glas gespuckt haben. Er stand jetzt jedenfalls mit seinen Kollegen an der Theke und beobachtete feixend jeden Schluck, den die Tante trank.

Genussvoll setzte sie ihr Glas ab und sagte, wie zur Erklärung: „Mein Vater hat immer gesagt: ‚Das Einzige, das man kalt trinken sollte, ist Schnaps.'"

Wir waren erstaunt über diese Aussage, konnten wir alle uns die so gesund lebende Tante unter keinen Umständen beim Schnapstrinken vorstellen.

Dann kam das Mittagessen und wir waren damit beschäftigt. Hinterher gab es für die Kinder noch etwas Süßes zum Dessert und Tantchen trank noch ein Bier – natürlich angewärmt.

Am Ende gab es Streit, wer die Zeche bezahlt. Ich verlor diesmal gern und sie durfte bezahlen.

Draußen war es immer noch kalt, obwohl die Sonne herrlich schien. Wir wanderten ein Stück und die Kinder tobten im Schnee. Sie wälzten sich voller Wonne in dem weißen Pulverschnee, wie wir ihn in Berlin noch nie gesehen hatten.

Auch ich wollte den Schnee genießen, weshalb ich nicht auf dem Weg lief. Ich wählte den Bergrücken, den der Schneepflug neben der Straße erzeugt hatte. Die Schneeoberfläche war offenbar durch Sonneneinstrahlung getaut und später wieder gefroren. Ich sank deshalb also nicht ein. Als ich aber gerade übermütig ausrief: „Ich bin der König der Schneeberge!", brach plötzlich die Kruste unter mir durch und ich stand bis an die Hüfte im Schnee. Während sich der Rest der Familie einschließlich Tante Uschi ausschüttete vor Lachen, fühlte ich mich wie ein begossener Pudel. Mühsam gelang es mir, die Beine wieder aus dem Schnee herauszuziehen. Das klappte allerdings nur, indem ich mich auf den Hosenboden setzte, um die Beine nacheinander zu befreien.

Als ich dann wieder festen Boden unter den Füßen hatte, musste ich feststellen, dass meine Jeans nass war und ich Schnee in die Stiefel bekommen hatte. Die Hosenbeine waren beim Einsinken nach oben gerutscht und so hatten die Waden innige Berührung mit der kalten Umgebung gehabt. Jetzt lief mir das Tauwasser in die Stiefel.

Nach diesem Zwischenfall wollte ich eigentlich so schnell wie möglich ins Warme, und die nassen Klamotten ausziehen. Leider waren weder die Kinder noch meine Frau oder gar Tante Uschi bereit meinen Wunsch zu erfüllen. So musste ich denn nolens volens den Nachmittag mit nasser Jeans und eisigen Füßen herumlaufen.

Meine Vorbehalte dem Wintersport gegenüber wuchsen damit weiter.

Am Abend lud uns Tante Uschi zu einem gemütlichen Abendessen in ihre Wohnung ein. Mir schwante schon wieder Furchtbares und ich war froh zum Kaffee ein großes Stück Sahnetorte gegessen zu haben. Das sollte für den Rest des Tages reichen. Außerdem würde es mir ein Alibi geben, wenn ich Tante Uschis Köstlichkeiten nicht aß.

Es kam, wie es kommen musste. Tante Uschi hatte den Kanonenofen mit Holz und Briketts gefüttert, dass die Kochplatte glühte. Darauf stand eine Kanne Wasser, die zur Teebereitung dienen sollte. Aus dem Vorratsschrank im Treppenhaus mussten wir allerlei Wurstscheiben und -zipfel auf den Abendbrottisch befördern. Die Tante pflegte Wurst immer in winzigen Mengen zu kaufen, aber selbst, wenn sie nur 20 Gramm kaufte, blieb stets etwas übrig für die nächste Mahlzeit. Da sie dann aber schon wieder neue Wurst hatte, sammelte sich mit der Zeit ein großes Sortiment von alten Wurstresten in dem berüchtigten Schränkchen im Treppenflur an. Da war unser Besuch eine gute Gelegenheit endlich mal klar Schiff zu machen.

Ich staunte, dass unsere Kinder jetzt dort mit Appetit aßen, während sie zu Hause an allem herummäkelten. Wahrscheinlich hatte sie der Aufenthalt an der frischen Luft hungrig gemacht. Ich hingegen verweigerte die Nahrungsaufnahme erneut unter Hinweis auf das fette Tortenstück, das mir angeblich schwer im Magen lag.

Ein besonders ekelig aussehender Zipfel Leberwurst erregte aber dann doch meine besondere Aufmerksamkeit. Ich tauschte einen Blick mit meiner Frau und sie verstand mich ohne Worte. Um Tante Uschi abzulenken, bat sie um Pfeffer und Salz. Als wir einen Moment allein im Zimmer waren, öffnete meine Frau kurzerhand das Feuerloch des Kanonenofens und ich warf das Stück Wurst hinein. Schnell schloss sie die Ofentür und während Tante Uschi das Zimmer wieder betrat, hörte man erst ein Zischen, dann eine kleine Explosion im Ofen. Tantchen schaute verwundert. Ich erklärte ihr, dass wahrscheinlich das Feuerholz noch nass gewesen sei und es deshalb im Ofen so geknallt hätte.

Mein Abendbrot bestand an diesem Tag also lediglich aus einer Tasse Kräutertee. Das war für mich aber absolut kein Problem, wenn ich bedachte, was mir erspart geblieben war.

Danach fuhren wir wieder in unsere Unterkunft, wo wir noch ein Bier tranken und dann schlafen gingen. Die nassen Kleidungsstücke hängte ich vorsorglich an die Heizung. Die Stiefel musste ich mit Zeitungspapier füllen, um das Trocknen zu beschleunigen, wie meine Frau wusste.

Am nächsten Morgen waren die Stiefel immer noch nass und die Hose war auch nicht getrocknet, denn über Nacht war die Heizung heruntergeregelt worden. Da ich weder eine andere Hose noch andere Schuhe mitgenommen hatte, musste ich das nasse Zeug wieder anziehen. Mein einziger Trost war, dass wir heute nach Hause fahren würden.

Wir ließen uns noch einmal das Frühstück gut schmecken und bedauerten unsere Kinder, die wohl wieder Tante Uschis Reste essen mussten.

Nach dem Frühstück gingen wir in unser Zimmer und packten unseren Koffer. Dann bezahlten wir für unseren Aufenthalt und brachten das Gepäck zum Auto. Auf dem Weg zum Auto stellten wir fest, dass es in der Nacht heftig geschneit hatte. Das hieß, dass wir den Trabi erst einmal einigermaßen vom Schnee befreien mussten. Danach galt es, die Scheiben eisfrei zu bekommen, was gar nicht so einfach war.

Nachdem ein halbwegs guter Durchblick gewährleistet war, setzten wir uns in das Auto und fuhren los.

Wie schon erwähnt, lag das Waldcafé in einem Tal. Das hieß, dass wir, um es zu verlassen bergauf fahren mussten. Ich hatte den Trabi gleich zu Anfang unserer Schneeräumaktion gestartet, damit der Motor zur Bergfahrt schon warm sein würde. Der tapfere 23 PS-Motor war auch nicht das Problem, sondern die Schneeglätte am Berg. Es gelang mir, ein Stück die Straße hochzufahren, dann war Schluss. Die Räder drehten einfach durch und nichts ging mehr. Es blieb nichts anderes übrig, als vorsichtig rückwärts herunterzufahren. Nachdem ich es einige Male mit mehr Schwung versucht hatte, erkannte ich, dass es so keinen Sinn hatte.

Nach kurzem Nachdenken kam mir die Idee, es einmal rückwärts zu versuchen. Wenn dann noch eine größere Last auf die angetriebenen Vorderräder wirkte, sollte es eigentlich funktionieren. Das sagte mir jedenfalls mein physikalischer Sachverstand.

Also musste sich meine Frau auf die Motorhaube knien, was gut für die Gewichtsverteilung war. Außerdem konnte sie mir zeigen, wohin ich lenken musste, denn die zugefrorene Heckscheibe bot keinen Blick auf die Straße. Während sie sich an den Scheibenwischern festhielt, zeigte sie mir durch Neigen des Kopfes jeweils an, ob ich mehr nach links oder rechts lenken sollte, und auf diese Weise kamen wir gut oben an. Zum Glück war der Trabant aus Hartplastik gemacht. Jedes andere Auto hätte nach dieser Aktion eine eingebeulte Motorhaube gehabt.

Im Vorwärtsgang erreichten wir Tante Uschi und die Kinder. Sie hatten inzwischen ebenfalls gefrühstückt (was auch immer) und waren voller Tatendrang.

Es wurde beschlossen, am Vormittag am Idiotenhügel hinter dem Haus ein wenig Ski zu fahren. Auch ich wollte endlich wissen, ob mir der Wintersport vielleicht doch Spaß machte.

Ich bekam also Tantchens alte Ski, schulterte sie und stapfte damit den Berg hoch, wo ich sie mir unter die Schuhe schnallte. Die ersten Schritte gingen eigentlich ganz gut. So glatt, wie ich dachte, waren die Bretter gar nicht. Wahrscheinlich hatten sie niemals Skiwachs gesehen und waren deshalb stumpf geworden.

Frohgemut schob ich mich auf den Abhang zu, um nun endlich die Freuden der Abfahrt zu genießen. Kaum war ich jedoch auf der Schräge, da wurden die Skier plötzlich unglaublich glatt und es gab kein Halten mehr. Ich raste mit zunehmender Geschwindigkeit den Abhang herunter und hatte keine Möglichkeit zu bremsen. Unten gab es einen Graben, der meine Fahrt jäh stoppte. Die Skispitzen bohrten sich in den Untergrund und ich landete auf meinem Gesicht. Zum Glück war der Schnee so weich, dass ich mich nicht verletzte. Mühe hatte ich nur, die Skier von den Füßen abzuschnallen, damit ich aufstehen konnte. Sicherheitsbindungen gab es damals noch nicht – jedenfalls nicht an Tante Uschis alten Brettern.

Als ich mich unter dem Gelächter meiner Familie endlich aus der misslichen Lage befreit hatte, war mir der Spaß an Wintersport und Tante Uschi ein für allemal vergangen. Ich wollte nur noch nach Hause.

Da war ich aber bei der Tante an der falschen Adresse. Sie hatte wohl noch einige Delikatessen in ihrem Schränkchen, an denen sie uns unbedingt teilhaben lassen wollte. Während meine Frau schon wieder nachgab und die Kinder ebenfalls noch bleiben wollten, sprach ich ein Machtwort und rüstete zur Heimfahrt.

Da wurde Tante Uschi sehr böse. Sie sprach mit mir wie mit einem unartigen Schüler. Als dies alles nichts half und sie sah, dass mein Entschluss feststand, drückte sie meiner Frau mitleidig einen kleinen verschrumpelten Apfel in die Hand, den sie von ihrem Fensterbrett nahm, wo er wohl schon wochenlang gelegen hatte. „Da habt ihr für unterwegs etwas Frisches zum Essen. Die schlechte Stelle könnt ihr ja herausschneiden."

Mit mir sprach sie kein Wort mehr. Ich nehme an, sie wollte auch nicht, dass ich etwas von dem Apfel abbekommen sollte. Ich auch nicht. Sie umarmte meine Frau und die Kinder und hatte dabei Tränen in den Augen. Wahrscheinlich ahnte sie, dass sie uns niemals wiedersehen würde.

Den Apfel warfen wir auf dem ersten Parkplatz in den Mülleimer und zu Mittag aßen wir in einem gemütlichen Wirtshaus in der Nähe von Karl-Marx-Stadt, wie Chemnitz damals hieß.

Tante Uschi sollte Recht behalten. Wir waren nie wieder dort und darüber überhaupt nicht traurig. Im Gegenzug blieben die Pakete von ihr aus, was auch kein Verlust für uns war.

Ich nahm mir vor, nie wieder bei Verwandten zu wohnen. Es schien mir besser zu sein gar nicht zu verreisen, als so etwas noch einmal erleben zu müssen. Bis auf eine Ausnahme bin ich diesem Vorsatz auch treu geblieben. Das war damals auch nicht schwer, denn wir lebten in der DDR und alle unsere Verwandten (außer Tante Uschi) wohnten in Westdeutschland, wo wir nicht hin durften.

Achtopol (Bulgarien)

Wieder waren einige Jahre vergangen. Manches hatte sich geändert. Polen probte den Aufstand und war für uns nicht mehr ohne Weiteres zu bereisen. Die Söhne waren inzwischen 11 und 14 Jahre alt und außerdem hatten wir seit 1983 einen Wartburg Tourist, wie die Kombiversion des größeren DDR-Zweitakters hieß. Unser neues Auto war ein Geschenk meiner Tante aus Schweden. Sie bezahlte mit Westgeld und wir bekamen ein Ostauto ohne jahrelange Wartezeit.

Leider schienen wir ein Montagsauto bekommen zu haben, denn es ging so ziemlich alles kaputt, was kaputtgehen konnte.

Nachdem der Wagen über ein Jahr mehr in der Werkstatt stand als bei uns, hatten wir nun die Hoffnung, dass alle defekten Teile ausgetauscht waren und wir endlich ein hundertprozentig funktionierendes Auto hätten.

Im Familienrat wurde mehrheitlich beschlossen, dass uns die nächste Reise nach Bulgarien an das Schwarze Meer führen sollte. Lediglich meine Frau war dagegen, aber das war nichts Besonderes. Sie hatte immer

Angst vor allem Neuen. Hinterher war sie dann aber doch immer glücklich, dass wir etwas gewagt hatten.

Von unserem Nachbarn hatten wir erfahren, dass es bei Achtopol einen Zeltplatz mit angeschlossenem FKK-Strand gäbe. Was also lag näher als dorthin zu fahren? Einiges!

Achtopol war immerhin mehr als 2000 km von Berlin entfernt. Aus politischen Gründen durften wir nicht die kürzeste Verbindung durch das damalige Jugoslawien wählen. Aber erstens waren wir voller Tatendrang und zweitens sehnten wir uns nach der Wärme des Südens. Da uns bekanntermaßen der Westen Europas nicht zugänglich war, blieben eigentlich nur Rumänien und Bulgarien übrig. Rumänien schied aus, da es dort große Probleme bei der Versorgung mit den einfachsten Dingen gab. Was im Westfernsehen darüber berichtet wurde, deckte sich in vollem Umfang mit dem, was zurückkehrende Reisende erzählten.

Sehr früh im Jahr 1984 begannen wir mit den Vorbereitungen. Wir beantragten sogenannte Reiseanlagen zum Personalausweis. Ohne diese wären wir über keine Grenze gekommen. Wir mussten dabei schon genau festlegen, durch welche Länder wir fahren würden. Dazu kramte ich meinen alten Schulatlas heraus und wir suchten den besten erlaubten Reiseweg heraus.

Erst als wir alle vier diese Reisedokumente in den Händen hielten, begannen wir mit den konkreten Vorbereitungen. Ich legte die Etappen fest, wobei ich Tankstellen und Übernachtungsmöglichkeiten berücksichtigte. Das Tankstellennetz war damals in der DDR sehr löchrig, aber immer noch dichter als das in den meisten sozialistischen Bruderländern.

In Hotels zu übernachten, kam für uns gar nicht infrage. Wenn es überhaupt welche gab, dann waren es sogenannte Interhotels, die nur Gäste aufnahmen, welche in harter Währung zahlten. Für uns blieben deshalb nur Zeltplätze übrig. Die Tagesrouten sollten auch nicht zu lang sein, damit die Reise nicht zu anstrengend werden würde.

In Abhängigkeit von der Aufenthaltsdauer in den einzelnen Ländern durften wir Geld umtauschen. Es gab damals keine Euroschecks und keine EC- oder Kreditkarten, sodass wir umgerechnet mit mehr als 5000 Mark in den verschiedenen Währungen und Benzingutscheinen für Bulgarien von der Wechselstube nach Hause gingen. Dort packten wir Plastiktüten, die jeweils die Geldscheine eines Landes enthielten. Das rumänische Geld glich hässlichen alten Lappen, während die anderen Währungen in Form von druckfrischen Banknoten ausgegeben wurden.

So ein Wartburg Tourist war damals ein richtig großes Auto. Deshalb konnten wir auch wesentlich mehr mitnehmen als früher mit dem Trabant. Gut war auch, dass die Söhne auf der Rückbank mehr Beinfreiheit hatten, immerhin mussten sie es fünf Tage lang aushalten still zu sitzen.

Auch für den Wartburg mussten wir wichtige Dinge bei uns haben. Außer zwei 10-Liter-Kanistern mit Benzin mussten wieder einige Ersatzteile und das nötige Werkzeug in den Kofferraum. Das Zweitaktöl, das auch der Wartburg brauchte, hatte ich diesmal in praktische Halbliter-Flaschen umgefüllt. Dadurch sollte die Dosierung einfacher werden. Das Dach des Autos zierte wieder der Dachgepäckträger, der zum Glück auch auf den Wartburg passte. Darauf wurden die Zeltstangen und die Campingmöbel befestigt. In den wirklich sehr geräumigen Kofferraum kamen ein kleineres Zelt, der Rest vom großen Zelt, die persönlichen Sachen und das, was das Auto so brauchte oder eventuell brauchen könnte.

Das kleinere Zelt nahmen wir mit, um bei unseren Übernachtungen unterwegs nicht jedes Mal das große aufbauen zu müssen.

Am 14.07.1984 pünktlich um sieben Uhr ging es dann endlich auf große Fahrt. Die Jungen waren größer und quengelten nicht mehr. Sie hatten sich ein kleines Kassettengerät mitgenommen und hörten Musik ihrer Wahl.

Wir fuhren wieder in Richtung Dresden, verließen dort die Autobahn und fanden diesmal ohne Probleme den Weg zum Grenzübergang in die ČSSR. An der Grenze ging es auch recht schnell, sodass wir schon gegen 13 Uhr in Ústí nad Labem Mittag essen konnten.

Durch Prag hindurch fanden wir auch besser als vor einigen Jahren, denn die Autobahn war inzwischen verlängert worden und kam uns gewissermaßen entgegen.

Gegen 18 Uhr aßen wir Abendbrot bei Brno und trafen gegen 21 Uhr am geplanten Zeltplatz Kormoran an der Donau bei Bratislava ein. Wir waren voller Stolz, diese lange Etappe geschafft zu haben. Immerhin waren wir 728 km gefahren - so viel wie nie zuvor an einem Tag.

Schnell war das kleine Zelt aufgebaut. Die Söhne pumpten die Luftmatratzen auf und nun stand der ersten Nachtruhe auf unserer langen Reise nichts mehr im Wege.

Wir Erwachsenen kauften uns noch je ein tschechisches Bier und die Jungen bekamen Apfelsaft und Eis. Auf Cola mussten sie zugunsten eines guten Schlafs verzichten.

Als wir am nächsten Morgen erwachten, zeigte sich die Donau wildromantisch. Ob die vielen großen Vögel, die wir sahen tatsächlich Kormorane waren, weiß ich nicht. Wir frühstückten schnell, dann packten wir unser Zelt und alles Zubehör ein und weg waren wir. Die Hygiene kam viel zu kurz, denn es gab außer der Donau keine Waschgelegenheit.

Vor der Abfahrt entleerten wir unsere Ersatzkanister in den Autotank, denn die Ausfuhr von Treibstoff in Kanistern war in der ČSSR verboten und sollte angeblich streng kontrolliert werden.

Um nach Ungarn zu kommen, fuhren wir auf der slowakischen Seite an der Donau entlang und sahen überall Wegweiser nach Wien, das gar nicht weit von uns entfernt war. Gern hätten wir einen Abstecher dorthin gemacht, aber das war uns DDR-Bürgern ja leider verboten. So gelangten wir schließlich zum Grenzort Komárno, der in Ungarn Komárom heißt. Vor der Grenze tankten wir noch einmal voll, da wir unser ungarisches Geld nicht für Benzin verschwenden wollten. Forint durften wir am wenigsten eintauschen, aber in Ungarn gab es am meisten zu kaufen.

Wir mussten ein Weilchen an der Kontrollstation anstehen, dann erfolgte der Grenzübertritt jedoch problemlos.

Gegen Mittag erreichten wir Budapest. In einer ruhigen Seitenstraße stellten wir das Auto ab und notierten uns genau den Straßennamen und die Hausnummer, damit wir es später wiederfinden würden. Dann suchten wir uns ein kleines Restaurant, in dem wir uns zum Essen niederließen.

Zum Glück gab es eine Speisekarte in Deutsch und der Kellner sprach auch deutsch, sodass wir mühelos unser Essen bestellen konnten.

Als ich die Toilette suchte, gab es ein kleines Problem: Über den Türen standen ungarische Wörter, die ich weder „Mann" noch „Frau" zuordnen konnte. Um nichts falsch zu machen, wartete ich bis sich eine der Türen öffnete. Dann wusste ich wohin ich gehen musste.

Zurück am Tisch informierte ich meine Familie, damit alle Bescheid wussten.

Dann kam das Essen, das sehr lecker und auch sehr teuer war. Anschließend gönnten wir drei Männer uns noch Eisbecher, während sich meine Frau mit einer Tasse Kaffee zufriedengab.

Als sie den Kaffee fast ausgetrunken hatte, fand sie auf dem Tassenboden eine Rosine. Wir rätseln bis heute, ob das eine ungarische Spezialität war oder einfach nur eine Schlamperei.

Als die Rechnung kam, staunten wir nicht schlecht. Der Betrag war viel höher als das bereitgehaltene Geld. Meine Frau musste deshalb erst noch in die Plastiktüte mit den Forint-Noten greifen und Nachschub hervorholen, während der Kellner den Vorgang misstrauisch beäugte.

Nach dem Essen unternahmen wir einen Spaziergang durch Budapest und genossen das für uns sehr westlich anmutende Stadtbild. Es gab so eine Art Burger King oder McDonalds, die wir damals auch nur aus dem Westfernsehen kannten. Die Kinder lernten mit fagylalt, das ungarische Wort für Eis kennen, als sie welches am Stand kauften.

In der Váci Straße gab es viele Läden mit schönen Sachen. Wir kauften aber nichts, denn wir wollten erst einmal sehen, wie wir mit dem Geld auskommen würden.

Gegen 15 Uhr setzten wir unsere Reise in Richtung Nagylak fort. Wir wollten so lange wie möglich in Ungarn fahren, weshalb wir diesen Übergang ausgewählt hatten. Rumänien war uns als der schwierigste Teil unserer Reise prophezeit worden. Bevor wir die Grenze überquerten, wollten wir deshalb noch einmal tanken und übernachten.

Gegen 19 Uhr erreichten wir einen kleinen privaten Zeltplatz bei Makó direkt an der Straßen- und Eisenbahnbrücke über den Fluss Maros.

Der Besitzer war sehr freundlich, wies uns einen Platz für unser Zelt zu und kassierte die Gebühr.

Nachdem wir unser Zelt aufgebaut hatten, gingen wir duschen, denn es gab Duschräume mit durch Solarenergie beheiztem Wasser. An diesem Tag hatten wir zwar nur 369 km zurückgelegt, waren aber trotzdem müde. Wir aßen noch etwas, dann legten wir uns ins Zelt und schliefen sofort ein.

Ich hatte das Gefühl, noch keine Minute geschlafen zu haben, da erhob sich ein ohrenbetäubender Lärm. Irgendetwas kam näher und näher und wurde dabei immer lauter. Als ich klar denken konnte, hatte ich die Erklärung: Ein Eisenbahnzug fuhr über die Brücke und diese oder der Zug schepperten furchterregend.

Da auf dieser Strecke geschätzte zehn Züge pro Nacht verkehrten konnte man leider nicht von einer erholsamen Nacht sprechen. Trotzdem war dies nur ein kleiner Vorgeschmack auf das, was uns in den nächsten 24 Stunden erwarten sollte.

Am Morgen wollte der Platzbesitzer noch einen Pflaumenschnaps mit mir trinken. Als ich mit der Begründung ablehnte, dass ich ja noch Auto fahren wollte, sagte er: „Ungarische Polizei weiß, dass alle trinken, macht aber nichts."

Trotzdem blieb ich nüchtern, aber wegen der guten sanitären Anlagen, die wir intensiv nutzten, verließen wir den Campingplatz erst um elf Uhr.

Nach dem Tanken und Einkauf in einem ABC-Laden ging es nun endlich zur Grenze, die wir um zwölf Uhr passierten.

Die ungarischen Zöllner waren freundlich und winkten uns einfach durch. Strenger waren da schon die rumänischen Grenzpolizisten. Sie studierten ewig unsere Ausweise, verlangten die Zollerklärungen und wollten sogar noch die Autopapiere und unsere Führerscheine sehen. Dann fragte einer in ganz schlechtem Deutsch: „Haben Sie Hapun fü Fisch?"

Nachdem wir ihn mehrmals nicht verstanden hatten, wurde er wütend und verlangte, dass wir alle unsere Koffer und Taschen auf seinen Kontrolltisch wuchteten und öffneten. Mit großer Hingabe wühlte er dann in unseren Sachen, fand aber nichts Verdächtiges. Deshalb durften wir wieder einpacken und weiterfahren.

Unsere Söhne vermuteten, dass der Zöllner nach einer Harpune für Fisch gefragt hatte. Sie alberten noch länger herum, indem sie sagten: „Haben Sie Harpune für Präsident?" Da Rumäniens Präsident der schlimmste unter allen osteuropäischen Despoten war, lag die Vermutung schon nahe, dass jemand mit einer Harpune auf ihn schießen könnte.

In Rumänien galt es zuerst das Wichtigste zu erledigen. Warum einfach, wenn es auch kompliziert geht? Wir mussten mit unseren in Berlin eingetauschten Lei in Rumänien an einer Wechselstelle Benzingutscheine kaufen. Für Bargeld gab es dort nämlich keinen Kraftstoff. Es gab ein schickes Interhotel in Nădlac, wie die Grenzstadt auf rumänischer Seite heißt. Da gingen wir hinein und kauften für 40 Liter Benzintalons. In dem Hotel war es angenehm klimatisiert und wir erblickten ein ansprechendes Restaurant. Hunger hatten wir schon lange, und so zögerten wir nicht, das Restaurant zu betreten. Sofort wurden wir von einem sehr höflichen Kellner in Empfang genommen. Er sprach deutsch und wies uns einen schönen separaten Raum zu, in dem es sich vortrefflich speisen ließ. Hatten wir vorher gehört, dass es in Rumänien nichts zu essen gebe, so erlebten wir hier genau das Gegenteil. Wir wurden verwöhnt nach Strich und Faden und konnten gar nicht alles verzehren, was uns aufgetischt worden war.

Als ich dann die Rechnung bestellte, erfuhren wir den Grund für unsere bevorzugte Behandlung. Der Kellner fragte mich nämlich, ob ich etwas dagegen hätte, die Rechnung in D-Mark zu bezahlen. Er wolle demnächst nach Westdeutschland reisen, da könne er das entsprechende Geld gut gebrauchen. Leider erlebte der arme Kerl die wohl größte Enttäuschung seines Lebens, denn ich outete uns als DDR-Bürger und bezahlte in Lei.

Der Trugschluss des Obers rührte wohl daher, dass wir ziemlich neue westliche Kleidung trugen, die uns unsere schwedische Tante kurz zuvor aus Westberlin mitgebracht hatte. An der Sprache konnte er uns nicht unterscheiden, denn wir sprachen deutsch wie unsere Landsleute jenseits des eisernen Vorhangs.

Nach diesem unerwartet langen Aufenthalt durften wir jetzt keine Zeit mehr verlieren. Unser Tagesziel war Vidin in Bulgarien. Dazu mussten wir nach Calafat und von dort mit der Fähre über die Donau. Das lag eigentlich nur etwas mehr als 400 km entfernt, aber es war auch schon Nachmittag.

Bei guten Straßenverhältnissen hätten wir diese Strecke in vier bis fünf Stunden geschafft. Leider trafen wir aber schlechte Straßenverhältnisse an. Nicht nur, dass sich die Fahrbahnen in einem katastrophalen Zustand befanden, man musste auch ständig Pferdewagen und Eselskarren überholen und in Timişoara gerieten wir schließlich in einen Pulk von Landmaschinen, die sich mit Schrittgeschwindigkeit wohl zum nächsten Feld bewegten. An Überholen war nicht zu denken, denn sie brauchten die ganze Straßenbreite.

Während der Schleichfahrt durch Timişoara hatten wir die Gelegenheit einige rumänische Impressionen einzufangen. Vor Bäckereien und Lebensmittelläden standen die Menschen in langen Schlangen, aber überall schaute der Parteivorsitzende und Präsident Nicolae Ceauşescu von riesigen Plakaten auf uns hernieder. So sah also Personenkult aus!

Sobald wir irgendwo anhalten mussten, wurden wir sofort umringt von Rumänen. Sie sprachen alle deutsch und jeder konnte irgendetwas gebrauchen. Da war der Kugelschreiber, den meine Frau in der Hand hielt, ebenso wie die Mützen und das Kassettengerät der Söhne. Dabei wollten die Menschen nichts geschenkt haben, sondern sie hatten durchweg dicke Geldbündel in der Hand, die sie uns sicherlich gern gegeben hätten. Mir fiel der Witz ein, in dem der berühmte Sender Jerewan gefragt wird, ob es im Kommunismus noch Geld geben werde. Die Antwort lautet: „Ja, nur Geld, nichts anderes." Insofern hatten die Rumänen schon den Kommunismus erreicht.

An den Tankstellen standen die einheimischen Autos mindestens hundert Meter lang an. In den Fahrzeugen saß niemand. Die Fahrer kamen wohl täglich einmal nachsehen, ob sie ihr Auto ein paar Meter weiter in

Richtung Zapfsäule schieben konnten. Wir Ausländer durften an der Schlange vorbeifahren und sofort tanken, wenn wir Benzingutscheine hatten.

Als wir endlich aus der Stadt heraus waren, ging es relativ zügig weiter. Während wir fuhren, warfen meine Mitfahrer ständig die eigens dafür mitgebrachten Süßigkeiten für die am Straßenrand winkenden Kinder aus den Fenstern. Angeblich musste man mit Steinwürfen rechnen, wenn man sich nicht an diese Gepflogenheit hielt.

Bis Calafat sollten es jetzt noch 320 km sein und es war schon 18 Uhr. Zum Glück wurde es ja spät dunkel in dieser Jahreszeit. So fuhren wir also unbeirrt weiter. Irgendwann ging die Kraftstoffanzeige so weit nach unten, dass wir besser bei der nächsten sich bietenden Gelegenheit tanken sollten. Die nächste Tankstelle ließ auch nicht lange auf sich warten. Wir fuhren also an der Schlange wartender Autos vorbei, aber als wir an der Zapfsäule waren, mussten wir feststellen, dass die Tankstelle schon seit 17 Uhr geschlossen war.

„Kein Problem", sagte ich, „dann fahren wir eben zur nächsten Tankstelle."

Das taten wir auch, aber das Ergebnis war dasselbe. Anscheinend machten alle Tankstellen in Rumänien um 17 Uhr Feierabend, denn wir fanden auf unserem weiteren Weg keine geöffnete.

Jetzt wurde es mir doch langsam mulmig. Seit der letzten Tankfüllung waren wir schon 355 km gefahren. Bis nach Calafat waren es laut Wegweiser noch 130 km. Da unser Wartburg, so vollgepackt wie er jetzt war, geschätzt 10 Liter auf 100 km verbrauchte und der Tank 40 Liter fasste, war es sehr unwahrscheinlich, dass wir mit dem restlichen Benzin noch bis zur Fähre kämen.

Wir fuhren am Eisernen Tor entlang und meine Familie war fasziniert von diesem imposanten Durchbruchstal der Donau, bei mir jedoch herrschte ein ganz anderes Gefühl vor. Nicht nur wegen der Hitze lief mir der Schweiß den Rücken herunter. Ich hatte riesige Angst davor, irgendwo stehen zu bleiben, weil das Benzin alle war. Bei der hier herrschenden Armut konnte man sich ja vorstellen, wie groß die Versuchung für die Leute sein würde, wenn sie eine wehrlose deutsche Familie vorfanden, die nicht flüchten konnte. Inzwischen war es dunkel geworden, was das Fahren nicht gerade erleichterte, denn Beleuchtung irgendwelcher Art an den nichtmotorisierten Fahrzeugen gab es keine. Positiv an der hereinbrechenden Nacht war jedoch, dass es nicht mehr so heiß war.

Ich drosselte die Geschwindigkeit und fuhr nur noch 40 Stundenkilometer im vierten Gang, um Benzin zu sparen. Wenn es bergab ging, schaltete ich den Motor aus und fuhr im Leerlauf weiter. Mit diesen Tricks gelang es mir tatsächlich bis zur Fähre zu kommen. Seit dem letzten Tanken waren wir 483 km gefahren. So weit bin ich weder davor, noch danach jemals mit einer Tankfüllung mit diesem Auto gekommen.

Nun waren wir endlich an der Donau, aber es war 22:30 Uhr und die letzte Fähre hatte um 22 Uhr abgelegt. Die nächste fuhr um sechs Uhr. Vor uns warteten schon mehrere LKW aus allen möglichen Ländern. Wir stellten unser dagegen klein wirkendes Auto hinten an und überlegten, wie wir die Nacht verbringen sollten. Schließlich legte ich mich mit unserem großen Sohn auf eine unserer Decken ins Gras am Straßenrand. Meine Frau und der Jüngste schliefen im Auto.

Die Nacht im Freien war nicht sehr erholsam, aber dafür unterhaltsam. Ich konnte nicht einschlafen, da bei den meisten LKW die Motoren die ganze Zeit liefen. Die Kühlung durfte nicht unterbrochen werden. Die LKW-Fahrer verschiedener Nationalitäten saßen am Ufer zusammen mit den rumänischen Grenzsoldaten und soffen, was das Zeug hielt. Dass es dabei immer lauter wurde, war selbstverständlich. Die Stimmung erreichte ihren Höhepunkt, als unter grölendem Gelächter ein jugoslawischer Kraftfahrer einen Feuerstoß aus einer rumänischen Kalaschnikow in den schwarzen Nachthimmel über der Donau schickte.

Erwartungsgemäß waren wir am nächsten Morgen nicht sehr ausgeruht. Wir hatten nicht daran gedacht, dass wir uns in einer anderen Zeitzone befanden und staunten, dass die übrigen Kraftfahrer ihre Autos schon vor fünf Uhr startklar machten. Als die Fähre kurz nach sechs Uhr Ortszeit anlegte, wurden wir noch einmal gründlich kontrolliert, dann durften wir auf das Schiff. Meine Familie ließ ich vorher aussteigen und ich musste auf der Fähre so dicht wie möglich an die rechts von mir stehenden Fahrzeuge heran manövrieren, da insgesamt wenig Platz war. Dann musste ich schnell aussteigen und schon war unser Auto völlig zugeparkt.

Die Überfahrt nach Bulgarien verlief unspektakulär. Dort angekommen, musste ich wieder genau im richtigen Moment am Auto sein, um loszufahren. An Land durfte die Familie wieder zusteigen, dann erfolgte die Kontrolle durch die bulgarischen Grenzer, die ein wesentlich besseres Erscheinungsbild abgaben als ihre rumänischen Kollegen.

Wegen der inzwischen doch schon ziemlich großen Hitze hatten wir alle vier Fenster und das Schiebedach unseres Wagens geöffnet. Nach dem Zoll mussten wir durch ein Wasserbecken fahren. Gerade wollte ich den Kindern erläutern, dass es sich um Seuchenschutz handelte und unsere Reifen desinfiziert würden, da strömte eine bräunliche Flüssigkeit von oben und von beiden Seiten auf uns ein. Ich schrie nur: „Fenster zu!" Mit einer Hand kurbelte ich mein Fenster hoch und mit der anderen schloss ich das Schiebedach. Zum Glück waren wir schnell genug, und so blieb uns das Desinfektionsmittel im Inneren des Autos und auf der Kleidung erspart.

In Vidin suchten wir die erste Tankstelle auf. Für Bulgarien hatten wir schon in der DDR Tankgutscheine kaufen müssen. Ich gab der hübschen jungen Tankwartin vier Gutscheine à 10 Liter, da ich der Meinung war, der Tank müsse absolut leer sein. Insgeheim hatte ich ja schon damit gerechnet, von der Fähre zur Tankstelle schieben zu müssen.

Nun, nachdem ich einen Liter Zweitakter-Motoröl vorab in den Tank gefüllt hatte, gingen plötzlich nur noch 38 Liter Benzin in den Tank. Ich wackelte am Auto, aber es half nichts. Als ich zum Kofferraum ging, um einen der leeren Reservekanister zu holen, hängte die bis dahin so nette Tankwartin den Schlauch einfach in die Zapfsäule und machte mir unmissverständlich klar, dass ich endlich den Platz für den nächsten Wartenden frei machen sollte. Also fuhren wir los, ohne weiter über die 2 Liter zu diskutieren. Das fiel insbesondere deswegen leicht, da wir die bulgarische Sprache nicht beherrschten.

Immerhin hatten wir durch unseren Russischunterricht den Vorteil, dass wir die bulgarischen Schriftzeichen lesen konnten und auch manches verstanden.

Während wir weiter in Richtung Süden fuhren, wurde es immer heißer. Ich mache hier noch einmal darauf aufmerksam, dass wir das Jahr 1984 schrieben und dass an Klimaanlagen in privaten PKW noch kein Mensch dachte.

Als wir die Ausläufer des Balkan erreicht hatten, wurde es richtig interessant. Wir hatten noch nie so hohe Berge gesehen und nun fuhren wir auf ihnen herum. Das Autofahren wurde anspruchsvoller, denn die Serpentinen verlangten Mensch und Maschine alles ab. Wenn wir nach oben schauten, sahen wir schon die Anfänge kühner Bauwerke, auf denen heute wohl bequem gefahren werden kann. Wir jedoch durften damals noch keinen Pass und keine Steigung auslassen und so kam es, wie es kommen musste, meiner Frau wurde von den vielen Kurven in luftiger Höhe schlecht und die Motortemperatur unseres Wartburgs erreichte ihren maximal zulässigen Wert. Was blieb also anderes übrig, als ein schattiges Plätzchen zu suchen, an dem wir uns erholen konnten?

Nach Überquerung des Vitinya Passes fanden wir eine schöne Stelle an einem klaren Gebirgsbach und ließen uns für eineinhalb Stunden dort nieder. Wir badeten in herrlich erfrischendem Wasser und füllten sogar unseren roten Trinkwasserkanister damit auf. Das Trinkwasser entnahmen wir natürlich oberhalb unserer Badestelle in der Hoffnung, dass nicht gerade jemand noch weiter oben in diesem Bach badete.

Solchermaßen erfrischt ging die Fahrt dann weiter. So sehr die Kinder auch drängelten, wir hatten es aufgegeben, noch an diesem Tag am Ziel zu sein. Zu Hause hatte ich zwar ausgerechnet, dass Bulgarien anhand der Entfernung an einem Tag zu durchqueren sein müsste, hatte aber das Gebirge nicht ausreichend berücksichtigt.

Nachdem wir die Berge hinter uns gelassen hatten, fuhren wir durch das Rozova dolina. Dies hatte für uns eine besondere Bedeutung, da wir den Rosenthaler Kadarka sehr gern tranken, aber selten zu kaufen bekamen. Hier waren wir an seiner Wiege, dem Rosental.

Jetzt traute sich auch meine Frau wieder ans Steuer. Sie fuhr gut und sehr zügig. Ein bulgarischer Polizist, der uns stoppte, nannte diese Fahrweise sogar sehr schnell.

„Young Lady, you drive very fast!", sagte er mit einem freundlichen Lächeln. „This is no autobahn."
Es verwunderte uns sehr, dass er trotz unseres Vergehens so freundlich zu uns war. In dem Moment dachte ich, er sagt Autobahn, weil er sah, woher wir kamen. Später lernte ich, dass Autobahn auf Englisch auch autobahn heißen kann.

Wir zahlten 5 Lewa Strafe (15 Mark der DDR), was wir als moderat empfanden, denn meine Frau war mindestens 20 km/h zu schnell gefahren.

Abends bauten wir noch einmal unser kleines Zelt auf, denn wir waren immer noch nicht am Ziel.

Am nächsten Morgen brachen wir zur letzten Etappe unserer langen Reise auf. Nach einer Strecke von 311 km, die uns unter anderem durch Burgas führte, waren wir endlich am lang ersehnten Ziel. Der Campingplatz „Delfin" bei Achtopol lag vor uns.

Wir meldeten uns an der Rezeption an und bezahlten unsere Gebühren. Zu unserer Verwunderung und Sorge mussten wir unsere Personalausweise abgeben. Der Angestellte steckte sie zu den vielen anderen Pässen und Ausweisen an ein Glasfenster des Pavillons, der als Rezeption diente. Wir hatten die ganze Zeit über Angst, dass irgendjemand einbrechen und die Dokumente stehlen könnte, zumal der Kiosk über Nacht nicht besetzt war.

Beim Aufbau unseres großen Zeltes gab es ein Problem, denn der Lehmboden war so hart und ausgetrocknet, dass die Aluminiumheringe beim Einschlagen reihenweise abbrachen. Wir konnten sie also nur ganz vorsichtig in den Boden klopfen, sodass lediglich die Spitzen im Lehm steckten. Da aber schönes Wetter war und Regen und Sturm dort offenbar nie vorkamen, beließen wir es bei dem Provisorium.

Als das Zelt stand, inspizierten wir zuerst den Campingplatz. Es gab ein Restaurant, einen kleinen Lebensmittelkiosk und einen Ausschank. Für

Essen und Trinken war also gesorgt. Etwas anders sah es mit der Entsorgung der Stoffwechselrückstände aus. Wir schauten in die vorhandenen Herzhäuschen und waren maßlos enttäuscht. Es gab ausnahmslos Stehtoiletten, die aber wegen der mangelnden Bodenfreiheit nicht benutzbar waren. Der Fußboden war über und über mit Fäkalien bedeckt. Die meisten Benutzer schienen das winzige Loch in der Mitte nicht getroffen zu haben und eine Wasserspülung gab es nicht.

Wir sahen uns schon mal nach einem Wald in der Nähe um und wurden fündig. Man musste nur über die Straße gehen, dort gab es Buschland, das man als Toilettenersatz benutzen konnte. Zwar begaben wir uns dort laut Hinweistafeln bereits ins Grenzgebiet zur Türkei, aber das schien hier niemanden zu interessieren.

Wie vor Jahren auf der Halbinsel Hel war auch dieser Grünstreifen hier total überdüngt. So wie uns ging es anscheinend vielen Campingfreunden, weshalb man kaum noch eine unbenutzte Stelle fand. Im Gegensatz zu Chałupy war es hier allerdings so trocken, dass nichts von dem steinharten Boden aufgenommen wurde und daher sehr lange sichtbar blieb. Andererseits trocknete alles ziemlich schnell, sodass das Hineintreten in die Hinterlassenschaft anderer wohl nur eine Staubwolke erzeugte.

Das Wichtigste für uns war natürlich das Schwarze Meer. Um zu ihm zu gelangen, musste man einen halsbrecherischen Abstieg von den Klippen zum Strand absolvieren. Uns machte das nichts aus, denn wir waren anscheinend schwindelfrei und hatten noch die notwendige Sportlichkeit. Andere zogen es vor, auf allen Vieren den Berg herunterzurutschen.

Der breite Strand belohnte uns mit heißem weißen Sand und viel Sonne. Das Wasser war überhaupt nicht schwarz, sondern sehr sauber. Außerdem war es herrlich warm und hatte schöne Wellen. Das Wichtigste aber war, dass alle Leute nackt waren und wir uns ebenfalls ausziehen konnten.

Wir stürzten uns in die Fluten und bekamen jetzt die Belohnung für unsere strapaziöse Reise. Für den Strand hatten wir eine Decke zum Drauflegen. Als Sonnenschutz benutzten wir ein großes weißes Laken, das wir mithilfe der Stangen unseres kleinen Zeltes wie ein Segel aufspannten, damit es uns Schatten spendete. Zum Schutz für die Haut rieben wir uns mit

Sonnenöl ein, das nach heutigen Maßstäben wahrscheinlich einen Lichtschutzfaktor von 0,5 hatte. Nach dem Baden war unsere Haut wieder schutzlos, aber das Wasser hatte einen Ölfilm. Wir mussten also höllisch aufpassen, keinen Sonnenbrand zu bekommen.

Zum Trinken hatten wir uns von daheim für jeden Tag eine Tüte Trinkfix-Pulver mitgebracht. Diese lösten wir morgens jeweils in einem Liter Wasser auf und tranken zu viert davon solange wir am Strand waren. Von der Regel, die besagt, man solle mindestens drei Liter am Tag trinken, hatten wir damals noch nichts gehört.

So verlebten wir schöne Tage am Strand bei für uns ungewohnter Hitze.

Zum Mittag wurde einer der Söhne oder ich verdonnert, hoch zum Zelt zu gehen, um etwas Essbares zum Strand zu bringen. Dazu mussten wir den steilen Weg wieder hochkraxeln, um dann so schnell wie möglich ins heiße Zelt einzutauchen, einige Paprikaschoten und etwas Brot zu schnappen und damit wieder herunter zu den anderen zu klettern.

Morgens frühstückten wir vor unserem Zelt und wenn das Brot nicht reichte, stand einer von uns auf und ging zum Kiosk, um neues zu kaufen. Wegen der Wärme und der fehlenden Kühlung konnten wir Butter immer nur zum sofortigen Gebrauch kaufen. Auch dazu war der nahe Kiosk gut.

Abends wurde im Restaurant oder am Ausschank gegessen und getrunken. Es gab Kebab, welches nicht mit dem Döner Kebab verwechselt werden darf. Das waren einfache kleine Hackfleischwürstchen, die ein Lew kosteten, was umgerechnet drei Mark war und uns ziemlich teuer für so ein kleines Stück Fleisch erschien. Dazu tranken die Söhne Coca Cola und wir Eltern Bier oder Wein der Sorte Rosenthaler Kadarka, den es hier gab.

Jedoch gab es in diesem Urlaub auch Zeiten, in denen wir förmlich um unser Überleben kämpfen mussten. Nachdem es einige Tage auf dem Zeltplatz kein Brot gegeben hatte und unsere Knäckebrotvorräte dem Ende entgegengingen, stiegen wir in unser Auto, um in einem Lebensmittelladen in einer der Nachbarstädte einzukaufen. Leider war das Brot in der gesamten Region ausverkauft, sodass wir schon fast wieder zurückfahren wollten. Da erblickten wir plötzlich eine Menschenansammlung vor einem geschlossenen Laden und hielten an. Wir gesellten uns zu den Wartenden, da wir vermuteten, dass das Geschäft bald öffnen würde, auf dass wir hier unseren Bedarf decken könnten.

Die Tür wurde auch tatsächlich nach einer Weile geöffnet und ich strömte zusammen mit den Einheimischen herein. Was wir jedoch nicht beherrschten, war die Rücksichtslosigkeit, die in einer solchen Situation von großem Nutzen ist. Aus diesem Grund landete ich in der dritten Reihe der Anwärter auf den tatsächlich vorhandenen einzigen Brotkorb. Meine Familie stand abgeschlagen außerhalb des Ladens. Mir gelang es nur unter Zuhilfenahme meiner extrem langen Arme über die Köpfe der vor mir Stehenden hinweg zwei Brote aus dem Plastikkorb zu angeln, indem ich einfach meine Finger in die hochkant stehenden unverpackten Laibe hineinbohrte und sie so zur Kasse trug.

Ein anderes Mal blieb plötzlich der einzig verfügbare Wasserhahn trocken. Wir setzten uns also wieder in unser Auto und suchten nach Trinkwasser. In der Stadt Achtopol, die wir zuerst ansteuerten, sah es auch nicht gut aus. Da hatten schon die Restaurants geschlossen, da auch ihnen das Wasser fehlte. Unsere letzte Chance war eine unterirdische Toilette. Ich stieg mit dem roten Kanister hinab und siehe da: Es kam noch Wasser aus dem Hahn. Dass es wahrscheinlich das Restwasser der ganzen Gegend war, das an der tiefsten Stelle zusammenlief, war uns damals egal. Wir hatten erst einmal wieder Trinkwasser, und das war wichtig.

Eines Tages kamen drei junge Französinnen an unseren Strand. Erschrocken schauten sie auf uns Nackte und ihnen entfuhr ein entsetztes „mon dieu!". Sie hatten Bikinis an und zogen sie auch nicht aus. So gingen sie ins Wasser, das an diesem Tag ganz besonders hohe Wellen produzierte und es kam, wie es kommen musste: Sie wurden vom Meer ständig oben oder unten entkleidet und hatten alle Hände voll zu tun, vor der nächsten Welle alles wieder zurechtzurücken. Wir Nacktbader, beobachteten vergnügt dieses Schauspiel und konnten uns das Lachen nicht verkneifen. So verließen dann die jungen Damen nach wenigen Minuten frustriert das Wasser und widmeten sich nur noch dem Sonnenbad.

Es gab auch einen türkischen Gast auf dem Zeltplatz. Er saß abends im Restaurant zusammen mit einem Bulgaren am Nachbartisch. Wir schienen ihr Interesse geweckt zu haben, denn sie kamen an unseren Tisch und setzten sich auf die freien Stühle. Der Türke sprach uns auf türkisch an, und der Bulgare übersetzte auf Bulgarisch. Da wir aber nicht türkisch und kaum bulgarisch sprachen und der Türke anscheinend auch keine Fremdsprache beherrschte, war die Verständigung schwer. Wohl zum Beweis, dass er wirklich aus der Türkei kam, zeigte er uns einen Geldschein, der sich bei genauerer Betrachtung als ein 100 türkische Lira Schein erwies, den er aber krampfhaft festhielt und den wir nicht anfassen durften. Ehrfurchtsvoll betrachteten wir dieses scheinbare Vermögen. In einem Intershop in Berlin sah ich später, dass dieser Schein einen Wert von wenigen Westpfennigen hatte.

Der freundliche Herr aus der Türkei spendierte dann für uns alle Getränke und ich plauderte schließlich angeregt mit ihm. Wie das möglich war? Nun, wir sprachen über Fußball und immer wenn ich einen Namen eines deutschen Spielers nannte, entlockte ihm dies bewundernde Worte, wie ich dem Tonfall entnahm. So verlief der Abend recht merkwürdig. Ich sagte: „Beckenbauer". Er verdrehte verzückt die Augen und pries wahrscheinlich die sportlichen Leistungen dieses damaligen Nationalspielers. Dann sagte ich: „Rummenigge" und die Bewunderung brach erneut aus ihm heraus. Da ich mindestens 11 gute deutsche Spieler kannte, und er zu jedem einen langen Kommentar auf Türkisch abgab, lief die Unterhaltung bis in den späten Abend. Nebenbei lernte ich mein bis heute einziges türkisches Wort „Şerefe", was auf Deutsch „Prost" bedeutet.

Da die beiden Söhne es sich so sehr wünschten, fuhren wir nach Sozopol, der nächsten Hafenstadt, von der aus ein Tragflügelboot verkehrte. Dort gingen wir zu dem Schalter, an dem die Tickets für das sogenannte Hydrofoil verkauft wurden. Nach dem Studium der Fahrpläne entschieden wir uns, nicht bis Nessebar, sondern nur bis Pomorie mitzufahren.

Vor uns war nur eine jüngere Kundin unbekannter Nationalität. Sie schob Geld durch die Öffnung im Schalterfenster und sagte: „Nessebar."

Die Ticketverkäuferin antwortete etwas auf Bulgarisch, was sich für uns so anhörte, wie „heute nicht wegen Sturm" und schob das Geld zurück.

Die Kundin schob das Geld wieder herein und sagte: „Nessebar."

Nun versuchte die Angestellte in Englisch zu erklären, dass wegen der rauen See heute kein Hydrofoil verkehre, wobei sie das Geld erneut zurückschob.

Die junge Dame vor uns war wohl der Meinung, nicht richtig verstanden worden zu sein, denn sie schob das Geld wieder in den Schalter und rief jetzt lauter: „Nessebar!"

Verzweifelt versuchte die Reedereimitarbeiterin es nun auf Deutsch. Für uns sehr gut verständlich erklärte sie den Sachverhalt zum dritten Mal.

Wir hatten verstanden und gingen in Richtung Stadtzentrum, um uns dies anzusehen. Im Weggehen hörten wir noch die verzweifelte Kundin rufen: „Nessebar!"

Seit dieser Zeit gibt es in unserer Familie so ein schönes Wort, das wir immer anwenden, wenn sich jemand besonders begriffsstutzig anstellt und das heißt „Nessebar".

Zum Glück war nicht immer Sturm und wir konnten unseren Bootsausflug an einem anderen Tag machen. Als wir zum Ticketschalter kamen, waren wir erstaunt, dass die Kundin, die nach Nessebar wollte, schon weg war. Sie hatte wahrscheinlich solange gefragt, bis der Sturm vorüber war.

Die Fahrt war dann eigentlich gar nicht so spektakulär, wie wir vorher gedacht hatten, aber eingeschlafen ist auch niemand.

Unsere zahlreichen Ansichtskarten warfen wir ausreichend frankiert in den Briefkasten auf dem Campingplatz. Eines Tages sahen wir zufällig, wie der Dorfpolizist, der regelmäßig Kontrollbesuche machte, mit seinem Lada rückwärts an den Briefkasten heranfuhr, erst den Kofferraum, dann den Briefkasten öffnete und alle Briefe da hineinfallen ließ. Wir waren sicher, dass er sie niemals ordnungsgemäß zur Post bringen würde und ärgerten uns, dass wir uns soviel Mühe gemacht hatten, die Karten zu schreiben.

Kurz vor dem Ende unseres Aufenthalts erwischte uns dann doch noch ein Unwetter, wie wir es dort nicht erwartet hatten. Konnte ich die Zeltheringe beim Aufbau kaum in den Boden schlagen, schwammen sie jetzt in einer gelben Pampe, in der sie keinen Halt mehr fanden. Da der Starkregen von Sturm begleitet wurde, musste ich versuchen dem Zelt einen Halt zu geben, indem ich alle Heringe immer wieder tiefer in den nassen Schlamm drückte.

Zum Glück verzog sich das schlechte Wetter ganz schnell und wir genossen wieder die Sonne.

Leider mussten wir nach 14 Tagen unser Zelt abbauen und uns auf den Heimweg machen. Unsere Ausweise bekamen wir wohlbehalten zurück und dann ging es gegen Mittag auf die große Rückreise. Für die Rückfahrt hatten wir eine andere Route gewählt als für die Hinfahrt. Wir blieben am Schwarzen Meer und fuhren zuerst nach Burgas. Dort machten wir Pause und verbanden das Mittagessen mit einem kleinen Stadtbummel.

Danach ging es an der Küste weiter in Richtung Varna. Die Fahrt war sehr schön, weil wir immer wieder einen Meerblick erhaschen konnten. Zwischendurch mussten wir wieder einmal zur Kenntnis nehmen, dass wir Menschen zweiter Klasse waren, denn überall gab es abgezäunte Feriendörfer für Westtouristen, die in schönen Häusern wohnten und sich ganz sicher nicht um die Dinge des täglichen Bedarfs sorgen mussten.

Bei Nessebar ging es in die Berge. Zwar hatten wir einen wunderschönen Ausblick auf die See, aber die Fahrt war für uns Flachlandtiroler auch ziemlich aufregend. Meiner Frau wurde zeitweilig wieder schlecht. Sie sah uns wohl ständig abstürzen.

Schön war in Bulgarien, dass es viele kleine Trinkwasserfontänen gab. Sie sprudelten an allen Rastplätzen und in den Städten. Zwar konnten wir unseren Kanister nicht nachfüllen, aber wenn man den offenen Mund darüber hielt, konnte man das frische Wasser trinken.

Am Abend erreichten wir Varna. Auch diese Stadt besichtigten wir kurz, bevor wir nach Baltschik weiterfuhren. Dort suchten wir uns einen Zeltplatz und bauten unser kleines Reisezelt auf.

Nach dem Frühstück am nächsten Morgen beschlossen wir noch einmal nach Varna zu fahren, um die Stadt einer genaueren Inspektion zu unterziehen. Das taten wir auch und es gefiel uns so gut, dass wir erst gegen 20 Uhr weiterfuhren.

Von nun an ging es gen Norden. Wir wollten Bulgarien über die Grenzstadt Ruse verlassen. Nachdem wir etwa zwei Stunden gefahren waren, suchten wir nach einer Unterkunft für diese Nacht. Da kam uns ein Schild mit dem Hinweis auf das Motel Pliska nur allzu gelegen. Nachdem wir in Bulgarien relativ wenig Geld ausgegeben hatten, verfügten wir noch über üppige Barmittel, die wir hier einsetzen wollten. Wir folgten also den Hinweisschildern und gelangten zum Motel. Was wir zuerst sahen, war ein Restaurant, und ich fragte einen Kellner nach dem Motel. Er sah mich mitleidig an und antwortete dann auf Bulgarisch so, dass ich es mit meinen Russischkenntnissen auch verstand: „Das Motel arbeitet heute nicht." Dann begann er gemeinsam mit allen Umstehenden schallend zu lachen.

Das war schade für uns. Wir hatten uns so sehr darauf gefreut, mal wieder in einem richtigen Bett zu schlafen. Nun war guter Rat teuer. Wir würden an diesem Abend kaum einen Zeltplatz oder etwas Ähnliches mehr finden. Also sahen wir uns auf dem Gelände des Motels um. Wir fanden Häuser aus Stein, die, wie ein Blick durch die Fenster erkennen ließ, voll eingerichtet waren. Sogar die Heißwasserspeicher schienen in Betrieb zu sein, denn ihre Kontrolllampen leuchteten. Das Außengelände wirkte dagegen sehr vernachlässigt. Da, wo die Autos stehen sollten, wucherte Unkraut. Was blieb uns anderes übrig, als diesen Ort zu unserem Schlafplatz für die Nacht zu wählen? Mit Regen war nicht zu rechnen und so pumpten wir unsere Luftmatratzen auf und legten uns auf dem Betonfußboden zur Ruhe. Kurz vor dem Einschlafen wollte ich noch einen Schluck Apfelsaft trinken, den wir in einem Supermarkt gekauft hatten. Da ich mir nicht sicher war, ob es nicht vielleicht Apfelwein war, machte ich den Probeschluck, bevor die Kinder etwas Falsches bekamen. Erschrocken spuckte ich das Getränk in hohem Bogen aus, denn es war weder Saft noch Wein - es war Apfelessig.

In dieser Nacht wurden wir von niemandem gestört, weshalb wir am nächsten Morgen frisch und munter aufstanden. Wir aßen etwas von unserem Proviant, packten unsere Siebensachen wieder ein und fuhren weiter.

Mittags erreichten wir den Stadtrand von Ruse, der letzten Stadt in Bulgarien. Da wir so schlechte Erfahrung mit dem Tanken in Rumänien hatten, wollte ich erst im letzten Moment den Tank füllen, damit wir nach der Grenze möglichst weit kamen, ohne zu tanken.

Leider hatte ich mich etwas verplant, denn in einem Vorort von Ruse begann der Motor plötzlich zu stottern und blieb schließlich stehen. Das Benzin war alle. Die Reservekanister waren auch leer, also musste dringend Benzin beschafft werden.

Ich sah mich um und erblickte in einem der Vorgärten ein Auto vom Typ Lada, das anscheinend dem Hausbesitzer gehörte. „Wo ein Auto ist, da gibt es auch Benzin," schloss ich messerscharf und klopfte an die Tür des betreffenden Hauses. Der Hausherr öffnete, und es fiel mir nicht schwer, mein Anliegen zu unterbreiten, zumal ich in der linken Hand den leeren Kanister trug. In der rechten Hand hatte ich eine Schachtel Camel, die ich als Gegenwert in die Waagschale warf. Der freundliche Herr wurde noch freundlicher als er die Zigaretten in seine Tasche gesteckt hatte. Er verschwand für eine Weile in seinem Haus und kam dann mit einem Stück Gartenschlauch und einem Krug voller Wasser wieder heraus. Ich begriff nicht, wozu das Wasser nötig sein sollte. Das erklärte sich aber schnell, denn er gab mir den Schlauch, öffnete den Tank seines Autos und zeigte mir, dass ich mir mithilfe des Schlauchs Benzin abzapfen sollte. Früher war bei uns zu Hause Wein gekeltert worden, weshalb ich die Technik kannte. Man saugt solange am Schlauch bis man die Flüssigkeit im Mund hat, dann bringt man das Schlauchende in das zu füllende Gefäß und schon läuft alles wie von selbst. Zur häuslichen Weinpanscherei gab es nur einen kleinen Unterschied: Der Wein schmeckte wesentlich besser als das Benzin. Als ich das Benzin im Mund hatte, wusste ich schlagartig, wozu ich das Wasser bekommen hatte. Ich steckte den Schlauch in unseren Kanister und dann spuckte ich das Benzin schnell aus, um mir gleich darauf mit dem Wasser den Mund auszuspülen. Der ekelhafte Geschmack blieb trotzdem.

Als der Kanister voll war, zog ich den Schlauch aus dem Tank heraus und füllte die soeben abgezapften 10 Liter in unseren Tank. Dazu kam etwa ein Viertelliter Zweitakteröl und wir sollten die nächste Tankstelle ohne Probleme erreichen können. Als ich zu dem Spender zurückging, um ihm das Benzin zu bezahlen, winkte er ab. So gab ich ihm stattdessen eine zweite Schachtel Camel, die er hocherfreut annahm. Ich dankte so gut wie möglich auf Bulgarisch und ging zurück zum Auto. Während wir einstiegen, kam ein kleines Mädchen angerannt (vermutlich die Tochter des freundlichen Herrn) und brachte uns einen Korb mit Pflaumen. Diese schmeckten nicht nur ganz herrlich, sondern vertrieben auch nach und nach den Benzingeschmack bei mir.

Nun fuhren wir in das Zentrum von Ruse, wo wir nach einem Restaurant Ausschau hielten, in dem wir Mittag essen konnten. Nach längerer Suche in glühender Sonne fanden wir schließlich eines in einem Innenhof. Das Ambiente war schön. Es gab exotische Pflanzen, ein kleiner Springbrunnen sprudelte und wir saßen im Schatten.

Als das Essen serviert worden war, mussten wir zu unserer Verwunderung feststellen, dass der Service nicht ganz perfekt war. Nicht jeder von uns bekam ein Besteck und die, die Bestecke hatten, sahen verwundert, dass bei der Gabel Zinken fehlten und die Messer abgebrochen und rostig waren. Es dauerte eine Weile, bis wir dem Kellner klargemacht hatten, dass wir gerne jeder ein intaktes Besteck hätten. Anscheinend waren ihm solche Extrawünsche fremd.

Zuerst kam der Salat. Den ließen wir auf dem Teller, denn es krabbelten jede Menge Maden darauf herum. Beim Hauptgericht sah man nichts Auffälliges und so aßen wir es. Wir hatten schließlich Hunger.

Während wir aßen, kippte ein Gast am Nebentisch mit seinem Stuhl um. Ein Stuhlbein war eingeknickt. Der Kellner half dem Gast hoch und bog das Stuhlbein wieder notdürftig zurecht, dann setzte sich der eben gefallene Gast wieder darauf. Unwillkürlich begutachteten wir alle unsere Stuhlbeine und machten uns so leicht wie möglich.

Nachdem wir diese wunderschöne Oase verlassen hatten, tankten wir und kauften noch einmal einige Lebensmittel ein, dann fuhren wir weiter in Richtung Grenzübergang. Die Donau passierten wir diesmal über die 2,8 km lange Giurgiu-Ruse-Freundschaftsbrücke.

Die Grenzkontrollen verliefen auf bulgarischer Seite zügig und auf rumänischer Seite gründlich. Von den rumänischen Zöllnern wurden wir wieder gefragt: „Haben Sie Harpune für Fisch?" Diesmal verstanden wir die Frage gleich und da wir gar nicht daran dachten, Harpunen mit uns zu führen, verneinten wir sie.

Um Benzingutscheine mussten wir uns jetzt nicht kümmern, die hatten wir ja noch von der Hinfahrt.

Unser nächstes Ziel war Bukarest. Dort angekommen, suchten wir uns eine Seitenstraße in der wir parken konnten. Kaum hatten wir angehalten, da stürzten sich auch schon wieder zahlreiche Rumänen auf uns, um uns irgendetwas abzukaufen. Wir hätten unser gesamtes Hab und Gut loswerden und zu Lei-Millionären werden können. Manches, auf das wir verzichten konnten, verschenkten wir, aber damit wurde der Ansturm nur noch größer, und so verließen wir fluchtartig das Auto in der Hoffnung, dass man uns nichts abmontieren würde.

Wir mischten uns unter das Volk und sahen uns in einer Fußgängerzone um. Viele Menschen standen an einem Bäckerladen an und so stellten wir uns dazu. Als wir an der Reihe waren zeigten wir auf ein Brot und einige Kuchenstücke. Wir bezahlten und kosteten den Kuchen. Er schmeckte scheußlich. Ich bin gewiss kein Gourmet, der an allem etwas auszusetzen hat, aber der rumänische Kuchen war wirklich widerlich.

Einen Eisstand fanden wir gar nicht, sodass die Kinder das Wort für Eis auf Rumänisch nicht lernten.

Da wir diesmal in der Hektik vergessen hatten, uns den Platz, an dem wir unser Auto geparkt hatten, zu notieren, fanden wir es erst nach längerem Suchen wieder.

Nun setzten wir unseren Weg in Richtung ungarische Grenze fort. Dazu mussten wir allerdings erst einmal die südlichen Ausläufer der Karpaten erfahren. Die Bergstraßen bestanden nur aus Splitt und Geröll, sodass wir immer Angst hatten, Steine von einem entgegenkommenden Fahrzeug an die Scheibe zu bekommen. Man sah auch nicht viel, denn jedes Auto war in eine dicke Staubschicht gehüllt. Zum Entsetzen meiner Frau ragte auf der einen Seite der Berg steil auf und auf der anderen Seite gähnte der Abgrund. Ein Geländer gab es natürlich nicht und die Straße war sehr schmal. Bei entgegenkommenden LKW war es verdammt eng. Das Fahren wurde auch nicht gerade leichter als es langsam dunkel wurde. Einmal zeigte meine Frau auf eine Straße über uns, die wie ein Schwalbennest am Berg klebte und sagte: „Gut, dass wir nicht dort oben fahren müssen." Kurze Zeit später fuhren wir dort oben.

Glücklicherweise erreichten wir gegen 22 Uhr wohlbehalten den Campingplatz Curtea de Arges. Dort bauten wir unser kleines Zelt auf und machten uns über unsere Lebensmittelvorräte her. Als wir jedoch das Brot anschnitten, das wir in Bukarest gekauft hatten, kostete es einige Überwindung, es zu essen. Es bestand aus einer undefinierbaren braunen Masse, die nach nichts schmeckte, aber die Zähne verklebte. Aber es heißt ja „Der Hunger treibt's rein" und so aßen wir dieses Brot wohl oder übel und gedachten der armen Rumänen, die so etwas immer essen mussten.

Die Nacht war ruhig und kalt und wir schliefen gut.

Am nächsten Morgen stand ich als Erster auf, verließ das Zelt und reckte und streckte mich draußen. Als ich mich umsah, konnte ich kaum glauben, was ich da erblickte. Vom Berg herunter kam eine Herde wilder Pferde im Galopp direkt auf die Zelte zu. Ich weckte meine Familie ziemlich unsanft, denn ich hatte Angst, dass die Pferde über die Zelte trampeln würden. Als wir aber von Bäumen geschützt standen, sahen wir, wie die Pferde ganz vorsichtig über den Zeltplatz liefen. Sie berührten nicht eine einzige Zeltschnur, sodass kein Grund zur Sorge gewesen wäre. Einige der Pferde grasten auch auf dem Zeltplatz und wir beobachteten sie und hatten einen interessanten Morgen.

Nach dem Frühstück verließen wir den Campingplatz und setzten unsere Reise in Richtung Sibiu fort.

Während der Talfahrt gab es noch einen ernsten Zwischenfall, als die Fußbremse unseres Autos plötzlich keine Wirkung mehr zeigte. Es gelang mir durch gefühlvolle Betätigung der Handbremse das Auto in eine Nische am Berg zu manövrieren und dort anzuhalten. Was war geschehen? Der Wartburg besaß einen Freilauf, ähnlich wie ein Fahrrad. Dadurch wurde das typische Schieberuckeln des Zweitakters beim Gaswegnehmen vermieden. Diesen Freilauf hatte ich beim Bergabfahren nicht ausgeschaltet. Somit konnte der Motor keine Bremswirkung ausüben und die normale Betriebsbremse musste die ganze Arbeit allein machen. Durch die entstehende Hitze begann die Bremsflüssigkeit zu kochen. Nach etwa einer Stunde Abkühlung und Entlüftung der Bremsanlage war das Auto wieder fahr- und vor allem bremsfähig, wie ich vorsichtig testete.

Wir fuhren also weiter mit gesperrtem Freilauf und erreichten ruckelnd aber ohne weitere Probleme das Flachland.

Als wir in Sibiu ankamen, war der Tank mal wieder fast leer. Wir fanden schnell eine Tankstelle. Als ich an der Tanksäule gehalten hatte, stieg ich aus und füllte schon mal einen Liter Öl in den Tank, damit es sich mit dem Benzin besser mischen sollte. Da kam der Tankwart und winkte ab, denn das Benzin an dieser Tankstelle war alle. Er zeigte mir ein Hinweisschild, aus dem zu entnehmen war, dass die nächste Tankstelle 15 km entfernt war.

Ich musste also den Motor wieder starten und mit dem Gemisch im ungefähren Verhältnisses 1:5 statt 1:50 weiterfahren. Im Spiegel sah ich eine hässliche Rauchfahne hinter uns und hoffte nur inständig, dass der Motor mir dieses fette Gemisch nicht übel nehmen möge.

Wir kamen tatsächlich ohne nennenswerte Probleme zur nächsten Tankstelle und zum Glück gab es da auch Benzin und alles war gut.

In Sibiu oder Hermannstadt wurden wir von vielen Einwohnern mit freundlichem Winken begrüßt. Als wir auf einem Parkplatz anhielten, wurden wir sofort wieder von einer großen Menschenmenge umringt und alle sagten oder zeigten uns, was sie gern von uns bekommen wollten. Wir wurden halb leere Kugelschreiberminen, übrig gebliebene Seifenreste und alte Mützen los. Einer der Beschenkten zeigte seine große Dankbarkeit, indem er uns zu einem Drink einlud. Er kaufte an einem Kiosk vier Flaschen Pepsi Cola und gab sie uns. Die Glasflaschen waren tatsächlich die originalen, aber der Inhalt war grauenhaft. Wir dachten nur: „Wenn das Pepsi wüsste!" Nach dem ersten Schluck bedankten wir uns und wollten die Flaschen mit ins Auto nehmen, um sie später irgendwo zu entsorgen. Das ging aber nicht, denn der Spender musste die Flaschen wieder beim Kiosk abliefern. Was blieb also übrig, als gute Miene zum bösen Spiel zu machen und das Zeug auszutrinken. Ein bisschen schummelten wir, indem immer mal einer von uns hinter das Auto ging und mit weniger Flascheninhalt wieder hervortrat.

Wir verabschiedeten uns von den freundlichen Rumänen, von denen erstaunlich viele deutsch sprachen, und setzten unsere Fahrt in Richtung ungarische Grenze fort.

Vor Nădlac gab es eine riesige Warteschlange, sodass wir erst lange nach Mitternacht die Grenze passieren konnten. Trotz der Müdigkeit dachten wir daran, unsere Uhren zurückzustellen, denn jetzt galt für uns wieder die mitteleuropäische Sommerzeit.

Kurz hinter der Grenze fanden wir einen Zeltplatz, auf dem wir unser Zelt aufbauten. Bis Makó war es uns in dieser Nacht zu weit, und außerdem dachten wir an die dröhnenden Eisenbahnzüge.

Da wir am nächsten Morgen erst spät aufbrachen, waren wir gegen Mittag in Szeged. Dort aßen wir zu Mittag allerdings nicht den gleichnamigen Gulasch.

Es war schön, wieder in Ungarn zu sein. Nachdem wir in Rumänien so viel Elend erlebt hatten, bot sich uns nun ein fast westliches Flair. Zum Beispiel war es für uns eine kleine Sensation, bei Shell zu tanken. Wir fühlten uns, als seien wir über die Mauer geklettert.

In Budapest angekommen, suchten wir uns zuerst einen Campingplatz.

Die Zeltplätze in Budapest waren nicht zu vergleichen mit denen, die wir aus der DDR kannten. Allerdings waren auch die Preise unvergleichlich. Nach Bezahlung der Zeltplatzgebühr und dem Verzehr von Spaghetti mit Tomatensoße für uns vier waren unsere ungarischen Devisen so ziemlich am Ende.

Wir bummelten noch durch die Stadt, aber ohne Geld machte das alles keinen rechten Spaß. Etwas frustriert gingen wir zurück und genossen wenigstens die Annehmlichkeiten des Zeltplatzes, wie Swimmingpool, Dusche und richtige Toiletten.

Am nächsten Morgen verfutterten wir dann unsere letzten Forint beim Frühstück. Es gab so herrliche Sachen zu essen, da konnte man einfach nicht „nein" sagen.

Als wir gegessen hatten, schlug ich vor, eine Stadtrundfahrt zu machen. Wir hatten am Vorabend einige Angebote gesehen. Die Jungen waren begeistert, aber meine Frau sah mich mitleidig an. Sie dachte wohl, ich hätte vergessen, dass unsere ungarische Reisekasse leer war. Das wusste ich natürlich, aber ich hatte noch ein Ass im Ärmel und zwar in Form eines Hundertmarkscheins West. Den hatte ich vor der Reise ganz tief in der Werkzeugkiste versteckt und vorher wohlweislich nichts davon verlauten lassen, denn meine Frau wäre vor Angst gestorben und bei meinen Söhnen dachte ich immer noch an die Episode mit dem Vogelfutter.

Als ich jetzt diesen Schatz hob, wurde meine Frau folgerichtig blass und schüttelte den Kopf, während sich die Söhne freuten, dass wir noch nicht pleite waren.

So besichtigten wir also Budapest mit einem schicken Autobus, der sogar eine Klimaanlage besaß. Allerdings hatte ich das Gefühl, etwas Unrechtes zu tun, denn immerhin hatten wir verbotenerweise Westgeld geschmuggelt, das wir eigentlich gar nicht besitzen durften.

Um nicht noch einmal eine Grenze mit dem Westgeld überqueren zu müssen, gaben wir den Rest einfach in Budapest für ein paar schicke Klamotten aus.

Am nächsten Morgen ging es nach nochmaligem Stadtbummel durch Budapest und Besichtigung der römischen Siedlung Aquincum weiter zur Grenze. In Komárno beziehungsweise Komárom gab es nur eine einzige Kontrolle mitten auf der Donaubrücke. Die Abfertigung ging sehr schnell und so befanden wir uns bereits nach fünf Minuten auf dem Gebiet der heutigen Slowakei. Schnell fanden wir wieder den Weg zum kostenlosen Zeltplatz „Kormoran" und bauten dort zum letzten Mal in diesem Urlaub unser Zelt auf.

Der letzte Tag unserer langen Reise begann wie immer mit Frühstück. Große Möglichkeiten zur Körperpflege gab es nicht, aber dafür mussten wir auch nichts bezahlen.

Gegen 9:30 Uhr starteten wir zur letzten Etappe unserer langen Rückreise. Da es wie aus Kannen goss, mussten wir unser Zelt nass einpacken und wurden beim Abbau auch selbst nass.

Wir tankten in Kúty und kauften noch einige Lebensmittel für zu Hause ein, dann ging es weiter in Richtung Prag. Kurz vor Brno begann die Autobahn, und von da ab ging es mit den erlaubten 110 Stundenkilometern Richtung Heimat.

Der strömende Regen machte das Fahren schwer. Das Auto schwamm förmlich auf der Straße. Der vollbeladene Wartburg Tourist hatte schon immer die unangenehme Eigenschaft zu schlingern, aber was mir bei Brno passierte, war doch das Schlimmste, das ich beim Autofahren je erlebt hatte.

Während wir dabei waren, ein tschechisches Auto zu überholen, brach unser Wagen plötzlich massiv hinten aus. Ich versuchte durch Gaswegnehmen und Gegenlenken das Fahrzeug zu stabilisieren. Wir hatten ja den Freilauf, sodass dadurch keine Bremswirkung durch den Motor eintreten konnte. Trotzdem wurden die Ausschläge unseres Hecks immer größer. Meine Frau rief nur: „Festhalten!" Dann machte das Auto eine Drehung von 180 Grad, um schließlich mit dem linken Hinterrad gegen die Bordsteinkante, die dort als Autobahnbegrenzung diente, zu stoßen.

Zum Glück war die Autobahn leer und wahrscheinlich war es auch gut, dass sie so nass war, denn dadurch konnte das Auto rutschen, ohne sich zu überschlagen.

Da standen wir nun entgegen der Fahrtrichtung am Fahrbahnrand. Wir stiegen nach einer kurzen Schweigeminute vorsichtig aus und schauten, ob ein Schaden entstanden war. Was wir vorfanden, war nicht erfreulich. Das linke Hinterrad war durch den Stoß an die Fahrbahnkante total verbogen und das rechte Hinterrad war platt. Bei genauerem Hinsehen stellten wir fest, dass im Reifen eine lange, dicke Holzschraube steckte. Damit hatten wir auch die Ursache des Schleuderns gefunden.

Nun konnten wir zwar das Rad mit dem platten Reifen durch unser Reserverad ersetzen, aber das andere Rad musste bis zu einer Werkstatt durchhalten, wenn es auch noch so eierte.

Mit niedriger Geschwindigkeit setzten wir unsere Fahrt fort und immer, wenn uns jemand überholte, hupte er und alle Insassen deuteten auf unser verformtes Hinterrad. Ich konnte nur jedes Mal wissend nicken, um zu zeigen, dass ich über das Problem informiert war.

Bei der nächsten Gelegenheit verließen wir die Autobahn. Weiter ging es über Landstraßen, da wir in den zu durchfahrenden Städten eher mit einer Reifenwerkstatt rechneten als auf der Autobahn.

Immer wieder hielten wir an, wenn wir bei diesem schlechten Wetter einen Menschen auf der Straße erblickten, um nach einer Werkstatt zu fragen. Die meisten Passanten verstanden uns nicht oder wollten uns nicht verstehen und gingen weiter. Nur ein alter Herr war so freundlich, uns Auskunft zu geben. Er sprach gut deutsch und sagte: „Fahren Sie nach Groß Meseritsch."

Wir bedankten uns und fuhren weiter. Zum Glück hatte er auch die Richtung gezeigt, denn wir waren zu jung, um noch die alten deutschen Namen der tschechischen Städte zu kennen.

Wir kamen in die Stadt Velké Meziříčí und ich ahnte wegen meiner polnischen Sprachkenntnisse, dass das Groß Meseritsch sein könnte. Dort fanden wir die Autowerkstatt und man half uns, da ich zum Glück noch eine weitere Schachtel Camel hatte. In den ursprünglich schlauchlosen Reifen kam ein Schlauch. Wir bezahlten 45 tschechische Kronen und tauschten das verbogene Rad gegen das reparierte aus. Dann konnten wir endlich mit einiger Verzögerung unseren Heimweg fortsetzen. Wir hatten jetzt zwar kein wirkliches Ersatzrad mehr, hofften aber, dass wir auf der weiteren Strecke nicht noch eine Reifenpanne haben würden.

Außer einigen notwendigen Pausen fuhren wir durch und waren gegen zwei Uhr nachts in Berlin. Kurz vor unserem Zuhause im Prenzlauer Berg wurden wir noch von der Polizei herausgewinkt und meine Frau, die seit Freienhufen am Steuer saß, musste einen Alkoholtest machen. Da sie, wie wir alle unterwegs keinen Alkohol getrunken hatten, konnten wir weiterfahren und waren um drei Uhr morgens endlich zu Hause.

Erschöpft aber glücklich fielen wir ins Bett, nachdem wir wenigstens die auf dem Dach befestigten Utensilien abmontiert und in den Keller getragen hatten, denn auch in der DDR gab es schon Diebe.

Die Ansichtskarten aus Bulgarien kamen übrigens zwei Wochen später bei den Empfängern an und wir baten den Polizisten um Verzeihung für unser Misstrauen.

Westberlin

Jetzt höre ich doch direkt die Frage: „Wieso ist Westberlin denn ein Reiseziel für einen Ostberliner?"

Ja, heute ist das keine Reise mehr. Man setzt sich ins Auto, in ein öffentliches Verkehrsmittel oder läuft ein Stück und schon ist man drüben. Aber man versetze sich bitte mal in das Jahr 1989. Da gab es eine Mauer zwischen Ost und West und kaum jemand aus dem Osten hatte das Glück, auf die andere Seite zu gelangen, es sei denn er war Rentner. Rentner durften die Grenze passieren, denn im Gegensatz zu arbeitsfähigen Menschen wäre die DDR froh gewesen, wenn sie für immer im Westen geblieben wären. Unsere Rentenversicherung hätte eine Menge Geld gespart.

Ich war damals 41 Jahre alt und wusste, ich würde den Westen erst in 24 Jahren sehen, wenn auch ich im Ruhestand sein würde.

Aber wie man heute weiß, gab es 1989 Stress für die Oberen aus Politbüro und Regierung und so wussten sie sich am Ende keinen anderen Rat mehr, als am 9. November die Öffnung der Mauer zu verkünden. Die ganze Sache wurde so blöd formuliert, dass wir dachten, wir müssten am nächsten Tag zum Amt um dort eine Reise nach Berlin (West) oder in die BRD zu beantragen mit der Chance, dass diese genehmigt wird.

Wir gingen deshalb frustriert schlafen und waren völlig ahnungslos bis ich am nächsten Morgen das Radio einschaltete und hörte, dass die Mauer offen war. Als ich das Fenster öffnete, um frische Luft hereinzulassen, sah ich, dass die ganze Straße zugeparkt war. Wir wohnten damals in der Nähe des Grenzübergangs Bornholmer Straße, über den die ersten DDR-Bürger in den Westen strömten. Anscheinend waren alle Ostberliner in dieser Nacht in unsere Gegend gefahren, hatten ihren Trabant, Wartburg oder Lada einfach irgendwo abgestellt und waren zu Fuß über die Brücke in den goldenen Westen gegangen.

Ich war seit mehr als einem Jahr krankgeschrieben, denn ich hatte einen Bandscheibenvorfall und konnte mich kaum bewegen. Deshalb war ich zu Hause und hätte unter diesen Umständen jederzeit aufbrechen können. Meine Frau war pflichtbewusst und sagte: „Erst die Arbeit dann das Vergnügen."

Ebenso diensteifrig zeigten sich unsere beiden Söhne. Der ältere arbeitete schon und wollte auf keinen Fall bei seinem Chef unangenehm auffallen. Der jüngere Sohn war in der Ausbildung und hatte an diesem Tag Berufsschule. Er war nicht dazu zu bewegen, auch nur etwas früher von der Berufsschule wegzugehen, da er an einer Wandzeitung über die Große Sozialistische Oktoberrevolution, die ja bekanntlich im November stattgefunden hat, mitarbeiten sollte. Er war schon mehrmals im Staatsbürgerkundeunterricht negativ aufgefallen und wollte damit seinen Ruf wiederherstellen.

Das hatten wir nun von unserer Erziehung!

Wir Eltern bestanden jedoch darauf, diesen ersten Grenzübertritt gemeinsam mit den Söhnen zu machen und so baten wir die beiden, sich mit dem Heimkommen zu beeilen.

Dann wartete ich eine gefühlte Ewigkeit allein zu Hause vor dem Fernseher. Ich verfolgte die Szenen an der nächtlichen Mauer und vor lauter Rührung rannen mir zahllose Tränen aus den Augen.

Plötzlich schloss es an der Tür. Es war unser Ältester. Er war von seinem Chef gleich wieder nach Hause geschickt worden, da seine anderen Kollegen allesamt durch Abwesenheit geglänzt hatten.

Gute drei Stunden später kam meine Frau nach Hause. Sie arbeitete halbtags und hatte demzufolge schon Feierabend. Nun mussten wir nur noch auf unseren Jüngsten warten, dann konnte es losgehen.

Irgendwann am Nachmittag riss unserem ältesten Sohn der Geduldsfaden und er schnappte sich den Autoschlüssel, um seinen Bruder von der Berufsschule in Pankow abzuholen. Er war noch nicht lange weg, da kam der „Kleine" nach Hause. Man hatte in Anbetracht der Ereignisse auf die Anfertigung einer Wandzeitung verzichtet. Über den gesetzmäßigen Sieg des Sozialismus als Folge der Oktoberrevolution gab es inzwischen ohnehin schon Zweifel unter Lehrern und Schülern.

Es war gegen 16 Uhr, als unser ältester Sohn endlich zu Fuß über den Arnimplatz kam. Er hatte in der Berufsschule niemanden mehr angetroffen und wollte zurückfahren. Dann aber war er in einen noch nie dagewesenen Stau geraten, der von der Bornholmer Brücke, die eigentlich Bösebrücke heißt, bis nach Pankow reichte. Als er endlich in der Nähe unserer Wohnung war, fand er keinen Parkplatz. Er musste also in einem anderen Kiez parken, um dann nach Hause zu laufen.

Nachdem wir nun endlich vollzählig waren, präparierten wir uns für den Westen, indem ich aus unserer „Schatztruhe" jedem einen Hundertmarkschein West gab. Wir hatten dank meiner reichen Tante aus Schweden das unverdiente Glück, über Westgeld zu verfügen. Das Geld verteilte ich gleichmäßig, weil ich hoffte, dass wir nicht alle kontrolliert werden würden. So war die Chance größer, dass wir auf der anderen Seite nicht ganz mittellos sein würden.

Gegen 17 Uhr verließen wir so ausstaffiert die Wohnung. Bis zum Grenzübergang waren es nur 900 Meter, aber mein Rückenleiden machte es mir schwer, schnell zu gehen. Nach kurzer Zeit hatten wir das Ende der Warteschlange erreicht und als wir sahen, wie viele Menschen vor uns die Grenze passieren wollten, bezweifelten wir, dass wir an diesem Tag überhaupt noch auf die andere Seite kommen würden. Diese Zweifel waren allerdings unbegründet, denn die Warteschlange war die schnellste, die ich jemals erlebt habe. Ich hatte Mühe, das Tempo mitzuhalten, das da vorgelegt wurde und viele überholten uns.

Als wir endlich zu den Abfertigungsbaracken kamen, wurden wir um diese herumgeleitet und wer wollte, bekam einen Stempel in den Ausweis. Die meisten wollten nicht.

Während wir über die Brücke gingen, konnten meine Frau und ich die Tränen nicht mehr halten. Oft hatte ich aus Jux in lapidaren Situationen gesagt: „Dass ich das noch erleben darf!" Jetzt traf dieser Spruch genau ins Schwarze.

Als wir endlich unsere Füße auf Westberliner Territorium setzten, war es schon dunkel. Da die Bushaltestelle direkt am Grenzübergang hoffnungslos mit wartenden Fahrgästen überfüllt war, beschlossen wir, unseren Weg zur nächsten U-Bahnstation zu Fuß fortzusetzen. Während wir die Bornholmer Straße entlang gingen, stellten unsere Söhne zu ihrer Verwunderung fest, dass diese im westlichen Teil nicht viel anders aussah als bei uns im Osten. Ich erklärte, dass sowohl der Wedding, in dem wir uns gerade aufhielten, als auch der Prenzlauer Berg, in dem wir wohnten, alte Arbeiterbezirke waren.

Je länger ich lief, desto besser ging es mir. Waren es die Glückshormone, die bei mir freigesetzt wurden, weil ich jetzt nach mehr als 28 Jahren Westberlin wieder betreten durfte oder war es die Bewegung? Ich weiß es nicht, aber so gesund wie an diesem Abend hatte ich mich seit mindestens 15 Monaten nicht mehr gefühlt.

Endlich erreichten wir den Bahnhof Osloer Straße. Als DDR-Bürger hatten wir das Privileg, alle öffentlichen Verkehrsmittel in Westberlin unentgeltlich benutzen zu dürfen. Da hatte man zwar ursprünglich nur an die armen Ost-Rentner gedacht, aber gesagt war nun mal gesagt. Wir stiegen also zusammen mit vielen anderen in den nächsten Zug ein, der in Richtung Zoologischer Garten fuhr.

Da ich als Kind sehr viel im Westen der Stadt unterwegs gewesen war, kannte ich mich noch ganz gut aus. Zwar war die U 9, mit der wir gerade fuhren, erst fertiggestellt worden als die Mauer schon stand, aber als fleißiger Zuschauer der Berliner Abendschau war ich über den Streckenverlauf ziemlich genau informiert.

Bemerkenswert war für uns die gute Information, die man im Zug erhielt. Mit sympathischer und verständlicher Stimme wurde der nächste Bahnhof angesagt. Es fiel uns deshalb auch nicht schwer, den Zug am richtigen Bahnhof zu verlassen. Eigentlich waren wir jetzt schon da, wo die meisten Besucher hin wollten, aber ich hatte all die Jahre die größte Sehnsucht nach dem Wittenbergplatz und dem Kaufhaus des Westens gehabt. Meine Mutter hatte bis zum 13. August 1961 im Westen gearbeitet. Oft hatte ich sie von der Arbeit abgeholt, und da es vom Fehrbelliner Platz damals nur drei Stationen waren, pflegten wir die U-Bahn am Wittenbergplatz zu verlassen und ins KaDeWe zu gehen, um noch einige Einkäufe zu tätigen. Ich hatte als Kind keine Ahnung, dass dies so ziemlich die teuerste

Art war, sich mit den Dingen des täglichen Bedarfs einzudecken. Ich wusste nur, dass bei uns am Monatsende immer das Geld knapp wurde.

In eben dieses Edelkaufhaus zog es mich also am meisten, als wir plötzlich und unerwartet mit unserer Reisefreiheit beschenkt worden waren. Darum stiegen wir am Bahnhof Zoologischer Garten um und fuhren mit einer anderen Linie eine Station zum Wittenbergplatz. Natürlich hätte man auch laufen können, aber die Geschäfte in Westberlin schlossen damals bereits um 18:30 Uhr und ich fürchtete, wir könnten es nicht mehr schaffen hineinzukommen.

Ich kannte den Wittenbergplatz noch mit Straßenbahnverkehr. Zwar wusste ich, dass es in Westberlin keine Straßenbahn mehr gab, aber irgendwie fehlte mir trotzdem etwas.

Wir betraten das KaDeWe und ich atmete tief den mir noch immer vertrauten Duft des großen Warenhauses ein. Wir sahen uns alle Stockwerke an, wobei uns die Feinschmeckeretage besonders faszinierte. Eine solche Vielfalt an Lebensmitteln hatten wir noch nie gesehen.

Als wir in der Buchabteilung waren, kaufte sich meine Frau zwei Bücher von Hans Fallada. Die hatte sie schon lange gesucht, aber bei uns nicht bekommen, obwohl der Autor in der DDR eigentlich zu den Guten gerechnet wurde. Wahrscheinlich war nicht genug Papier da, um den Bedarf zu decken.

Für mich bestand der Höhepunkt darin, dass ich mir zwei Computerzeitschriften kaufte. Bisher hatte ich immer betteln müssen, dass mir ein Rentner die „Happy Computer" aus dem Westen mitbrachte, damit ich meinen C64 besser verstand, nun konnte ich sie mir endlich einmal selber kaufen. Ich war erstaunt über die vielen verschiedenen Computerzeitschriften und hätte am liebsten von jeder ein Exemplar mitgenommen.

Die Söhne fanden auf den ersten Blick nichts, das sie kaufen wollten.

Bald verließen wir das Kaufhaus wieder und schlenderten über den Tauentzien in Richtung Zoo. Als wir an der Gedächtniskirche waren, warfen wir einen Blick hinein und bewunderten das blaue Licht im Innern. Ebenso waren wir überwältigt von den vielen bunten Lichtern in der City.

Überall sahen wir lange Schlangen vor den Banken, an denen das Begrüßungsgeld in Höhe von 100 DM an jeden DDR-Bürger, der einen Ausweis vorlegte, gezahlt wurde. Wie waren wir froh, dass wir uns dort nicht anstellen mussten und trotzdem Westgeld hatten.

Da uns der Hunger plagte und wir über Barmittel verfügten, konnten wir der Versuchung nicht widerstehen, eine Burger-King-Filiale direkt gegenüber der Gedächtniskirche zu betreten. Natürlich hatten wir keine Ahnung, was man da konsumierte, aber die freundliche Servicekraft führte uns geduldig durch das Angebot und bald hatten wir etwas zu essen vor uns und eine ganze Menge weniger Geld im Portemonnaie. So billig, wie wir dachten, war dieses Fast Food nun doch nicht.

Während wir aßen, sahen wir draußen vor der Gedächtniskirche eine große Menschenmenge anwachsen, die den Ansprachen des seit sieben Jahren amtierenden Bundeskanzlers Helmut Kohl, des Altbundeskanzlers Willy Brandt und des damaligen Regierenden Bürgermeisters von Westberlin Walter Momper mehr oder weniger andächtig lauschten. Lediglich bei Kohls Rede schallten gellende Pfiffe zu uns herüber. Am Ende sangen alle die deutsche Nationalhymne, wobei einige durch Mikrophon und Lautsprecher verstärkte Stimmen sehr schräg klangen.

Als wir wieder auf der Straße waren, traf unser älterer Sohn eine frühere Schulfreundin. Sie weinte, denn man hatte ihr das Begrüßungsgeld schon wieder geklaut, für das sie nach eigenem Bekunden fünf Stunden angestanden hatte.

Derart gewarnt setzten wir unsere Erkundungstour durch Westberlin fort. Wir gingen den Kurfürstendamm in Richtung Westen. Da Himmel und Menschen auf den Beinen waren, liefen alle auf dem Fahrdamm. Der Kraftfahrzeugverkehr in diesem Bereich schien ohnehin zusammengebrochen zu sein.

Als wir an einem Schuhgeschäft vorbei kamen, wollte meine Frau mal nachsehen, wie denn das Angebot an Schuhen war. Als wir gerade den Laden betreten wollten, war dies nicht mehr möglich, denn zwei Verkäuferinnen sperrten den Eingang und ließen nur noch Kunden aus dem Laden heraus. Dabei sagte die eine zur anderen so laut, dass es alle hörten: „Mir graut schon vor dem Weihnachtsgeschäft in diesem Jahr!"

In diesem Moment begriffen wir, dass diese für uns so wunderbare Maueröffnung nicht für alle gleichermaßen positiv war. Es gab auch eine Menge Leute, die deswegen sehr hart arbeiten mussten. Man denke nur an die vielen Bankangestellten, die von morgens bis in den späten Abend das Begrüßungsgeld auszahlten sowie die U-Bahn- und Busfahrer, die unsertwegen Überstunden machen mussten, um nur einige zu nennen. Wir hatten in vielerlei Hinsicht allen Grund, dankbar zu sein.

Irgendwann war diese „Fußgängerzone" dann zu Ende und wir mussten umkehren. Also wanderten wir auf der Gegenfahrbahn des Ku'damms wieder zurück in Richtung Zoo. Wir bewunderten wiederum die bunten Leuchtreklamen, die wir in dieser Vielfalt und Menge aus Ostberlin nicht kannten.

Auf unserem Weg bekamen wir einen großen Beutel Bananen und an einer anderen Stelle einen Sechserpack Coca Cola geschenkt.

Ganz nebenbei registrierten wir, dass das Wetter eigentlich gar nicht schlecht für einen 10. November war. Es war nicht sehr kalt und es gab keinen Regen.

Als wir am Bahnhof Zoo angekommen waren, war es spät in der Nacht und vor allem ich war ziemlich kaputt. Mit der U 9 fuhren wir zur Osloer Straße zurück. Die U-Bahn war wieder gerammelt voll. Als wir an der Endhaltestelle ausstiegen und an die Erdoberfläche kamen, sahen wir, dass man inzwischen Reisebusse für die Fahrt von der Osloer Straße zur Grenze eingesetzt hatte. In der DDR hätte man in solchen Fällen frühestens beim nächsten 5-Jahr-Plan reagieren können.

Nur zu gern ließen wir uns zur Bösebrücke chauffieren, denn inzwischen waren wir alle vier fußlahm.

Der Wiedereintritt in den Ostsektor erfolgte reibungslos. Die Grenzer schienen ein bisschen neidisch auf unsere Mitbringsel zu schauen, ließen uns aber kommentarlos durch. Wir schafften auch die 900 Meter bis zu unserer Wohnung und stiegen die vier Treppen empor, um dann müde aber glücklich das Geschehene noch einmal Revue passieren zu lassen.

Erneut schalteten wir den Fernseher ein und sahen auf allen Kanälen nur Menschenmassen, die sich über Bahnhofstreppen und Straßen wälzten. Wir wussten, auch wir waren bis vor kurzem ein Teil davon gewesen.

Dieses Wissen wurde dadurch bestätigt, dass ich mich plötzlich erkannte, wie ich aus dem Bahnhof Wittenbergplatz kam und das KaDeWe ansteuerte. Wegen meiner Körpergröße ragte ich mal wieder aus der Menge heraus. Das hat mir schon in der Schule häufig Probleme gemacht und auch jetzt sollte meine Länge wieder zu meinem Nachteil sein.

Einige Tage nach der Maueröffnung kam ein blauer Brief von meiner Firma. Die Begründung der Kündigung lautete: „Durchführung einer Auslandsreise während einer Krankschreibung." Mein damaliger Chef musste mich wohl auch im Fernsehen erkannt haben.

Soviel zu der Frage, ob Westberlin für einen Ostberliner denn ein Reiseziel genannt werden konnte. Wie man sieht, ging es.

Železná Ruda (ČSSR)

Die Wende in der DDR war vollzogen und es schien so, als ob der Prozess der Liberalisierung bei uns unumkehrbar war. Die Mauer war immer noch offen und damit gab es Reisefreiheit für alle, die sie wollten. Die ganze Sache hatte nur einen kleinen Haken: Die meisten DDR-Bürger hatten kein Westgeld. Das Begrüßungsgeld war schnell verbraucht und mit den 100 DM, die wir einmalig im Jahr 1990 in der DDR umtauschen durften, kam man nicht weit.

Westberlin hatten wir nach allen Regeln der Kunst durchstreift, nun wollten wir auch einmal etwas von Westdeutschland sehen. Dabei erschien uns Bayern am reizvollsten. Zwar verfügten wir über einige Barmittel in West, aber dass es für einen Westurlaub reichen würde, bezweifelten wir. Deshalb wurde ein Kompromiss gefunden. Wir wollten in einem tschechischen Ort an der Grenze zu Westdeutschland preiswert wohnen, um dann nach Gefühl und Wellenschlag mal nach Bayern hinüberzufahren.

Ich war ja arbeitslos und hatte immer Zeit, aber der Rest meiner Familie musste auf die nächsten Feiertage warten, und die hatten wir zu Ostern 1990.

Nach mehreren Absagen konnten wir schließlich eine Unterkunft buchen in Železná Ruda, das direkt gegenüber von Bayerisch Eisenstein im Böhmerwald liegt und Eisenerz auf tschechisch heißt.

Am 13. April morgens ging es also los. Wir hatten die Route so gewählt, dass wir möglichst lange über DDR-Territorium fuhren, wo wir im letzten Moment noch einmal tanken wollten, denn ein Liter Benzin kostete in der ČSSR zu dieser Zeit umgerechnet 6 Mark. Anschließend wollten wir in der ČSSR bis an unser Ziel fahren.

Inzwischen hatten wir einen neuen Wartburg Tourist, der eigentlich aussah, wie der alte, aber einen 4-Takt-Motor hatte. Aus diesem Grund entfiel die Mitnahme von Motoröl. Auch sonst waren wir diesmal lockerer und hatten fast keine Autoersatzteile im Gepäck. Das lag vor allem daran, dass das Auto neu war und dass wir noch nicht viel Zeit zum Sammeln hatten.

Ein Novum war, dass unser älterer Sohn mich jetzt am Steuer ablöste, was besonders meine Frau freute, die sich immer mehr vor dem Autofahren drückte.

Wir befuhren also wieder die altbekannte Autobahn Richtung Dresden. Dann ging es durch die Stadt und auf Landstraßen weiter bis zum Grenzübergang Schmilka. Dort tankten wir noch einmal für 1,65 Mark pro Liter, dann fuhren wir über die Grenze. Die Abfertigung ging diesmal sehr zügig. Wir mussten nur unsere blauen Personalausweise, die in Größe und Umfang einem heutigen Reisepass glichen, hochhalten und schon durften wir weiterfahren. Man bekam schon einen kleinen Vorgeschmack auf ein grenzenloses Europa.

In Děčín aßen wir zu Mittag. Dem Feiertag angemessen gab es Spinat mit Ei und Kartoffeln, denn es war ja schließlich Karfreitag.

Zum Glück mussten wir diesmal nicht durch Prag, sondern bogen vorher nach Südwesten ab.

Die restliche Fahrt verlief ohne Höhepunkte, bis auf den Umstand, dass in den Bergen an unserem Ziel noch Schnee lag und die Straßen zum Teil vereist waren. Das hatten wir gar nicht erwartet, denn im Flachland waren Schnee und Eis längst weggetaut.

Das neue Auto machte das Fahren in den Bergen bedeutend leichter. Bergab bremste der Motor und man schonte die Fußbremse. Bergauf spürte man förmlich die 8 PS, die der neue Wartburg gegenüber dem alten mehr hatte. Er ruckelte nicht und der Geräuschpegel war wohltuend niedriger.

Wir kamen gut in Železná Ruda an und suchten unser Quartier. Das fanden wir dann auch und der freundliche tschechische Gastgeber zeigte uns stolz sein Gästezimmer. Es war ein recht kleiner Raum mit zwei Doppelstockbetten, einem Tisch und zwei Stühlen. Die Ausstattung war sehr einfach, aber wir mussten auch nicht viel bezahlen und wollten ja nur bis

Ostermontag bleiben. Da konnte man schon mal über die eine oder andere Unzulänglichkeit hinwegsehen.

Nachdem wir unser Gepäck hereingebracht hatten, sahen wir uns im Ort um. Zum Glück war Železná Ruda nicht mehr verschneit, sonst hätten wir Probleme bekommen, da wir keine Winterkleidung eingepackt hatten.

Der Ort bot viele Wandermöglichkeiten und hatte auch mehrere akzeptable Gaststätten. Wir machten nur eine kleine Wanderung, um uns die Beine nach der langen Fahrt zu vertreten, dann suchten wir uns ein schönes Restaurant, in dem wir alle nach Herzenslust „Knedel" aßen und wir Eltern tschechisches Bier tranken. Die Söhne waren zwar schon aus dem Kindesalter heraus, bevorzugten aber immer noch Cola.

Zum Glück war der Karfreitag in der ČSSR kein Feiertag, weshalb wir noch an diesem Abend Brötchen, Butter und Käse kaufen konnten.

So schliefen wenigstens wir Erwachsenen schnell ein, obwohl wir in sehr unbequemen Betten lagen.

Für den Ostersonnabend war der Grenzübertritt nach Bayern geplant. Wir wuschen uns, so gut es ging und zogen uns an, dann aßen wir die üblichen Kümmelbrötchen. Dazu gab es ein Warmgetränk nach Wahl. Zur Auswahl standen Nescafé und Tee. Wir mussten einfach nur Wasser im bereitstehenden Topf mithilfe des vorhandenen Tauchsieders erwärmen, der ebenfalls zum Inventar gehörte. Außerdem gab es vier Tassen und vier Teller sowie zwei Messer.

Nachdem alle noch einmal das Herzhäuschen auf dem Hof aufgesucht hatten, ging es los.

Erfreulicherweise führte die Hauptstraße des Ortes genau zum Grenzübergang. Wir reihten uns in die Schlange der Autos ein, die alle über die Grenze wollten. Es waren sehr viele DDR-Autos darunter. Andere hatten anscheinend dieselbe Idee gehabt. Das erklärte wohl auch, warum wir kein besseres Quartier bekommen hatten.

An der Grenze empfingen uns grinsende tschechische Zöllner, die nur einen kurzen Blick auf unsere Ausweise warfen, um uns gleich durchzuwinken.

Nun waren wir also im gelobten Land. In der Tat sah alles sehr ordentlich und gepflegt aus. Die Häuser waren typisch bayerisch, wie wir es aus dem Fernsehen kannten und die Straßen waren frei von Schlaglöchern und Schmutz.

Nach der ersten Euphorie hatten wir ja in Westberlin auch viele Problembezirke mit schrecklich heruntergekommenen Miethäusern gesehen, aber hier in Bayern schien die Welt noch in Ordnung zu sein.

Wir fuhren durch Bayerisch Eisenstein auf der Suche nach einer Stelle, an der es sich lohnte auszusteigen, aber entweder konnten wir nicht richtig gucken oder da war keine. Plötzlich waren wir aus der Stadt heraus und fuhren auf der Bundesstraße 11.

Ein freundlicher Westberliner hatte mir kurz nach der Maueröffnung einen Autoatlas geschenkt, den wir natürlich jetzt dabei hatten. So sahen wir, dass diese Straße nach Zwiesel führte. Von dieser Stadt hatten wir auch schon Gutes gehört und so sprach nichts dagegen, sie zu besuchen.

Es dauerte nicht lange und wir erreichten den Ortseingang. Hier wollten wir auf jeden Fall länger verweilen und auch Mittag essen.

Schwierigkeiten hatten wir nur, einen Parkplatz zu finden. Überall sollte man für das Parken bezahlen. Da wir das nicht wollten, mussten wir sehr lange herumfahren, bis wir unser Auto halbwegs legal abstellen konnten.

Dann schlenderten wir zu Fuß durch die Stadt. An einem Obststand sprach uns eine Verkäuferin an: „Na, ihr seid's doch aus'm Osten. Wollt's ihr net a paar Bananen koafen?"

Ich fand es nicht sehr feinfühlig, dass sie uns sofort als Ossis angesprochen hatte. Trotzdem kauften wir einen riesigen leckeren Apfel, den wir dann vierteilten und genüsslich aßen. Es war für uns immer noch nicht selbstverständlich, dass es zu Ostern frisches Obst und Gemüse gab.

Gestärkt setzten wir unseren Stadtbummel fort.

Wir waren immer aufs Neue überrascht, wie schön und ordentlich die gesamte Stadt war. Die Menschen liefen geschäftig herum, um noch Einkäufe für die beiden Osterfeiertage zu erledigen. Es war eine angenehme friedliche Atmosphäre. Lediglich die Obsthändler priesen lautstark ihre Waren an, wobei sie schon mit Sonderangeboten lockten, wie wir es inzwischen auch aus Westberlin von den Wochenenden kannten.

Gegen zwölf Uhr bekamen wir Hunger und suchten eine Gaststätte. Als wir vor einem gut aussehenden Restaurant standen, sahen wir uns erst einmal die Speisekarte draußen an der Tür an, um schon mal eine Vorstellung vom Preisniveau zu haben, das in diesem Fall oberer Durchschnitt war. Dass das Essen im Westen wesentlich teurer war als bei uns in der DDR, hatten wir inzwischen begriffen. Dafür hatte man aber den Vorteil, dass man nicht stundenlang anstehen musste, bis man von einem arroganten Kellner an einem freien Tisch platziert wurde. Wir waren es bis zur Wende eigentlich gewöhnt, immer in vollen Restaurants zu sitzen, denn für jeden freien Platz gab es bereits viele Anwärter.

Als wir jedoch einen Blick in das Innere dieses Restaurants warfen, zuckten wir erschrocken zurück. Nicht, dass uns das Ambiente nicht gefallen hätte – im Gegenteil. Alle Tische waren mit weißen Tischtüchern gedeckt und Bestecke sowie Gläser waren akkurat darauf angeordnet. Das Problem war, dass sich kein einziger Gast darin aufhielt. Sollte das heißen, dass es hier nicht schmeckte? Das war eher unwahrscheinlich, aber warum war dann das Restaurant so leer.

Wir wollten auf keinen Fall die einzigen Gäste sein. Es gab da dieses ungute Gefühl, eventuell als Versuchskaninchen zu dienen. Vielleicht war das Restaurant auch das teuerste in ganz Zwiesel. Noch schlimmer jedoch war die Furcht, allein einer Schar stinkvornehmer Kellner ausgesetzt zu sein. Uns war unser Aufzug sehr wohl bewusst. Wir waren eher sportlich gekleidet und die Körperpflege am Morgen war alles andere als gründlich gewesen.

Als dann auch noch einer der Kellner zu uns an die Tür kam und uns freundlich einlud, hereinzukommen, suchten wir dankend das Weite.

Wir wanderten weiter durch die Innenstadt und kauften zu guter Letzt einfach ein paar Brötchen bei einem Bäcker und bei einem Metzger ein paar Würstchen. Dies aßen wir dann in unserem Auto und freuten uns, dass unser Budget kaum gelitten hatte. Trotzdem kamen wir uns irgendwie überängstlich vor, weil wir uns in das gute Restaurant nicht hineingetraut hatten.

Nach diesem opulenten Mahl überlegten wir, wie wir den Nachmittag in Westdeutschland verbringen wollten. Eine andere Stadt in dieser Gegend, die wir vom Namen her kannten, war Bodenmais. Also beschlossen wir dorthin zu fahren.

Wir waren noch nicht lange gefahren, da kamen wir an die Talstation der Arber-Bergbahn. Meine Frau erinnerte sich plötzlich daran, über den Großen Arber schon gelesen zu haben und so wollte sie ihn sich unbedingt näher betrachten. Es gab zum Glück einen großen Parkplatz auf dem wir unser Auto abstellen konnten. Unmittelbar hinter der Bahnstation ging der Berg los. Auch hier lag noch überall Schnee. Trotzdem ließen es sich meine Frau und unsere Söhne nicht nehmen, den Berg zu erklimmen. Ich trug meine besten Schuhe (für den Westen) und hatte keine Lust sie mir zu ruinieren, weshalb ich unten blieb. Auch meine Frau hatte keine Winterstiefel an sondern nur Turnschuhe, die damals angesagt waren. Es dauerte gar nicht lange, bis die drei Bergsteiger den Hang wieder herabgerutscht kamen. Nicht nur ihre Schuhe waren völlig durchnässt sondern auch ihre Hosen. Der Schnee war bereits in Auflösung begriffen, die Oberfläche aber gefroren, weshalb sie immer wieder eingebrochen und im Schnee versunken und hingefallen waren. Ich erinnerte mich an mein Missgeschick im Erzgebirge, als ich in den Schnee eingebrochen war. Allerdings verzichtete ich großherzig auf Spott und Häme.

Also wurde nichts aus unserem Abstecher nach Bodenmais. Stattdessen fuhren wir zurück in die Tschechoslowakei zu unserer Unterkunft.

Darin war es zwar gut geheizt, aber wir konnten nicht alle nassen Hosen und Schuhe so an der Heizung positionieren, dass sie schnell trockneten.

Ziemlich früh gingen wir dann in das Restaurant, in dem wir am Vortag schon Abendbrot gegessen hatten und ließen uns böhmische Knödel und Bier gut schmecken.

Der nächste Tag war für Wanderungen reserviert. Um Železná Ruda herum gab es viele interessante Wanderwege und wir hatten uns einen davon ausgesucht.

Nach dem Frühstück wanderten wir los. Zum Glück war das Wetter gut, aber die nassen Sachen waren noch nicht wieder vollständig getrocknet und robuste Reserveklamotten hatten wir nicht mitgenommen. Dieser Umstand tat jedoch der Wanderfreude keinen Abbruch und so marschierten wir guten Mutes in Richtung Černé Jezero, was Schwarzer See bedeutet. Da der See sehr dicht an der deutschen Grenze lag, war es während des Kalten Krieges nicht möglich gewesen, dorthin zu wandern, wie uns eine Tafel wissen ließ.

Nach Überwindung eines Hangs, der auch wieder verschneit war, kamen wir auf einigermaßen gut begehbare Wanderwege. Hier war der Schnee schon festgetreten.

Als wir nach etwa 90 Minuten angekommen waren, erfuhren wir, dass dieser See der größte Gletschersee im Böhmerwald sei. Den Namen hat er wegen der dunklen Wälder, die sich in ihm spiegeln.

Da wir noch nicht müde waren, beschlossen wir weiterzugehen. In gar nicht so großer Entfernung befand sich ein anderer schöner Eiszeitsee namens Čertovo Jezero, also der Teufelssee.

Auch den fanden wir nach einer gar nicht so langen Wanderung und erfreuten uns an seinem Anblick und waren stolz, dass wir den Weg geschafft hatten.

Runter ging es wie immer schneller.

Bald waren wir wieder bei unserem Lieblingsrestaurant, und da es früher Nachmittag war und wir großen Hunger hatten, aßen wir wieder Knödel und tranken dazu das beliebte tschechische Bier.

Den Nachmittag über streiften wir durch Železná Ruda, kauften für Daheim noch einige Flaschen Bier und ein Brot. Danach packten wir in unserer Unterkunft unsere Sachen, denn für den nächsten Morgen war die Rückfahrt geplant.

Nach nochmaligem Essen – diesmal in einem anderen Restaurant – gingen wir schlafen. Irgendwie waren wir froh, dass es unsere letzte Nacht in dieser Enge war.

Ursprünglich hatten wir erwogen, unser Westgeld einzusetzen, um unser Quartier zu bezahlen, beschlossen aber in Anbetracht des äußerst niedrigen Niveaus der Herberge davon Abstand zu nehmen. So bedankten wir uns bei unserem Vermieter, zahlten ihm den vereinbarten Preis in tschechisch-slowakischen Kronen, dann begann die Rückreise.

Diesmal wählten wir nicht den direkten Grenzübergang nach Bayerisch Eisenstein, sondern steuerten den weiter nördlich gelegenen Übergang Waidhaus an, den wir nach etwa zwei Stunden erreichten.

An dieser Stelle hatten im Jahr 1989 sehr viele DDR-Bürger den eisernen Vorhang überquert, nachdem die ČSSR ihre Grenzen geöffnet hatte, während zwischen den beiden Deutschlands noch die unüberwindliche Mauer stand. Viele Menschen aus Ostdeutschland waren nur deswegen in die ČSSR gefahren, um von hier aus in den Westen zu flüchten.

An diese Bilder, die wir immer wieder im Fernsehen gesehen hatten, mussten wir denken, als wir jetzt die Grenze passierten. Die Abfertigung war schnell und ausgesprochen locker.

In Westdeutschland mieden wir vorerst die Autobahn, denn wir wussten, dass dort mit affenartiger Geschwindigkeit gefahren wurde. Mit unserem Wartburg glaubten wir, da nicht mithalten zu können, wenn er auch einen VW-Motor hatte. Es reizte uns ohnehin mehr über die Dörfer zu fahren, um uns Land und Leute genauer anzusehen.

So fuhren wir denn durch wirklich schöne und gepflegte Städte und Dörfer, von denen man manche fast schon steril nennen konnte. Was wir so gut wie gar nicht sahen, waren Menschen. Die Bewohner der Ortschaften, durch die wir fuhren, schienen alle vor dem Fernseher im Wohnzimmer ihrer schönen Häuser zu sitzen oder sie waren beim Frühschoppen.

Irgendwann plagte uns der Hunger und wir hielten Ausschau nach einem Restaurant. Es dauerte gar nicht lange, da tauchte auf der rechten Seite eine Pizzeria auf, die wir aus zwei Gründen auswählten. Erstens aßen zumindest wir drei Männer gern Pizza und zweitens machte das Ristorante einen guten Eindruck auf uns.

Es gab einen Parkplatz für Gäste, auf den wir unser Auto stellten. Dann betraten wir die gastliche Stätte, um sogleich mit dem Gedanken zu spielen, den sofortigen Rückzug anzutreten. Der Grund war, dass wir schon wieder die einzigen Gäste sein würden. Bevor wir jedoch dazu kamen, uns zurückzuziehen, wurden wir schon mit einem freundlichen „Buongiorno" begrüßt. Wir durften uns einen der vielen freien Tische aussuchen und bekamen die Speisekarte.

Jeder suchte sich eine Pizza nach eigenen Gusto aus. Dazu bestellten wir Cola, denn wir hatten immer noch nicht genug von dem süßen Gesöff.

Etwas befremdlich war es uns am Anfang vorgekommen, dass der Gastraum nur durch einen Tresen von der Küche getrennt war. So konnten wir jetzt dem Koch bei der Zubereitung unserer Pizzen zuschauen und hatten das Gefühl, etwas Unerlaubtes zu tun. Als wir jedoch sahen, wie virtuos der Maestro sein Handwerk beherrschte, kam der Verdacht in uns auf, dass es wohl zum Service in diesem Restaurant gehörte, dass die Gäste die Entstehung der Speisen live verfolgen konnten.

Es schmeckte alles vorzüglich und wir waren hinterher sehr froh über die Wahl der Gaststätte. Dass wir die einzigen Gäste geblieben waren, hatten wir nach einer Weile gar nicht mehr gemerkt. Wahrscheinlich haben wir in diesem Moment sogar gelernt, dass es ein Vorteil sein kann, wenn man die ungeteilte Aufmerksamkeit des Kellners hat.

Wir gaben unser erstes West-Trinkgeld. Ich weiß nicht mehr wie viel es war und hoffe, dass es weder zu großkotzig noch zu popelig war.

Nach der angenehmen Mittagspause setzten wir unsere Fahrt in Richtung Heimat fort.

Bewusst hatten wir nicht mehr in der ČSSR getankt, denn der Preis von umgerechnet 6 Mark pro Liter war uns zu hoch. Da wir über Westgeld verfügten und hofften, dass wir unser Ostgeld bald zu einem Kurs zwischen 1:1 und 1:2 in D-Mark umtauschen würden, erlaubten wir es uns, in Westdeutschland zu tanken.

In der DDR gab es einheitliche Verbraucherpreise (EVP), was bedeutete, dass jede Ware überall dasselbe kostete. Aus dem Fernsehen wusste ich aber, dass es im Westen anders war. Insbesondere galt, dass die Preise für Benzin an verschiedenen Tankstellen unterschiedlich hoch waren.

Die Tankstellen, an denen wir bisher vorbeigekommen waren, schienen das Gegenteil meiner Vermutung zu beweisen. Sie alle zeigten denselben Benzinpreis von 1,149 DM, wobei ich bis heute nicht verstehe, warum man einen Preis auf drei Stellen hinter dem Komma genau angibt. Wer hat schon Zehntelpfennige im Portemonnaie?

Wir schienen uns hier also in einem vom Kartellamt nicht kontrollierten Gebiet zu befinden, weshalb es wohl zu unerlaubten Preisabsprachen gekommen war. Da half nur weiterzufahren, um aus diesem Dilemma herauszukommen.

Als sich die Tankanzeige schon gefährlich dem Nullpunkt näherte, gab es auch tatsächlich endlich Bewegung am Benzinmarkt. Jetzt kostete ein Liter nämlich 1,159 DM.

Noch musste ich nicht tanken und so fuhr ich tapfer weiter bis die gelbe Warnlampe unmissverständlich anzeigte, dass es nun dringend geraten wäre Benzin nachzufüllen.

Ich hoffte, in Kürze an eine Tankstelle zu kommen, an der der Preis niedriger sein würde, aber an der nächsten Tankstelle kostete Normalbenzin 1,169 DM und meine Tankanzeige blinkte ganz hektisch. Also fuhr ich an eine Zapfsäule und tankte. Zum Glück hatte ich vorher erfragt, dass unser Auto mit westlichem Normalbenzin zufrieden war. In der DDR musste ich immer Super tanken.

Ich tankte voll und war erstaunt, dass nur 38 Liter in den Tank hineingingen. Es mussten also noch 5 Liter im Tank sein, da dieser insgesamt 43 Liter fasste. Ich hätte also auch problemlos weiterfahren können.

Beim Bezahlen staunte ich, dass am Ende doch ein Betrag in ganzen DM und Pfennigen herauskam.

Dann fuhren wir weiter und kaum waren wir um die nächste Kurve herum, da erschien vor uns eine Tankstelle, bei der das Benzin 1,129 DM pro Liter kostete.

Die Marktwirtschaft funktionierte also doch! Ich musste wohl einfach noch ein bisschen üben, um daraus Kapital zu schlagen.

Ehrlich gesagt, ist es mir aber bis heute nicht gelungen, hinter das Geheimnis der Benzinpreise zu kommen. Zwar gibt es jetzt alle möglich technischen Hilfsmittel, die verhindern können, dass man an der teuersten Tankstelle tankt, aber über den Benzinpreis von morgen können sie auch keine Auskunft geben. Deshalb passiert es mir regelmäßig, dass ich mit dem Tanken darauf warte, dass der Benzinpreis niedriger wird, aber dann irgendwann tanken muss, um am nächsten Tag festzustellen, dass über Nacht der Benzinpreis gefallen ist.

Bei unserer Weiterfahrt lernten wir eine weitere Folge der Wohlstandsgesellschaft kennen – und zwar den Stau. Der ereilte uns, als wir es dann doch wagten, auf die Autobahn zu fahren.

Unsere Befürchtung, dass wir mit dem Tempo der Westwagen nicht mithalten könnten, war gegenstandslos, denn im Stau sind alle gleich.

Schade war auch, dass wir auf der schönen glatten West-Autobahn nur im Schneckentempo fahren konnten, während wir dann später, nachdem wir über die Grenze waren wieder 100 Kilometern pro Stunde fahren konnten, was aber aufgrund der Fahrbahnbeschaffenheit keinen Spaß machte. Man hatte jeden Moment das Gefühl, dass das Auto oder die eigene Wirbelsäule zerbrechen würde.

Am späten Ostermontag kamen wir wieder nach Hause und hatten ein ebenso lehr- wie abwechslungsreiches langes Osterwochenende hinter uns.

Frammersbach (Spessart)

Nachdem ich im Sommer 1990 immer noch arbeitslos war, wollten wir unbedingt einen Urlaub in Westdeutschland machen, mussten aber dabei sparsam sein.

Als wir unsere lieben alten Freunde aus Hamburg fragten, wo es schön und nicht zu teuer sei, bekamen wir den Hinweis auf den Spessart.

Unsere Söhne waren inzwischen erwachsen und verbrachten ihre freie Zeit lieber mit ihren Freunden. Deshalb wollten sie an unseren Reisen nicht mehr teilnehmen. Das erleichterte zwar einerseits die Abstimmung, war aber andererseits auch ein bisschen traurig für uns. Schließlich hatten wir alle vorherigen Reisen mit ihnen zusammen gemacht.

Der Spessart war uns vorher nur durch sein Wirtshaus und sein Spukschloss bekannt gewesen. Beide hatten in Form humoristischer Filme auch den Weg über die Mauer zu uns in den Osten gefunden. In den Filmen ging man kritisch mit der Bundesrepublik um, und darum durften auch wir DDR-Bürger diese sehen.

Im März hatten wir die Internationale Tourismusbörse in Berlin zum ersten Mal besucht und zentnerweise Prospekte mit nach Hause geschleppt. Das sollte sich jetzt lohnen, denn wir fanden eine Pension in Frammersbach, bei der das Zimmer für zwei Personen inklusive Frühstück nur 25 DM pro Nacht kostete.

Wir schrieben also dorthin, denn Internet gab es noch nicht und in den Westen zu telefonieren war zu der Zeit auch noch sehr mühselig. Bald bekamen wir eine positive Antwort und so konnten wir uns auf unseren ersten richtigen Westurlaub freuen.

Am 1. Juli begann die Währungsunion, durch die alle DDR-Bürger endlich mit richtigem Geld ausgerüstet wurden. Dank Helmut Kohl konnten wir einen großen Teil unseres Geldes im Verhältnis 1:1 umtauschen. Das war eigentlich total absurd und weit entfernt vom tatsächlichen Wechselkurs, aber wir freuten uns sehr darüber. Später mussten allerdings viele Menschen im Osten Deutschlands feststellen, dass dieser Umtauschkurs auch seine Nachteile hatte, denn ihre Betriebe konnten nun nicht mehr wirtschaftlich produzieren und gingen ziemlich schnell in die Insolvenz.

Davon waren wir nicht betroffen, denn ich war sowieso arbeitslos und meine Frau arbeitete im medizinischen Bereich, der auf jeden Fall weitergeführt werden würde.

Unser größtes Problem war damals, dass wir unser schönes Westgeld von da an nicht mehr nur für Luxusgüter ausgeben konnten, sondern dass nun auch Butter und Brot mit D-Mark bezahlt werden mussten.

Zu zweit fuhren wir also im August 1990 mit unserem Wartburg gen Westen. Inzwischen gab es keine Kontrollen an den innerdeutschen Grenzen mehr. Wir fuhren über die jetzt so herrlich offene Bösebrücke immer geradeaus auf die Stadtautobahn, wechselten am Funkturm auf die AVUS, um am ehemaligen Kontrollpunkt Dreilinden wieder in die DDR zu gelangen. Voller staunender Ehrfurcht sahen wir die riesige Kontrollstelle am Übergang zwischen West-Berlin und der DDR. Wir hatten oft im Fernsehen gesehen, wie die Menschen hier stundenlang angestanden hatten, um aus Westberlin heraus zu kommen. Die Verhältnisse hatten sich etwas gebessert, als im Jahr 1972 das Viermächteabkommen in Kraft getreten war, aber auch danach war es für die freiheitsverwöhnten Westler immer noch eine Tortur gewesen, sich so kontrollieren zu lassen. Für uns Ostler war diese Grenze bis zum 9. November 1989 völlig undurchlässig gewesen, doch jetzt durften wir sie passierten.

Wir befuhren dann zusammen mit vielen Westautos die ehemalige Transitstrecke. Das hatten wir auch schon zu Mauerzeiten getan, aber der Unterschied war, dass wir nun nicht mehr kurz vor der Staatsgrenze ultimativ aufgefordert wurden, die Autobahn zu verlassen, sondern wir durften einfach weiterfahren.

Direkt am Hermsdorfer Kreuz gab es einen Rasthof namens Teufelstal und da es gerade mittags war und wir Hunger hatten, gingen wir in das Restaurant um zu essen. Die Gaststätte hatte noch den typischen Mitropa-Charme. Es gab Soljanka und Würzfleisch, wie wir es seit Jahren kannten - nur diesmal mussten wir mit Westgeld bezahlen.

Nachdem wir gesättigt waren, setzten wir unsere Reise fort. Es ging jetzt vorbei an Erfurt und Eisenach. So fuhren wir mit dem Wartburg an der Wartburg vorbei.

Ein Kuriosum gab es am ehemaligen Grenzübergang bei Herleshausen. Auf westlicher Seite bei Wommen musste die Autobahn verlassen werden. Dann fuhr man etwa 10 km Landstraße, um bei Obersuhl wieder auf die Autobahn zu gelangen. Zwar hatte Westdeutschland der DDR sehr großzügige Finanzhilfe für den Ausbau der Transitwege gewährt, aber da die Autobahntrasse an dieser Stelle mehrmals die Seiten wechselte, witterte die DDR-Regierung Fluchtmöglichkeiten für ihre Bürger und ließ diesen Abschnitt darum sicherheitshalber unausgebaut und somit gesperrt.

Nach dieser unnötigen Umfahrung setzten wir unsere Fahrt endlich auf der Westautobahn fort.

Zuerst fuhr ich sicherheitshalber nur auf der rechten Spur, denn ich wusste, dass unser Wartburg nicht so schnell war wie die Westautos. Er hatte schließlich einen relativ kleinen Motor und einen hohen Luftwiderstand. Man sagte damals spöttisch, dass der Wartburg im Windkanal den zweiten Platz belegt hätte – nur knapp geschlagen von einer Schrankwand aus Zeulenroda.

Bald wurde ich jedoch mutiger, denn ich nahm erstaunt zur Kenntnis, dass es etliche Westwagen gab, die mit 100 Stundenkilometern und weniger auf der rechten Spur unterwegs waren, die ich dann schließlich doch überholte. Wir wollten ja immerhin noch an diesem Tag unser Ziel erreichen.

Kaum in der linken Spur, gab ich richtig Gas, denn hinter mir tauchte ein BMW auf und wurde schnell größer. Als er bis auf drei Meter heran war, gab er Lichthupe und blinkte links. Ich nahm daraufhin an, dass er auf den Mittelstreifen wechseln wolle. Ich wusste zwar nicht genau, wie er da vorankommen wollte, war aber froh, dass er eine Möglichkeit gefunden zu haben schien, mich zu überholen, denn ich hatte das Gaspedal bis zum Bodenblech durchgedrückt. Unser Auto fuhr jetzt mit einer Geschwindigkeit von 150 Kilometern pro Stunde, die ich ihm gar nicht zugetraut hatte. Leider machte der hinter uns Fahrende keine Anstalten auf den

Mittelstreifen zu wechseln, sondern fuhr inzwischen etwa einen Meter hinter uns und betätigte die Lichthupe wie ein Irrer. Gern wäre ich in die rechte Spur gewechselt, aber da war alles besetzt. Ich musste somit die Lichtspiele eine ganze Weile weiter ertragen bis es eine Stelle gab, an der ich in die rechte Spur zurückkehren konnte. Sofort musste ich wieder abbremsen, um nicht auf den Vordermann aufzufahren.

Jetzt erst sah ich zu meiner Frau herüber. Sie hielt sich verzweifelt an dem Griff über ihrer Tür fest und starrte mich an. Als wir wieder in ruhigem Fahrwasser waren, fragte sie mich: „Wolltest du jetzt abheben?"

Nach und nach lernte ich, mich auf der Bundesautobahn richtig zu benehmen. Ich überholte nur, wenn wirklich bis zum Horizont hinter mir kein Auto in Sicht war. Dafür ärgerte ich mich, wenn ich mit der Richtgeschwindigkeit von 130 Stundenkilometern in der linken Spur fuhr und plötzlich ein Auto aus der rechten Spur herüber wechselte und der Fahrer nicht im Traum daran zu denken schien, seine Geschwindigkeit zu erhöhen. So kam es dann doch immer wieder zu Begegnungen mit BMW- oder Mercedes-Fahrern, die sich in ihrer Freiheit eingeschränkt fühlten und hinter mir verrückt spielten. Ich nutzte dann die nächste mögliche Lücke rechts, um aus der Schusslinie zu kommen und überließ es den Fahrern der großen, teuren Autos, sich die Straße frei zu machen. Dann konnte ich mich hinter ihnen einreihen und die freie Fahrt genießen.

So verlief die weitere Fahrt auf den westdeutschen Autobahnen mehr oder weniger abenteuerlich, aber ich lernte dazu. Meine Frau verspürte überhaupt keine Lust, auch mal das Steuer zu übernehmen. Ihr war die ganze Raserei unheimlich.

Irgendwann verließen wir die Autobahn und näherten uns unserem Ziel auf einer Bundesstraße. Auch diese war in einem hervorragendem Zustand, sodass es ausgesprochenen Spaß machte, auf ihr zu fahren.

Am frühen Nachmittag erreichten wir unser Quartier in Frammersbach. Dort wurden wir von der Gastgeberfamilie sehr herzlich empfangen. Für uns war die Tochter Heidi zuständig. Sie zeigte uns unser Zimmer. Es war schön hell und alles war wie im Katalog abgebildet. Heidi war sehr nett und trug ein Dirndl. Bei ihrem Anblick musste ich unwillkürlich an die

Heidi aus dem Fernsehen denken, deren Welt ja bekanntlich die Berge waren. Ihr Dialekt klang ein bisschen wie bayerisch, war aber doch auch irgendwie anders.

Meine Frage nach der Bezahlung wies sie lächelnd zurück. Sie wollte das Geld erst am Ende des Urlaubs haben. Erst die Arbeit, dann das Geld!

Da es damals noch keine EC- oder Kredit-Karten gab, waren wir gar nicht so begeistert davon, denn wir hatten daheim den gesamten Betrag für die Unterkunft und die geschätzten Nebenkosten vom Konto abgehoben. Nun musste ich den gesamten Urlaub lang das ganze Bargeld mit mir herumtragen und darauf aufpassen. Da das Zimmer 25 Mark pro Nacht kostete, waren es allein dafür schon 350 DM. Noch einmal so viel hatten wir für Tanken, Essen und Sonstiges mitgenommen. Zur Not hatten wir noch Euroschecks dabei.

Heidi ließ uns allein, nachdem sie uns noch die Frühstückszeit mitgeteilt hatte.

Bevor ich das Auto ganz dicht an die Wand und vor ein anderes Auto manövrieren konnte, wie es gewünscht war, damit die schmale Straße nicht versperrt wurde, nahmen wir unsere Koffer heraus, denn danach wäre es nicht mehr möglich gewesen.

Oben packten wir aus und genossen dann die schöne Aussicht von unserem großen Balkon, der mit unzähligen blühenden Geranien geschmückt war.

Nachdem wir uns etwas erholt hatten, machten wir eine kleine Wanderung durch unsere unmittelbare Umgebung. Uns fiel auf, dass die Leute hier im wahrsten Sinne des Wortes jede Menge Holz vor der Tür hatten. Das lag, wie wir später erfuhren, an der waldreichen Umgebung, die dazu einlud, mit Holz zu heizen.

Der Ort machte einen gepflegten Eindruck. Überall sah man Geranien von den Balkonbrüstungen herabhängen. Es gefiel uns auf Anhieb gut dort.

Es wurde Abend und wir hatten Hunger. Meine Frau meinte, wir könnten doch bei uns in der Pension essen, ich aber klärte sie auf, dass es sich um eine Pension garni handelte. Da sie damit nichts anfangen konnte, erläuterte ich, dass man in solch einer Pension gar nie etwas zu essen bekommt, außer Frühstück.

Also suchten wir uns ein Restaurant in der Nähe unserer Pension aus, in dem wir Abendbrot essen wollten.

Als wir die Gaststube betraten, kam uns eine rundliche Bedienung im Dirndl entgegen und begrüßte uns mit den Worten: „Grüß Gott ihr Hübschen, wo möchtets ihr sitzen?"

Wir waren etwas erstaunt über die Begrüßung, antworteten aber auf Hochdeutsch: „Guten Abend, dort in der Ecke, wenn es möglich ist".
„Aber freilich is des möglich. Setzts euch schon mal hin, i bring gleich die Karten".

Es war sehr gemütlich in dem Restaurant und die Speisen auf der Karte waren auch fast alle nach unserem Geschmack. Wir wollten erst mal schonend mit unserem Budget umgehen und wählten Jägerschnitzel für uns beide aus. Das kannten wir aus der DDR als eine gebratene Scheibe panierter Jagdwurst. Wir nahmen an, dass die Jagdwurst im Westen besser war als die im Osten. Bei den Getränken waren wir etwas unsicher, was wir nehmen sollten. Die freundliche Kellnerin beriet uns jedoch ebenso kompetent wie eindringlich, dass wir nicht anders konnten, als das angebotene Weißbier zu bestellen. Eine gute Wahl, wie sich herausstellen sollte, denn es handelte sich keineswegs um das, was wir in Berlin als „Weiße" bezeichnen, die säuerlich schmeckt, weshalb sie mit einem Schuss Sirup verfeinert wird.

Das Jägerschnitzel war gar keine Jagdwurst, sondern richtiges Schnitzel, was wir allerdings nicht als Nachteil empfanden. Alles schmeckte sehr gut und das Bier setzte dem Ganzen die Krone auf. So leckeres Bier hatten wir noch nie getrunken.

Entgegen unseren sonstigen Gewohnheiten, blieben wir nach dem Essen noch auf ein weiteres Bier im Gasthaus.

Die Rechnung kam zusammen mit je einem Kräuterschnaps für uns beide, sodass wir beim Trinkgeld nicht mehr so genau rechneten und es etwas überdimensionierten.

Beim Gehen rief uns die Wirtin noch ein freundliches „Adieu und schlafts gut" nach.

In unserem Zimmer angekommen, wurde uns erst einer der Vorteile unseres Quartiers bewusst. Wir mussten nicht über den Flur gehen, wenn wir austreten mussten, sondern wir hatten unsere eigene Dusche und unser eigenes WC direkt bei unserem Zimmer. Das konnten wir gut gebrauchen, denn das genossene Bier musste schließlich auch wieder heraus. Es wäre schon unpraktisch gewesen, in der Nacht jedes Mal im Schlafanzug zum berühmten Zimmer „00" am Ende des Ganges zu gehen.

Bierselig schliefen wir den Schlaf der Gerechten.

Am nächsten Morgen weckte mich ein Hahn in der Nachbarschaft, der nicht richtig zu Ende krähte. Er machte immer nur: „Kikerie!"

Erschrocken fuhr ich auf, da ich befürchtete, verschlafen zu haben. Ich schaute auf meine auf dem Nachttisch liegende Armbanduhr und stellte fest, dass es erst 5:30 Uhr war. Frühstück gab es laut Heidi erst um acht. Ich musste mich also noch etwas gedulden und liegenbleiben. Zum Glück hatte ich von meinem Bett aus einen schönen Ausblick auf die grüne hügelige Landschaft. In unregelmäßigen Abständen krähte der Hahn von nebenan seine Unvollendete, was mich jedes Mal zum Lachen brachte. Ich hatte Lust, ihm Sprachunterricht zu geben.

Irgendwann war es dann so weit, dass ich aufstand und ins Bad ging. Auch die eigene Dusche war natürlich ein ganz großer Vorteil, an den wir uns erst gewöhnen mussten. Nach allem, was wir bisher auf Reisen erlebt hatten, fühlten wir uns hier wie im Paradies. Es gab große und kleine Handtücher und einen Badvorleger vor der Dusche. An alles war gedacht! Dass auf Anhieb warmes Wasser aus Leitung und Dusche kam, bedarf wohl keiner Erwähnung.

Nach mir duschte meine Frau, der ich beim Einstellen der Mischbatterie und dem Schließen der Duschkabine behilflich sein musste.

Pünktlich um acht Uhr erschienen wir beide geschniegelt und gestriegelt im Speiseraum und waren die ersten. Wir bekamen einen liebevoll gedeckten Tisch zugewiesen. Es gab pro Person zwei Brötchen und für uns zwei zusammen Butter, Käse, Wurst und Marmelade in kleinen aber ausreichenden Mengen. Heidi goss Kaffee aus einer großen Kanne ein.

Wir ließen es uns schmecken und während wir aßen, kamen so nach und nach auch die anderen Gäste herunter.

Es gab da noch ein Paar aus dem Ruhrpott, das mir sofort sympathisch war, denn die beiden sprachen wie Jürgen von Manger alias Adolf Tegtmeier, den ich im Radio und Fernsehen immer sehr gern gehört hatte. Wie wir erfuhren kamen die beiden aus Herne, wo er sein eigenes Taxi fuhr.

Es war für mich einfach ein Genuss, den beiden zuzuhören. Ich stellte fest, dass Jürgen von Manger tatsächlich ein guter Beobachter gewesen war und dem Volk genau aufs Maul geschaut hatte.

Das zweite Paar, das in den Speiseraum kam, machte einen ausgesprochen vornehmen Eindruck. Der männliche Part erzählte ständig über sein Krankenhaus und seiner Ausdrucksweise nach zu urteilen, war er dort mindestens Chefarzt. Er nannte Krankheiten bei deren lateinischen Namen und konnte alle unsere Wehwehchen per Augenschein diagnostizieren und ich wunderte mich, dass er keine Rezepte ausstellte. Als einmal seine Frau auf der Straße umknickte, wusste er genau, dass sie sich eine Distorsion zugezogen hatte, kaufte zwei Eisakkus, die er abwechselnd ins Tiefkühlfach und an das Gelenk seiner Frau legte und verband diese fachkundig und perfekt mittels einer elastischen Binde an.

„PECH", dozierte er dann am nächsten Tag beim Frühstück. Dass das Pech war, wussten wir auch, aber er erklärte: „PECH steht für Pause, Eis, Compression und Hochlagern."

Deshalb hielt sich dieses Paar für den Rest des Urlaubs in der Pension auf, denn das Pausieren und Hochlagern war ja nicht anders möglich.

Als sie abgereist waren, fragte der Taxifahrer aus Herne, in welchem Krankenhaus der Herr Doktor denn wohl arbeite. Heidi antwortete daraufhin: „Der Herr ist gar kaon Arzt net."

„Aber der wusste doch so gut Bescheid mit all diese medizinische Wörter und hat doch auch immer von sein Krankenhaus erzählt", war die berechtigte Nachfrage.

Wie Heidi wusste, war der vermeintliche Arzt lediglich Schneider in einem Krankenhaus und reparierte dort die Kittel und Laken.

„Und ich dachte, dat is endlich ma einen Aazt, dem man vertrauen kann, woll!", rief die Dame aus Herne erschrocken aus.

Die beiden sorgten fast jeden Tag für gute Stimmung im Frühstücksraum. Einmal hatte der Mann sich ein Hemd gekauft, das er gleich am nächsten Morgen anzog. Was er nicht bemerkte, war, dass noch ein Schild mit Größe, Preis usw. heraus hing. Ein polnischer Erntehelfer, der ebenfalls in der Pension wohnte, zeigte auf das Schild und lachte. Alle Gäste wurden dadurch darauf aufmerksam und lachten mit. Die Frau des Taxifahrers kommentierte trocken: „Getzt wissen alle, wat da Vatta kostet!"

Ich jubelte innerlich: „Tegtmeier lässt grüßen!"

Nach einem weiteren tollen Tag, den wir mit Wandern im schönen Spessart verbracht hatten, kehrten wir erst am späten Nachmittag nach Frammersbach zurück.

Da wir mit dem Geld, das wir hatten, nicht allzu leichtfertig umgehen wollten, hatten wir nicht vor, jeden Abend essen zu gehen. In Frammersbach gab es am Rande der Stadt einen Aldi, den wir aufsuchten, um uns mit einigen Lebensmitteln für das Abendbrot zu versorgen.

Wir staunten nicht schlecht, als wir diese Aldi-Filiale betraten. Wir kannten bis dahin nur Aldi in Westberlin, und da war es alles andere als sauber und ordentlich. Wohl wegen des Ansturms der vielen Ossis und der in Berlin herrschenden räumlichen Enge waren diese Läden eng, unübersichtlich und teilweise schmutzig. Hier in Bayern hatten sie auf der grünen Wiese ein Holzhaus errichtet, das einen großen Parkplatz besaß. In dem Haus war es hell, übersichtlich, sauber und es gab kaum Kunden.

So machte das Einkaufen Spaß. Wir besorgten uns also Brot, Käse und Wurst für den Abend. Zu viel durften wir uns nicht holen, denn wir hatten keinen Kühlschrank und die Tage waren warm. Zu unserer Freude sahen wir auch noch, dass es das uns so gut schmeckende Weizenbier gab. Wir nahmen also zwei Dosen davon mit, um sie am Abend in unserem Zimmer zu trinken. Der Preisunterschied zwischen diesem Aldi-Weißbier und dem im Restaurant war enorm. Wir staunten immer wieder, wie teuer alles im Restaurant war. Für das Geld, das ein Kännchen Kaffee kostete, bekam man im Supermarkt fast ein ganzes Pfund.

Wir taten alles in unseren Wander-Rucksack, um es unbemerkt in die Ferienwohnung zu schmuggeln. Meine Frau war der Meinung, dass es nicht gern gesehen werde, wenn die Feriengäste im Zimmer essen, denn es könnte zu einer Verunreinigung kommen.

Wir nahmen uns vor, nicht zu kleckern und schritten freundlich grüßend an Heidi vorbei, die an der Eingangstür stand.

Oben deckten wir den Tisch. Von unseren Zelturlauben geblieben war die Angewohnheit, immer ein Notfallset an Besteck und ein Brettchen mit in den Urlaub zu nehmen. Davon profitierten wir jetzt. Als Tischdecke diente ein auf Stoff gedruckter Kalender des Jahres 1974, den wir vor Jahren von Tante Uschi bekommen hatten.

Wir hatten gerade unser Abendbrot ausgebreitet und den ersten Bissen in den Mund gesteckt, da klopfte es an der Tür. Ich öffnete und vor mir stand Heidi mit einer Gießkanne in der Hand.

Ausgerechnet in diesem Moment musste sie die schönen Blumen auf dem Balkon gießen. Mit einem Blick auf unseren Abendbrottisch sagte sie trocken: „Einen Guaten!" Uns blieb der Bissen im Hals stecken und wir wagten erst wieder zu kauen als sie das Zimmer verlassen hatte.

„Haben die eine Kamera bei uns installiert?", fragte ich, erwartete aber keine Antwort von meiner Frau.

Wir aßen weiter, wobei wir noch mehr als vorher darauf achteten, dass ja kein Krümel auf den Fußboden fiel.

Nach dem Abendbrot duschten wir und legten uns ins Bett, denn die verfügbaren Stühle waren zu unbequem, um längere Zeit auf ihnen zu sitzen.

Wir hatten Bücher mitgebracht, da wir uns im Urlaub endlich einmal die Zeit zum Lesen nehmen wollten. Dazu wollten wir uns das leckere Weizenbier einverleiben, welches wir vorhin bei Aldi gekauft hatten. Ich öffnete mit einem kurzen Ruck die erste Dose und bekam eine Bierdusche ab. Ich hatte nicht bedacht, dass Sommer war und wir keinen Kühlschrank hatten, weshalb sich in der Dose ein erheblicher Druck aufgebaut hatte. Ich rannte mit der Fontäne so schnell wie möglich zum WC. Somit waren nicht nur ich und mein Bett, sondern auch das halbe Zimmer nass vom Bier.

Ich trank erst mal einen großen Schluck ab und kam dann zum Bett zurück. Nachdem ich meine Dose auf meinem Nachttisch abgestellt hatte, nahm ich das Bier meiner Frau und öffnete es ganz vorsichtig unter der Dusche.

Auf diese Weise hatten wir es geschafft, dem Zimmer den Geruch einer Kneipe zu geben. Als wir dann versuchten, das Bier im Liegen zu trinken, gab es die nächste böse Überraschung. Man schluckte unheimlich viel Gas mit herunter, welches sich schmerzhaft im Magen bemerkbar machte bis es sich deutlich hörbar den Weg ins Freie suchte.

Wir mussten feststellen, dass diese Art von Sparsamkeit der Urlaubsfreude abträglich war, sodass wir sie in diesem Urlaub nicht mehr anwendeten.

Fortan achteten wir besonders darauf, dass so oft wie möglich die Balkontür offen stand, damit der Biergeruch abziehen konnte. Die Bettdecke hatte glücklicherweise von vorn herein schon einen an Bier erinnernden Farbton, sodass nach dem Trocknen fast nichts mehr zu sehen war.

An den darauf folgenden Tagen wanderten wir, was das Zeug hielt. Außerdem besuchten wir mit dem Auto auch so bekannte Städte wie Aschaffenburg, Schweinfurt und Würzburg.

In Würzburg kauften wir uns ein kleines Uhrenradio bei Quelle, denn ich wollte endlich wieder einmal Nachrichten hören und auch wissen, wie spät es war, wenn ich nachts aufwachte.

Mein Ansinnen, das Radio gleich im Laden auszuprobieren, stieß beim Verkäufer auf völliges Unverständnis. Wenn es nicht funktionieren sollte, könne ich es doch jederzeit bei ihm wieder umtauschen. Wir hatten aber keine Lust, deswegen noch einmal in die mehr als 50 km entfernte Stadt zu fahren, weshalb ich auf einem Funktionstest bestand. Aus der DDR waren wir es gewöhnt, dass neu gekaufte Geräte mit ziemlicher Sicherheit zuerst nicht funktionierten.

Nachdem endlich das Radio ausgepackt war und eine Steckdose gefunden wurde, konnte der Test beginnen. Natürlich funktionierte alles und der Verkäufer verdrehte die Augen, als er es wieder einpacken musste. Wir gaben 50 DM, bekamen einen Pfennig Wechselgeld zurück und waren von nun an stolze Besitzer eines Uhrenradios. Eigentlich wollten wir dieses auf alle weiteren Reisen mitnehmen, was sich aber dann doch als unpraktisch erwies und so blieb das gute Stück fortan als Küchenradio zu Hause.

In unserer Pension war inzwischen ein älteres Paar aus Hannover eingetroffen. Die beiden machten einen außerordentlich vornehmen Eindruck auf uns. Dass sie ein lupenreines Hochdeutsch sprachen, lag wahrscheinlich an ihrer Heimatstadt. Ich hatte einmal gelesen, dass in Hannover das beste Deutsch gesprochen werde und konnte diese Aussage nun bestätigen.

Beim Dialekt unserer Wirtsleute war ich etwas verwirrt. Hatte ich zuerst mehr das Bayerische gehört, konnte ich allmählich auch eine hessische Komponente ausmachen.

Auf die Frage des Hausherrn, ob es uns denn bei ihnen gefiele, erwiderte ich lobend: „Ja, es ist schön hier in Bayern." Das war nun allerdings ein echter Fauxpas meinerseits. Wortreich erklärte mir der gute Mann, dass wir in Unterfranken wären und nicht in Bayern. Weiter führte er aus, dass wir uns nördlich des Weißwurstäquators befänden und demzufolge gar nicht in Bayern sein könnten. Vielmehr sei es zur Zeit der Völkerwanderung so gewesen, dass am Main ein Hinweisschild gestanden hätte, auf dem man lesen konnte, dass das Weitergehen verboten sei. Diejenigen, die lesen konnten, hätten dieses Verbot respektiert und seien nicht weiter gegangen. Anders dagegen die Analphabeten. Sie hätten ohne zu zögern diese Grenze überschritten und besiedelten seitdem Bayern.

Solchermaßen belehrt, habe ich nie wieder Franken mit Bayern verwechselt.

Die freundlichen Hannoveraner zeigten sich beim gemeinsamen Frühstück darüber verwundert, dass wir Urlaub im Spessart machten. „Sie sind doch eigentlich noch zu jung dazu. Hierher können Sie immer noch fahren, wenn Sie alt sind. Sie sollten jetzt erst einmal die weite Welt bereisen!" Das klang logisch. Leider hatten wir in dem Moment nicht das Geld, um große Reisen zu machen, aber recht hatten sie wirklich.

Etwas erstaunt waren wir, als wir einmal im Vorübergehen einen Blick durch die offene Tür in das Badezimmer der beiden warfen. Ihre Handtücher lagen auf dem Fußboden herum. Eine solche Schlamperei hätten wir diesen vornehmen Menschen gar nicht zugetraut. Wir jedenfalls hängten unsere Handtücher immer ordentlich an die dafür vorgesehenen Haken. Immerhin mussten wir uns ja auch zwei Wochen damit abtrocknen. „Andere Länder – andere Sitten", dachten wir und machten uns keine weiteren Gedanken darüber.

So verlebten wir dort 14 wunderschöne Tage. Wir wanderten durch den herrlichen Spessart, besuchten sogar noch das Spukschloss, das wir aus den Filmen kannten und gingen abends in das schöne Restaurant, wo wir freundlich empfangen und rundum verwöhnt wurden. Wir genossen das leckere Essen und das Bayerische Bier, das natürlich aus Franken stammte.

Am Tag der Abreise fragte uns Heidi, ob wir denn gar keine neuen Handtücher gebraucht hätten. Sie hätte sie getauscht, wenn wir unsere Handtücher auf den Fußboden geworfen hätten.

Wir antworteten bescheiden, dass wir ihr keine unnötige Arbeit machen wollten.

Die Verabschiedung war kurz und herzlich und die Rückfahrt verlief problemlos.

Dies war der erste Urlaub, in dessen Verlauf ich nicht ab- sondern zugenommen habe.

Amsterdam

Eigentlich wollten wir im Oktober 1990 nach London reisen, aber wir hatten den westlichen Reisemarkt noch nicht richtig durchschaut. Wir dachten, man könne jederzeit jede Reise zu einem Schnäppchenpreis bekommen. Als wir aber Anfang September 1990 in das nächstgelegene Reisebüro gingen, um die besagte London-Reise zu buchen, wurden wir eines Besseren belehrt. Der freundliche Angestellte von Gina's Travel Bureau schüttelte den Kopf. „Nach London gibt es für den gewünschten Zeitraum leider keinen Flug mehr", war seine ebenso sachliche wie traurige Information an uns. Aber er wäre ein schlechter Vertreter seiner Zunft gewesen, wenn er nicht eine Alternative für uns in petto gehabt hätte.

„Wie wäre es denn mit Amsterdam? Das ist eine sehr interessante Stadt und sie ist im Herbst ganz besonders schön. Außerdem ist es dort bei Weitem nicht so teuer wie in London."

Wir waren zwar ein wenig enttäuscht, unterschrieben den Vertrag aber schließlich doch, denn wir wollten endlich die Welt kennenlernen, und wo man da anfing, war eigentlich egal.

Ich hatte immer noch keine Arbeit gefunden, aber eine gute Abfindung von meinem früheren Arbeitgeber erhalten, sodass wir uns die Reise leisten konnten.

Unsere Söhne hatten nur abgewinkt, als wir sie einluden mit uns zu reisen und so starteten wir zu zweit genau am Tag der Wiedervereinigung, um neue Horizonte zu entdecken. Für mich war es die erste Flugreise und deshalb fuhr ich mit recht gemischten Gefühlen zum Flughafen Berlin-Tegel. Einerseits war da ein gewisser Grad an Flugangst, der aber von einer Euphorie übertönt wurde. Jahrelang hatten wir die Flugzeuge über uns gesehen und gehört und immer den Wunsch gehabt auch einmal mit ihnen in die weite Welt zu starten – jetzt sollte dieser Traum wahr werden. Da galt es für mich tapfer zu sein und nicht zu zagen.

Ich hatte gelesen, dass das Gefährlichste an einer Flugreise die Fahrt im Taxi zum Flughafen sei, weshalb wir aus Sicherheitsgründen (oder war es Sparsamkeit?) den Bus nahmen.

Im Terminal gab es ein riesiges Durcheinander, denn anscheinend wollten alle Menschen gleichzeitig fliegen. Zum Glück erwies sich der Flughafen Berlin-Tegel jedoch als sehr übersichtlich, sodass wir schnell den KLM-Schalter fanden. Dort mussten wir uns an eine lange Schlange anstellen. Viele Passagiere hatten riesige Mengen an Gepäck bei sich und ich fragte mich, wie lange sie wohl in Amsterdam bleiben wollten. Nach und nach begriff ich, dass für viele Reisende Amsterdam nur eine Zwischenstation auf dem Weg nach Übersee war, denn von Berlin aus gab es zu der Zeit noch keine direkten Interkontinentalflüge.

Nach langem geduldigen Warten waren wir an der Reihe. Wir zeigten unsere Ausweise und gaben unsere Tickethefte ab, aus denen jeweils ein Blatt (das Ticket für den Hinflug) herausgerissen wurde. Als wir die Hefte zurück bekamen, klebten Aufkleber vom Gepäck auf der letzten Seite. Außerdem besaßen wir jetzt Bordkarten aus Pappe, auf denen unsere Plätze im Flugzeug und andere wichtige Daten standen. Die freundliche KLM-Mitarbeiterin entließ uns nicht, ohne uns einen guten Flug zu wünschen.

Wir mussten nun durch die Sicherheitskontrolle, in der wir auf Metall untersucht wurden und waren im direkten Abflugbereich. Schön war, dass man das Flugfeld sehen konnte. Unser kleiner Cityhopper kam gerade angerollt. Ich beobachtete, wie ein großer Rüssel sich an das Flugzeug schob, damit die ankommenden Passagiere aussteigen und wir später einsteigen konnten.

Nach wiederum scheinbar endlosem Warten war es dann so weit. Wir durften das Flugzeug betreten nachdem wir unsere Bordkarten abgegeben hatten und nur einen kleinen Teil davon zurück erhielten. Mein Herz klopfte jetzt ganz enorm. Noch konnte ich mir das Ganze überlegen und den Heimweg antreten. Meine Frau, die wohl meine Gedanken lesen konnte, nahm mich fest bei der Hand und so hatte ich keine Wahl mehr – ich musste einsteigen.

An der Flugzeugtür gab es Gedränge, denn man konnte sich Zeitungen und Bonbons nehmen, wovon viele Leute auch regen Gebrauch machten. Im Flugzeug gingen wir den Mittelgang entlang und musterten aufmerksam die Nummerierung der Sitzplätze. Wie saßen ziemlich weit hinten.

Als wir unsere Reihe erreicht hatten, rutschte meine Frau auf den Fensterplatz durch und ich saß am Gang. Sie freute sich auf den Blick von oben; ich dagegen war mir nicht sicher, ob mir davon nicht schlecht werden würde.

Während das Flugzeug zur Startbahn rollte, bekamen wir Passagiere eine Sicherheitsbelehrung in Niederländisch und Englisch, dann standen wir eine Weile im Stau. Vor uns waren etliche Flugzeuge, die ebenfalls starten wollten und es landeten Flugzeuge, sodass es nur langsam voranging. Als das letzte Flugzeug vor uns gestartet war, dauerte es noch einen Moment, dann bogen wir auf die Startbahn ein und ohne weiteren Stopp gab der Pilot Gas. Die Maschine beschleunigte in einer für mich unbekannten Stärke und im Nu hoben wir ab. Es ging steil nach oben und die Innenverkleidung des Flugzeuges knarrte und ächzte. Ein Kind schrie ganz laut vor Angst und ich hätte am liebsten eingestimmt, denn mir war auch sehr mulmig zumute.

Wie es schien, starteten wir in östlicher Richtung und wir konnten aus dem Fenster auf unsere Wohngegend im Prenzlauer Berg herabsehen. Es war schwer, sich zu orientieren und nach kurzer Zeit waren wir in den Wolken und dann war gar nichts mehr zu sehen. Dafür wackelte es stark und mein komisches Gefühl in der Magengegend verstärkte sich.

Irgendwann aber hatten wir die Wolkenschicht endlich unter uns, sahen den blauen Himmel und die Sonne über uns und es gab keine Turbulenzen mehr.

Wie auf Kommando sprangen die Stewardessen auf, eilten in die Küche, um dort mit Geschirr zu klappern. Kurz darauf erschienen sie mit einem Servierwagen und verteilten Getränke und Snacks an die Passagiere. Sie taten mir leid, denn da sie von hinten anfingen und wir uns noch im Steigflug befanden, mussten sie den Wagen die ganze Zeit bergauf schieben.

Wir hatten kaum Zeit alles zu verzehren, da kam schon die Durchsage, dass wir uns im Landeanflug auf den Flughafen Amsterdam-Schiphol befänden und wir uns wieder anzuschnallen hätten. Ich fragte mich gerade, was denn nun eigentlich mit den leeren Bechern und Dosen geschehen sollte, da kam eine Stewardess, um den ganzen Abfall einzusammeln.

Die Landung war noch mal eine größere Herausforderung an das Nervenkostüm eines unerfahrenen Flugpassagiers, wie ich einer war, denn ständig gab es irgendwelche Ereignisse, die ich nicht einordnen konnte.

Beim Durchfliegen der Wolkendecke wackelte es wieder erheblich. Dann plötzlich schienen sich Teile von der Tragfläche abzulösen. Als ich in Ruhe darüber nachdachte, wurde mir klar, dass es sich um die Landeklappen handelte, die jetzt in Aktion traten. Die Erdoberfläche näherte sich schnell und plötzlich rumste es. Nach Überwindung des Schrecks beruhigte ich mich damit, dass jetzt wahrscheinlich die Räder ausgefahren waren. Als mein Blick geradeaus fiel, konnte ich durch die offene Cockpit-Tür zusehen, wie wir Kurs auf die Landebahn nahmen. Es war wie beim Flugsimulator am Computer. Die Landebahn verschwand mal nach rechts, mal nach links, aber am Ende lag sie genau vor uns und wir setzten sanft auf dem Amsterdamer Flughafen auf. Einige Passagiere klatschten, aber ich war der Meinung, dass es zu den eigentlichen Aufgaben eines Piloten gehöre, sein Flugzeug sicher zu landen und so enthielt ich mich des Beifalls.

Von der Landebahn bis zum Flughafengebäude war es noch eine lange Fahrt und ich hatte mehrmals das Gefühl, der Pilot hätte die Orientierung verloren. Irgendwann sah ich vor einem Gebäude einen Menschen stehen, der mit zwei roten Kellen unser Flugzeug einwinkte. Nun dauerte es nicht mehr lange und die Tür wurde geöffnet. Da wir weit hinten saßen, verging noch eine halbe Ewigkeit bis auch wir das Flugzeug verlassen konnten.

Wir hatten keine Mühe, den Weg zu finden, denn wir mussten einfach nur der Menschenmasse folgen. Bald kamen wir in eine große Halle mit Transportbändern, auf denen Koffer, Taschen und andere Gepäckstücke herumfuhren. Dort schaute ich kurz auf die Anzeigetafel, dann sagte ich meiner Frau zu welchem Band wir müssten. „Warst du schon einmal hier?", fragte sie erstaunt. Die Frage war wohl mehr rhetorisch gemeint. Sie konnte es sich gar nicht erklären, dass ich sofort wusste, wo unsere Koffer ankommen würden.

Nach langem Warten erschien endlich unser Gepäck. Ich wuchtete die beiden Koffer vom Band und wir strebten dem Ausgang entgegen. An der Passkontrolle zeigten wir etwas zaghaft unsere DDR-Pässe, die ohne Probleme akzeptiert wurden. Mir fiel ein, dass der damalige Außenminister Genscher im Fernsehen erklärt hatte, dass er in der ganzen Welt verkünden würde, dass auch unsere Pässe uns als Bundesbürger ausweisen würden. Hier in den Niederlanden hatte es also schon mal geklappt.

Wir hatten uns vorher keine großen Gedanken darüber gemacht, wie wir vom Flughafen ins Hotel kommen würden. Notfalls wollten wir ein Taxi nehmen. Wir hatten schon in Berlin ein paar hundert Gulden eingetauscht, sodass wir nicht mittellos waren.

Auf dem Weg zum Ausgang sah ich jedoch einen Hinweis auf die Railway Station. „Lass uns erst mal mit der Bahn in die Stadt fahren", schlug ich deshalb vor. Meine Frau fragte: „Gibt es denn hier einen Bahnhof?" Ich nickte nur, dann schlug ich den Weg zur Station ein. Sie hatte keine andere Wahl als mir zu folgen.

Am Ticketautomaten kauften wir zwei Fahrkarten, mit denen wir dann in den bereitstehenden Zug in Richtung Centraal Station einstiegen.

Bald setzte sich der Zug in Bewegung und nach einer Viertelstunde waren wir am Hauptbahnhof von Amsterdam.

Auf dem Vorplatz nahmen wir uns aber doch noch ein Taxi, denn wir sahen keine Möglichkeit, auf eigene Faust unser gebuchtes Hotel zu finden. Schließlich waren alle Hinweise nur auf Niederländisch.

Der Fahrer kannte leider unser Hotel nicht, aber ich zeigte ihm unseren Voucher, auf dem die Adresse des Hotels stand. Daraufhin wusste er Bescheid und brachte uns zum gewünschten Ort.

Ein bisschen enttäuscht war ich schon, als ich das Hotel und die Gegend sah, aber wir hatten uns im Reisebüro ausdrücklich für die billigste Variante entschieden und so durften wir jetzt nicht meckern.

An der Rezeption wurden wir freundlich empfangen. Die junge Dame sprach zwar nicht Deutsch, aber ich hatte immer fleißig English Lessons bei der BBC gehört und konnte deshalb einigermaßen verstehen, was sie sagte. Wichtig war uns vor allem wann und wo es Frühstück gab.

Wir fuhren in den dritten Stock, in dem sich unser Zimmer befand, traten ein und schauten uns um. Es war alles vorhanden, was wir brauchten – sogar ein Fernseher mit deutschen Sendern.

Nachdem wir uns ein wenig frisch gemacht hatten, ging es los auf Erkundungstour.

Im Verlauf der nächsten Tage besichtigten wir viele Sehenswürdigkeiten Amsterdams, wie den Königspalast, den Vondelpark und den Albert-Cuip-Markt. Ich hätte gern auch noch das weltberühmte Rotlicht-Viertel gesehen, aber meine Frau wollte da nicht mitgehen und allein ließ sie mich auch nicht hinein; wahrscheinlich hatte sie Angst, ich könnte mich darin verlaufen.

Wir machten auch eine Grachtenfahrt, die bis auf das Ijsselmeer hinaus führte, wo das kleine Schiffchen ganz schön schaukelte.

Außerordentlich bemerkenswert schienen uns die Radfahrer in Amsterdam. Es war nicht nur fremd für uns, dass scheinbar Bankdirektoren und Chefmanager mit langen schwarzen Mänteln und Maßanzügen durch die Stadt radelten, sondern erschreckend war vor allem, wie sie dies taten. Sie fuhren durch den dichten Großstadtverkehr als wenn sie sieben Leben hätten. Sie beachteten keine Verkehrsregeln und quetschten sich durch schmale Lücken zwischen Bussen und Lastwagen hindurch. Man konnte kaum hinsehen, so riskant waren viele ihrer Manöver. Aber wir haben während unseres gesamten Aufenthalts in Amsterdam keinen Unfall gesehen und so schien wohl alles seine Ordnung zu haben.

Ganz besonders schön war eine Busrundfahrt zu den interessantesten Plätzen Hollands. Wir fuhren zuerst durch Amsterdam, besichtigten eine Diamantenschleiferei, waren in der Porzellanmanufaktur Royal Delft, sahen am Strand von Haarlem noch einen mutigen Badenden (es war immerhin schon Oktober) und machten auf dem weiteren Weg nach Den Haag einen Stopp, um uns Madurodam anzusehen.

Ich war sehr glücklich, diese Miniaturstadt zu besuchen, denn als Kind hatte ich einmal einen Bericht über dieses Madurodam gelesen und ich wäre damals so gern dorthin gefahren. Obwohl es zu dieser Zeit noch keine Mauer gab, war es uns dennoch nicht erlaubt, die DDR zu verlassen und wir hielten uns daran. Außerdem hätten wir auch gar kein Geld für eine solche Reise gehabt.

Nun als Erwachsener sah ich, was ich damals versäumt hatte, aber es war immer noch schön, dieses Miniatur-Holland mit Hafen, Flughafen, Eisenbahn und pulsierendem Straßenverkehr zu genießen. Da unsere beiden Söhne schon erwachsen waren, tröstete ich mich mit dem Gedanken, dass wir vielleicht später einmal mit unseren Enkeln diese Welt im Maßstab 1:25 besuchen könnten.

Die meisten Businsassen waren aus Großbritannien, weshalb auch die Reiseführerin ausschließlich englisch sprach. So hatte ich mit meinem dürftigen Vokabular ziemliche Schwierigkeiten ihr zu folgen, aber meine Frau verstand so gut wie gar nichts. Leider eignete ich mich auch nicht als Simultandolmetscher. Ich konnte immer nur das, was ich verstanden hatte zusammenfassen.

Insgesamt war ich sowieso erstaunt, wie gut die Niederländer englisch sprachen. Es waren viele britische Touristen in Amsterdam und sie konnten sich mit allen Kellnern, Verkäufern und anderen Leuten in fließendem Englisch unterhalten. Es galt wohl auch hier die Regel, dass je kleiner ein Land ist, desto mehr sind die Bewohner darauf angewiesen, Fremdsprachen zu lernen und zu benutzen.

Ich dankte der BBC von ganzem Herzen, denn ohne sie wären wir wohl ziemlich hilflos gewesen. In der DDR stand leider zu unserer Schulzeit nur Russisch auf dem Stundenplan, das wir aber auch nicht richtig beherrschten, da wir nie Kontakte mit Russen hatten.

In unserem Hotel wurde es am Wochenende sehr laut, da es plötzlich viele junge Männer gab, die wohl nach Amsterdam gekommen waren, um dort ihren Spaß zu haben. Spaß bedeutete aber in diesem Fall vor allem, zu saufen und zu grölen. Einmal weckte uns sogar jemand, indem er uns mitten in der Nacht anrief und irgendetwas Unverständliches lallte, als ich mich gemeldet hatte.

Zum Ausklang unseres Kurzurlaubs gönnten wir uns einen Besuch in einem großen chinesischen Restaurant, das als Schiff im Hafen schwamm und uns mächtig imponierte. Wir hatten keine Ahnung von chinesischem Essen und ließen uns deshalb von der Kellnerin, die sogar deutsch sprach, beraten.

Wir trauten unseren Augen nicht, als die gewählten Speisen aufgetischt wurden. Es waren so viele verschiedene Gerichte und Beilagen, dass wir die größte Mühe hatten, alles zu essen. Das war sicher auch nicht beabsichtigt, aber wir sind eben so erzogen, keine Nahrungsmittel wegzuwerfen.

Als am Ende die Rechnung kam, staunten wir nicht schlecht. Wir mussten 129 Gulden bezahlen. Für so viel Geld hatten wir noch nie gegessen, aber wir waren wohl auch noch nie so satt vom Mittagstisch aufgestanden.

Am Sonntag mussten wir von Amsterdam Abschied nehmen. Da wir jetzt über mehr Ortskenntnis verfügten, nahmen wir die kostengünstige Straßenbahn zum Hauptbahnhof und von dort den Zug zum Flughafen.

In Berlin-Tegel hatten wir bemerkt, dass die Abfertigungsschalter erst zwei Stunden vor dem Abflug öffneten, sodass es keinen Sinn hatte, früher dort zu sein. Deshalb hatten wir uns auch in Amsterdam nicht sonderlich beeilt, zum Flughafen zu kommen. Als wir jedoch eincheckten, teilte uns die freundliche Dame hinter dem Schalter mit, dass leider keine zwei zusammenhängenden Sitzplätze mehr vorhanden waren. Für viele Reisende war das eben ein Anschlussflug, für den sie schon in Amerika oder sonst irgendwo auf der Welt eingecheckt hatten. Dieses Check through haben wir bei unseren späteren Reisen auch sehr oft praktiziert. Es ist schon eine große Erleichterung, wenn man am Umsteigeflughafen nicht erst nach Bordkarten anstehen muss. Was also blieb uns übrig, als unseren Rückflug in einiger Entfernung voneinander zu erleben. Ich war inzwischen schon fast zum Routineflieger geworden, der keinerlei seelischen

Beistand mehr brauchte und meine Frau hatte kein Problem, einen Kaffee und einen Snack zu bekommen, ohne englisch zu sprechen.

Der Rückflug kam mir sehr kurz vor und ich wäre gern noch ein bisschen weiter geflogen, aber in Berlin-Tegel hieß es „Aussteigen!".

Auf dem Weg zu unserer Wohnung wusste ich, dass ich noch viele Flüge unternehmen würde und ich sollte Recht haben.

Dass unsere Söhne nicht dabei gewesen waren, minderte den Gesamteindruck nicht, den diese Reise bei uns hinterlassen hatte. Junge Männer im Alter von 17 und 20 Jahren haben einfach keine Lust auf Städtereisen und waren demzufolge auch keineswegs traurig, nicht dabei gewesen zu sein.

Pfronten (Allgäu)

Nach den guten Erfahrungen mit der ersten richtigen Westreise trauten wir uns ein Jahr später schon ein bisschen weiter in den Westen vorzudringen.

Meine Tante, die während der Nazi-Herrschaft nach Schweden fliehen musste, besuchte uns regelmäßig und manchmal verband sie diesen Besuch in Berlin mit einer Reise nach Pfronten. Sie schwärmte immer von dieser Stadt und deren Umgebung, aber als wir noch in der DDR eingesperrt waren, hörten wir nie so richtig hin, denn Pfronten war für uns so weit entfernt wie der Mond. Nach der Wende änderte sich das. Wir hatten noch die Lobeshymne der Tante im Ohr und außerdem Lust auf richtig hohe Berge. Was also lag näher als nach Pfronten in den Urlaub zu fahren? Auch diesmal holten wir uns wieder eine Abfuhr, als wir die Söhne fragten, ob sie uns begleiten wollten. Die Zeit des generationenübergreifenden Reisens schien bei uns ein für alle Mal vorbei zu sein.

Vorausschauend hatten wir von der Internationalen Tourismusbörse Berlin (ITB) Prospekte über Pfronten und das übrige Allgäu mitgenommen, sodass wir vorher schon ein anscheinend gutes und auf jeden Fall günstiges Quartier buchen konnten.

Gesagt, getan: An einem schönen Sonnabendmorgen im Juli 1991 brachen wir auf. Wir fuhren immer noch unseren Viertakt-Wartburg, der sich nach der Beseitigung vieler Kinderkrankheiten inzwischen auch als ganz zuverlässig erwiesen hatte.

Da uns der Weg von Berlin bis nach Pfronten ziemlich weit erschien, wollten wir unterwegs übernachten. Meine Frau hatte schon einige Dienstreisen nach Nürnberg gemacht und schwärmte von dieser Stadt. Also sollte Nürnberg unser Etappenziel sein.

Ich hatte zwar inzwischen wieder Arbeit gefunden, aber wir waren immer noch sparsam und wollten aus Kostengründen in einer kleinen Pension in der Nähe von Nürnberg absteigen. Dann könnten wir von dort einen Tagesausflug nach Nürnberg machen.

Da wir wahrscheinlich die inoffiziellen Weltmeister in der Disziplin „Prospekte von der ITB nach Hause schleppen" waren, wussten wir genau, wo gute und preiswerte Unterkünfte in der Nähe von Nürnberg zu finden waren.

Wir wussten auch, wie wir von der ausgewählten Stadt am besten nach Nürnberg kamen und so entschieden wir uns für Berg in der Oberpfalz. Da hatten wir mehrere günstige Unterkünfte zur Auswahl und der Weg nach Nürnberg konnte wenigstens teilweise mit der S-Bahn absolviert werden.

Also steuerten wir diesen Ort an und fanden auch ohne lange zu suchen eine Unterkunft. Der Vermieter war sehr freundlich und wir buchten das angebotene Zimmer für zwei Nächte. Nachdem die Formalitäten erledigt waren, gab uns der Wirt den Tipp, nur nicht das nächstgelegene Wirtshaus zum Abendessen aufzusuchen, sondern lieber ein Stückchen weiter in das Restaurant am Markt zu gehen. Bei der benachbarten Gaststätte schmecke das Essen nicht nur schlecht, sondern es sei auch noch total übertreuert.

Folgsam wanderten wir also durch den Ort, was uns ja nach der langen Autofahrt auch gut tat, und erreichten die vorgeschlagene Wirtschaft. Diese war ziemlich dunkel, laut und verqualmt. Wir setzten uns etwas entfernt von den Einheimischen an einen Tisch und bald kam auch der ziemlich mürrische Kellner.

Aus einer nicht sehr umfangreichen Karte wählten wir das Essen und bestellten zwei dunkle Weizen dazu.

Während wir warteten, nervte uns das ständig wiederkehrende Geräusch, das entsteht, wenn eine Fliege oder Mücke zwischen zwei elektrisch geladenen Röhren verglüht. Solch eine Insektentötungsmaschine hatten sie dort nämlich.

Das Bier kam bald und wir prosteten uns zu. Als ich es absetzte und genauer hinsah, bemerkte ich zu meinem Entsetzen, wie auf dem Grund unserer Gläser lauter Maden ihr Unwesen trieben. Sie schwammen wie wild hin und her und wirbelten hoch und runter. Entsetzt rief ich den Kellner und zeigte ihm die Schweinerei. Mein Verdacht, dass es sich um Maden handelte, wies er verärgert zurück. Er erklärte mir vielmehr, dass dies Reiskörner seien, die durch die aufsteigende Kohlensäure bewegt würden.

Wir glaubten ihm, wobei ein komisches Gefühl blieb. Warum hatte uns denn in Frammersbach niemand Reis ins Bier getan?

Das Essen war ganz gut und die Zeche war nicht allzu hoch. Inzwischen hatten wir uns ja an die hohen Preise und die großen Portionen im Westen gewöhnt.

Müde kehrten wir zur Pension zurück, wo uns eine Überraschung erwartete. Vor der Tür stand ein Reisebus, aus dem viele Menschen stiegen, die alle in unser Haus wollten.

Wie wir erfuhren, fand genau zu dieser Zeit ein Treffen des Bundes der Vertriebenen in Nürnberg statt und auch die Vertriebenen schienen sparen zu wollen und wohnten nicht direkt in Nürnberg. Wir hatten zwar im Fernsehen Berichte über diesen Bund gesehen, aber waren doch überrascht, sie live und in Farbe zu erleben.

Bei einer kritischen Betrachtung der Teilnehmer zweifelten wir allerdings daran, dass die meisten tatsächlich noch selbst vertrieben worden waren. Dazu waren sie einfach zu jung. Wahrscheinlich war die Vertriebeneneigenschaft dominant und vererbte sich über Generationen.

Wir mussten im Stillen lachen, denn nach dem, was wir in Polen und in der Tschechoslowakei gesehen hatten, konnten wir uns kaum vorstellen, dass einer der Vertriebenen seinen Wohnsitz freiwillig in die Heimat der Ahnen verlegen würde.

Es wurde ein recht lauter Abend, denn die Reisegruppe saß noch lange zusammen und unterhielt sich.

Am nächsten Morgen gab es Frühstück, dann brachen alle auf nach Nürnberg - die Vertriebenen mit ihrem Bus und wir mit unserem Wartburg.

Wir fuhren bis zur nächstgelegenen S-Bahnstation und dann ging es nach Nürnberg. Mir bereitete das S-Bahn-Fahren großes Vergnügen, denn ich liebe als echter Berliner seit meiner frühesten Kindheit alle Arten von U- und S-Bahnen.

In Nürnberg hatte ich in meiner Frau eine exzellente Stadtführerin, da sie sich wirklich gut auskannte.

Wir hatten einen schönen aber anstrengenden Tag und waren froh, als wir abends wieder im Zug saßen. In Neumark stiegen wir ins Auto und fuhren damit die letzten paar Kilometer zur Pension.

An diesem Abend waren wir viel zu müde und fußlahm, um den Weg zu dem von unserem Vermieter gewünschten Gasthaus zurückzulegen. Also gingen wir in das benachbarte aber angeblich schlechtere Restaurant.

Zu unserem Erstaunen wurden wir dort von einer sehr angenehmen Atmosphäre empfangen. Der Raum war hell und freundlich und niemand rauchte. Das mag daran gelegen haben, dass wir die einzigen Gäste waren. Wir bestellten wieder dunkles Weizenbier zum Essen. Als es kam, schaute ich ihm sofort auf den Grund und siehe da: Es gab keine sogenannten Reiskörner.

Das Essen schmeckte sehr gut und alles war zu unserer Zufriedenheit.

Hinterher kamen wir noch ein wenig mit dem Wirt ins Gespräch. Er erzählte uns, dass er von Nürnberg hierher gezogen sei und deshalb von den Einheimischen gemieden würde. Er war Kunsthistoriker und wir verstanden jetzt, warum es in der Gaststube überall Bilder und Skulpturen gab.

Müde kehrten wir in unsere Pension zurück. Die Vertriebenen waren von ihrer Tagung nicht hierher zurückgekehrt, sodass wir eine ruhige Nacht hatten.

Am nächsten Morgen brachen wir nach dem Frühstück zu unserer letzten Etappe in Richtung Pfronten auf. Wir fuhren auf der B2, um München weiträumig zu umgehen, und nach drei Stunden erschienen die Alpen am Horizont. Wir waren fasziniert, denn so hohe Berge hatten wir seit Bulgarien nicht mehr gesehen. Jetzt dauerte es nicht mehr lange und wir erreichten unser Ziel. Unsere Pension befand sich in Pfronten-Ried in der Allgäuer Straße. Wir fanden schnell die gesuchte Hausnummer und wurden von der Vermieterin freundlich begrüßt. Das Zimmer, das für uns reserviert war, gefiel uns.

Unser Auto stellten wir auf den vorgesehenen Parkplatz und brachten dann unser Gepäck nach oben.

Bei einem kleinen Plausch mit der Wirtin gab sie uns ein paar Wandertipps. Für den Anfang schlug sie uns das Milchhäusl vor. Sie meinte wohl, das wäre ein guter Einstieg für uns Flachlandtiroler.

Wir zogen unsere extra für die Alpen gekauften festen Bergschuhe an. Dann befolgten wir artig ihren Rat, hatten aber nach 20 Minuten bereits den ganzen Weg zurückgelegt, ohne uns sehr angestrengt zu haben.

Da es im besagten Milchhäusl auch allerlei zu naschen gab, verbanden wir die Wanderung mit dem Kaffeetrinken an diesem Tag. Dann wanderten wir noch ein wenig auf eigene Faust. Dabei genossen wir den schönen Ausblick auf Pfronten und Umgebung.

Am frühen Abend waren wir wieder unten. Wir ruhten uns ein wenig aus, dann suchten wir ein Restaurant, in dem wir zu Abend essen konnten.

Die Auswahl fiel schwer, denn es gab viele davon. Der Einfachheit halber setzten wir uns in eine Gaststätte namens Wienerwald und aßen halbe Hähnchen.

Im Flur unserer Pension lagen Wanderkarten und allerlei Prospektmaterial, von dem wir vieles an uns nahmen und studierten.

Vom nächsten Tag an planten wir größere und anspruchsvollere Touren. Wir wanderten zum Breitenberg, zum Weißensee und zu vielen anderen Wanderzielen. Leider mussten wir oft erst ein Stück mit dem Auto fahren, um zum Ausgangspunkt eines Wanderwegs zu kommen.

Besonders toll fanden wir es, nach Österreich zu wandern. Es war für uns unvorstellbar, dass man eine Staatsgrenze ohne Weiteres überqueren konnte. Sicherheitshalber hatten wir immer unsere noch gültigen DDR-Pässe dabei. Man konnte ja nie wissen! Vielleicht lauerte ja doch irgendwo ein Grenzschützer und ließ uns ohne Pass nicht hinüber oder herüber.

Da aber wirklich niemand kontrollierte, machten wir uns einen Spaß daraus, jedes Mal dem Grenzschild unsere Pässe zu zeigen.

Bei unseren Wanderungen kamen wir auch oft an klaren Bächen und kalten Seen vorüber. Wir nutzten meist die Gelegenheit, um uns zu erfrischen. Immerhin stiegen die Temperaturen zum Mittag beachtlich an.

Als wir einmal wieder am Weissensee vorbei kamen, konnten wir der Versuchung nicht widerstehen, baden zu gehen. Es gab da eine Badewiese, an der man gut in das Wasser hinein kam. Zwar hatten wir keine Badebekleidung bei uns, aber wir waren ja immer noch FKK-Freunde und weit und breit war kein Mensch zu sehen. Was lag da denn näher, als hüllenlos ins Wasser zu gehen?

Wir stürzten uns also in die Fluten, und merkten sofort, dass der See sehr kalt war. Meine Frau hielt es höchstens eine Minute aus, dann verließ sie frierend das Wasser. Sie stand nackt am Ufer und versuchte sich von der warmen Sonne trocknen zu lassen.

Ich wollte zeigen, dass ich ein richtiger Kerl war und blieb noch ein bisschen länger im Eiswasser. Als ich es fast nicht mehr aushielt und in Richtung Ufer schwamm, tauchte plötzlich wie aus dem Nichts eine Kindergruppe mit erwachsener Begleitung auf.

Meine Frau zog sich schleunigst an. Ich musste meinen Plan aufgeben, das Wasser möglichst schnell zu verlassen, denn ich wollte nicht als Sittenstrolch in die Geschichte Bayerns eingehen.

Die Kinder ließen sich verdammt viel Zeit auf der Badewiese. Manche aßen etwas, andere spielten Ball. Mir wollten fast die Arme und Beine abfallen und gerade als ich keinen anderen Ausweg mehr sah, dem Erfrierungstod zu entgehen, als sofort das Wasser zu verlassen, rief die Betreuerin plötzlich die Kinder zusammen und sie wanderten weiter.

Ich wartete noch bis sie außer Sichtweite waren, dann kam ich aus dem Wasser. Ich konnte gar nicht so schnell zittern wie ich fror. In Windeseile zog ich mich an, solange wir noch allein waren.

Glücklicherweise wurde uns schnell wieder warm, als wir unseren Weg fortsetzten, denn der Tag war heiß und es ging bergauf.

Nach etwa einer Stunde hatten wir das Bedürfnis etwas zu essen und zu trinken. Nun suchten wir ein schattiges Plätzchen, denn uns war inzwischen sehr warm geworden. Das fanden wir dann auch an einem Zaun. Wir setzten uns und meine Frau lehnte sich daran. Ich öffnete unseren Karton mit Apfelsaft. Zum Glück hatten wir auf einem Wochenmarkt einen patentierten Gießer für Kartons erstanden, den man nur in den Tetrapack hineindrehen musste. Man konnte damit gut eingießen und hinterher alles wieder verschließen. Zu dieser Zeit hatten die Tetrapacks selber keinen Verschluss, sondern mussten aufgeschnitten werden. Da wir damals noch sehr sparsam mit Getränken umgingen, war das für uns die beste Lösung. Wir mussten nicht alles auf einmal verbrauchen und hatten später auch noch etwas zu trinken.

Nachdem wir einen Schluck getrunken hatten, schrie meine Frau plötzlich auf. Sie war der Meinung, sie sei von irgendeinem Insekt gebissen oder gestochen worden. Ich schaute auf ihren Rücken, aber da war nichts. Also lehnte sie sich wieder an und wir öffneten die Packung mit trockenen Spritzringen, die wir wie bei jeder Wanderung mit uns führten. Sie wollte gerade vom ersten Spritzring abbeißen, da zuckte sie erneut zusammen und stieß einen kleinen Schrei aus. Schon wieder hatte sie etwas in den Rücken gestochen. Da ich auch diesmal keinen Übeltäter ausmachen konnte, sah ich mir den Zaun genauer an, an dem sie lehnte. Wie ich feststellte, handelte es sich um einen Weidezaun, der an verschiedenen Stellen Warnschilder hatte, auf denen darauf hingewiesen wurde, dass an ihm eine pulsierende elektrische Spannung anlag.

Während wir weiterliefen mussten wir immer wieder lachen über unsere Unwissenheit.

Der Anstieg wurde immer beschwerlicher und wir kamen sehr ins Schwitzen. Mein Rücken wurde nass, die Hose im hinteren Bereich folgte und bald lief es mir die Waden herunter bis in meine Wanderstiefel. Ich nahm an, dass der Rucksack, den ich trug, die Schweißbildung am Rücken dermaßen verstärkte. Irgendwann hatte ich jedoch das Gefühl, dass der vermeintliche Schweiß ziemlich klebrig sei. Als wir der Angelegenheit gemeinsam auf den Grund gingen, stellten wir fest, dass der Patentverschluss des Saftkartons undicht war und der Apfelsaft ungehindert auslaufen konnte. Er hatte die restlichen Spritzringe sowie den Rucksack aufgeweicht und war dann auf mein T-Shirt gelangt, von wo aus er sich den beschriebenen Weg gebahnt hatte.

Den kleinen verbliebenen Rest Apfelsaft tranken wir aus, bevor auch er noch das Weite suchen konnte.

Am nächsten klaren Gebirgsbach wusch ich mir das klebrige Zeug ab, so gut es ging. Zum Glück war es ein sehr schöner sonniger Tag, sodass ich bald wieder trocken war. Klebrig blieb es trotzdem.

Als wir am Gipfel des Berges ankamen, waren wir verschwitzt und schmutzig, denn Teile des Aufstieges hatten wir auf allen vieren absolvieren müssen.

Dort oben gab es eine Berghütte. Dieser Umstand kam uns sehr gelegen, denn wir hatten Hunger und Durst und aus dem geschilderten Grund keinen Proviant mehr. Als wir jedoch näher kamen, sahen wir, dass wir offensichtlich die Einzigen waren, die den Weg nach oben zu Fuß gemacht hatten. Alle anderen Gäste saßen in schicker, fleckenloser Kleidung an den Tischen und aßen und tranken. Verschwitzt war auch niemand. Wir erinnerten uns an die Seilbahn, deren Trasse wir unterwegs mehrmals gekreuzt hatten. Damit konnte man freilich sauber und frisch auf den Berg gelangen.

Wir setzten uns an einen abgelegenen Tisch, um niemanden durch unseren Aufzug zu belästigen und aßen und tranken etwas aus dem reichhaltigen Angebot der Hütte.

Interessant war für uns so ziemlich alles, was wir im Allgäu erlebten. Wir erklommen hohe Berge und genossen die Aussicht von oben. Wir aßen in verschiedenen Restaurants und ließen es uns jedes Mal schmecken.

Trotzdem hatten wir das Gefühl, dass wir noch mehr aus dem Urlaub machen sollten. Deshalb erweiterten wir unseren Aktionsradius mithilfe des Autos.

Zuerst besuchten wir die Enklave Jungholz. Diese österreichische Gemeinde ist nur von Deutschland aus zu erreichen, wenn man nicht gerade

Bergsteiger ist und die Verbindung zwischen Jungholz und Österreich über den 1635 m hohen Sorgschrofen wählt.

In Jungholz angekommen, waren wir erstaunt, wie viele Banken sich auf engstem Raum drängten. Zwar hatten wir schon darüber gelesen, dass viele reiche Deutsche ihr Geld hier anlegten, da in dieser Stadt die D-Mark das gesetzliche Zahlungsmittel war. Man vermied also Verluste durch Kursschwankungen und blieb wegen des österreichischen Bankgeheimnisses anonym. Dass es illegal war, versteht sich von selbst.

Wir wunderten uns nur, dass wir weder auf dem Hin- noch auf dem Rückweg an der einzigen Zufahrtsstraße kontrolliert wurden.

Etwas Ähnliches gab es noch einmal in größerer Ausführung ganz in der Nähe. Es handelt sich um das Kleinwalsertal. Dies ist ebenfalls ein Gebiet, das politisch zu Österreich gehört, für Nichtbergsteiger aber nur von Deutschland aus zu erreichen ist. Auch dort war die D-Mark die gültige Währung.

Im Kleinwalsertal gefiel es uns sehr gut, denn dort gab es außer Banken auch noch andere Gebäude und alles sah sehr touristisch aus. Wir konnten uns durchaus vorstellen, an diesem schönen Fleckchen Erde auch einmal einen Urlaub zu verbringen.

Auf unseren weiteren Erkundungsfahrten durch Bayern besuchten wir noch ein sehr interessantes Museumsdorf, das wir jedoch nicht vollständig erkunden konnten, da uns der Regen zum Auto trieb.

Eine andere Art von Vergangenheitsbewältigung zog uns nach Rottach-Egern. Wir waren sehr neugierig, wie es denn wohl am Tegernsee ausschaute. Unser Interesse beruhte auf der Tatsache, dass der oberste Devisenbeschaffer der DDR Alexander Schalck-Golodkowski dort seinen Altersruhesitz hatte.

Während wir noch hinter Mauer und Stacheldraht leben mussten, hatte sich der erlauchte Herr im Westen herumgetrieben und mit allen möglichen Westpolitikern amüsiert, die er wahrscheinlich auch noch ganz nebenbei ausspioniert hatte. Nicht umsonst war er schließlich Offizier im besonderen Einsatz der Stasi gewesen. Der damalige Bayerische Ministerpräsident Franz-Josef Strauß schien ihm besonders zugetan gewesen zu sein und so wunderte es nicht, dass sich Herr Schalck-Golodkowski an einem der schönsten Flecken dieses Bundeslandes niederließ.

Natürlich fanden wir das Grundstück nicht, aber wir hatten schon einen Eindruck davon, wie der ehemalige stramme Genosse von Honecker und Co. nach der Wende lebte. Der Zusammenbruch der DDR und die vielen tausend Arbeitslosen dort waren ganz sicher nicht sein Problem.

Wenn man schon mal in der Gegend ist, sollte man natürlich auch das Schloss Neuschwanstein besichtigen. Das hatten auch wir vor, denn es war ja nur etwa 20 km von Pfronten entfernt. Wir kamen wieder am Weissensee vorbei und wurden an unser Badeerlebnis der besonderen Art erinnert. Nachdem wir Kempten und Füssen passiert hatten, war es nur noch ein Katzensprung zum Schloss. Wir stellten unser Auto auf einem Parkplatz ab und wanderten das restliche Stück zu Fuß. Als wir jedoch den Schlosspark betraten, trauten wir unseren Augen nicht. Es bewegte sich eine riesige Menschenmenge auf das Schloss zu. Ein Autobus nach dem anderen spuckte Touristengruppen aus. Die Mehrheit der Besucher schienen Japaner zu sein. Wir ahnten, dass es sehr lange dauern könnte, bis wir in das Schloss hinein kommen würden. Als wir dann noch die Eintrittspreise sahen, stand unser Entschluss fest: Wir verzichteten auf die Besichtigung des Schlossinneren und lustwandelten lediglich im großen Schlosspark. Dabei umkreisten wir das Schloss und waren beeindruckt, was König Ludwig II. von Bayern sich da ausgedacht und realisiert hatte. Es war für uns ein wirkliches Märchenschloss. Da wir uns vorher informiert hatten, wussten wir ziemlich genau, wie es innen aussah.

Ich weiß bis heute noch nicht, ob wir uns ohne Eintrittskarte überhaupt im Schlosspark aufhalten durften, aber ich bin sicher, dass dort so viele zahlende Besucher kamen, dass wir beide keine finanzielle Schieflage des Gesamtkonzepts herbeigeführt haben. Schließlich existiert die Anlage immer noch und lockt Millionen von Touristen aus aller Welt an.

So verlief der Urlaub ohne weitere berichtenswerte Ereignisse. Am Ende fragten wir die Wirtin bescheiden, ob wir noch einmal wiederkommen dürften. Sie bejahte dies wortreich und nannte uns ganz liebe Gäste.

Schließlich hatten wir uns ja auch gut benommen und keine silbernen Löffel gestohlen.

Auf der Rückfahrt wollten wir eine Übernachtung in der Nähe von München einlegen. Wir fuhren um zehn Uhr in Pfronten los und dachten so gegen Mittag in Starnberg, unserem angepeilten Etappenziel sein zu können. Leider wurde daraus nichts, denn wir hatten unterwegs eine Reifenpanne. Um in Ruhe das Rad zu wechseln, fuhr ich auf den Seitenstreifen der Bundesstraße. Dort mussten wir unser Gepäck ausladen, denn der Ersatzreifen und alle nötigen Werkzeuge lagen in einem Fach darunter. Als ich jedoch den Wagenheber ansetzte, grub sich dieser in den unbefestigten Boden ein, sodass das Auto nicht angehoben wurde.

Früher hatte ich deshalb immer einige Brettchen bei mir gehabt, die im Falle eines Falles den Wagenheber stabilisieren konnten. Leider hatte ich sie irgendwann verbummelt und nun fehlten sie mir gewaltig.

In der DDR wäre es überhaupt kein Problem gewesen, etwas Brauchbares zu finden. Am Rand eines Volkseigenen Betriebes (VEB) oder einer Landwirtschaftlichen Produktionsgenossenschaft (LPG) hätte mehr als genug Material herumgelegen. Nicht so im Westen! Alles war picobello aufgeräumt und nichts lag herum. Ich musste lange suchen bis ich im Wald einige Kieselsteine fand, aus denen ich eine Art Fundament bauen konnte. Dann endlich konnte ich das Auto anheben und das rechte Hinterrad wechseln.

Diese ganze Aktion hatte uns eine Menge Zeit gekostet und so kamen wir erst am Nachmittag in Starnberg an. Eigentlich war es schon zu spät, um an diesem Nachmittag noch mit der S-Bahn nach München zu fahren, wie wir es ursprünglich vorgehabt hatten. Als wir dann im Fremdenverkehrsamt auch noch erfuhren, dass der niedrigste Übernachtungspreis 69 DM betrug, war die Sache für uns klar: Wir fuhren gleich weiter nach Hause.

Das taten wir dann auch in der Hoffnung, dass nicht noch ein Reifen platzen würde. Zuversichtlich waren wir auch, weil man auf der Autobahn den Pannendienst rufen könnte, wenn man Hilfe brauchte. Dort stand alle zwei Kilometer eine Notrufsäule in orange.

Warum wir nicht unser Handy benutzt hätten? Ganz einfach: Das gab es noch nicht. Die damaligen Mobiltelefone waren sogenannte Funktelefone und ungefähr so groß und so schwer wie ein heutiger Arbeitsplatzcomputer. Und teuer waren die Dinger! Das war nichts für Otto Normalverdiener.

Aber irgendwie konnte man damals trotzdem leben und sogar einen schönen Urlaub haben.

London

Im Jahr 1992 sollte endlich mein lang gehegter Reisewunsch in Erfüllung gehen. Wozu hatte ich denn hinter Mauer und Stacheldraht heimlich Englisch gelernt, wenn nicht, um es auch zu benutzen. Schließlich wollte ich endlich ausprobieren, ob mein Englisch auch das der Engländer war. Von sehr gebildeten Leuten hatte ich gehört, dass sie zwar einen großen englischen Wortschatz besaßen, aber in London kein Wort verstanden hatten und auch von den Engländern nicht verstanden worden waren. Sie hatten eben bisher immer nur Fachliteratur gelesen. Die Aussprache war ihnen egal gewesen. Ich hingegen hatte ein eher geringes englisches Vokabular zur Verfügung, konnte aber das meiste besser sprechen als schreiben. Das kam daher, dass ich mein Wissen der Sendung „Lernt Englisch beim Londoner Rundfunk" zu verdanken hatte. Diese wurde fast täglich von der BBC gesendet, die man auch in Ostberlin sehr gut empfangen konnte.

Wir gingen also diesmal rechtzeitig in ein Reisebüro und buchten eine Kurzreise nach London für die vier freien Tage um Ostern. Es sollte ein möglichst preiswertes Hotel sein und so mussten wir natürlich Abstriche bei Komfort und Lage machen. Ebenso suchten wir uns den Flug aus, der am wenigsten kostete.

Ungefähr 14 Tage später bekamen wir einen dicken Brief vom Reisebüro. Er enthielt unsere Flugtickets (das waren wieder dicke Hefte), unseren Voucher für das Hotel sowie zwei Gutscheine für 4-Tage-Tickets des öffentlichen Nahverkehrs Londons.

Kurz vor der Abreise gingen wir in unsere Sparkassenfiliale in Berlin, um britische Pfund zu kaufen. Das schien ein ausgesprochenes Problem zu sein, denn erst im allerletzten Moment konnten wir die gewünschten 100 £ in einer Zentrale der Sparkasse am Alexanderplatz abholen. Das waren umgerechnet etwa 300 DM.

Als es dann am Karfreitag ziemlich früh losging, war ich doch wieder etwas aufgeregt. Ich war zwar nun schon zwei Mal geflogen, aber noch nicht so furchtbar weit. Wir flogen mit Lufthansa von Berlin-Tegel ab und landeten etwa zwei Stunden später ohne Probleme in London-Gatwick. Inzwischen hatte ich mich an das Fliegen gewöhnt und konnte mir Geräusche und Beobachtungen während des Fluges viel besser erklären. Neu war für mich nur, dass das Flugzeug offenbar noch keine Landeerlaubnis hatte und deshalb ein paar Minuten kreisen musste. Wir saßen auf der Seite, die nur den Erdboden sah und ich beobachtete amüsiert, dass tatsächlich alle Autos auf der falschen Seite fuhren. Blickte man aus den Fenstern auf der gegenüberliegenden Seite, so sah man nur Himmel.

Irgendwann durften wir schließlich landen.

Am Flughafen mussten wir wieder unsere DDR-Pässe vorzeigen, die von dem Grenzbeamten wohlwollend akzeptiert wurden. Danach holten wir unser Gepäck vom Band und suchten den Bahnhof, um mit dem Zug in die City zu fahren.

Als wir ihn gefunden hatten, waren wir erschrocken über den Fahrpreis in Höhe von 15 £ pro Person, den wir für die halbstündige Fahrt bezahlen mussten. Unsere Travel Card galt hier noch nicht und so mussten wir tief in die Tasche greifen.

An der Victoria Station verließen wir den Express, um unsere Fahrt mit der U-Bahn fortzusetzen. Hier konnten wir aber endlich den Gutschein gegen eine London Travel Card eintauschen. Dabei musste ich nicht viel sagen, sondern nur unseren Gutschein überreichen. Von nun an hatten wir freie Fahrt auf allen U-Bahn- und Bus-Strecken in London und Umgebung. Als Test meiner Sprachbeherrschung fragte ich den freundlichen Herrn an der Information nach dem Weg zu unserem Hotel und er verstand mich und ich verstand seine Antwort, was mich mit großem Stolz erfüllte. Außerdem markierte er die Route auf einem U-Bahn-Plan, den er mir gab.

So gelangten wir kurz vor Mittag zum gebuchten Hotel. Es war ein kleines einfaches Haus, wie wir es auch erwartet hatten. Außerdem hatten wir während der Anfahrt schon gemerkt, wie weit es vom Zentrum entfernt war.

An der Rezeption wurden wir freundlich begrüßt und ich legte unseren Voucher vor. Die Rezeptionistin schaute mich mitleidig an und sprach einen langen englischen Satz. Jetzt hoffte ich, nicht richtig zu verstehen, denn was ich verstanden hatte, war alles andere als erfreulich. Das Hotel sei ausgebucht und wir müssten in eine andere Unterkunft. Wahrscheinlich zum Trost legte sie einen Brief und vier Pfund auf den Tresen.

Zur Sicherheit fragte ich: „You have no room for us?"

Sie nickte bedauernd und deutete auf den Brief und den Stapel Pfund-Münzen. „Yes, I'm very sorry, Sir. Please take a Taxi and go to this hotel."

Dabei wies sie auf den großen Briefumschlag, der adressiert war an das InterContinental London Park Lane.

Wir waren ziemlich ratlos. Schon mehrmals hatten wir davon gehört, dass Hotels überbucht waren und die Leute einfach weggeschickt wurden. Jetzt waren wir also mal dran. Aber was sollten wir machen? Vielleicht war das mit dem anderen Hotel ja kein Trick, sondern die ehrliche Bemühung uns doch noch irgendwie unterzubringen. Wir waren ja bescheiden und hatten keine großen Ansprüche. Dennoch hofften wir natürlich, dass es sich bei dem uns zugedachten Hotel um keine Absteige handelte. Park Lane deutete auf eine abgelegene Gegend irgendwo am Stadtrand hin.

So nahmen wir unsere Koffer sowie den Umschlag samt Geld und verließen traurig das Hotel. Draußen war ein Taxistand und wir stiegen in eines der berühmten Londoner Taxis ein. Der Fahrgastraum war so groß, dass wir unsere Koffer mit hineinnehmen konnten und trotzdem noch genug Platz für unsere Beine hatten. Ich reichte dem Fahrer den Umschlag mit der Adresse und er fuhr los. Natürlich auf der für uns ungewohnten linken Straßenseite.

Zu unserem Erstaunen näherten wir uns wieder dem Stadtzentrum. Vor einem imposanten Gebäude hielt der Fahrer das Taxi an. Der Fahrpreis betrug 3,90 £ und die restlichen 10 Pence waren sein Trinkgeld. Aus meinen Englisch-Lektionen wusste ich sogar, dass man an dieser Stelle sagt: „Keep the change."

Kaum hatten wir bezahlt, da wurden auch schon die Autotüren aufgerissen. Ich staunte nicht schlecht, als es um uns herum nur so von Hotelpersonal wimmelte. Bevor wir uns versahen, waren die Koffer in das Hotel transportiert und wir gingen unbeschwert zur Rezeption. Wo waren wir denn hier hingeraten? Hatten wir mit dem Schlimmsten gerechnet, so wurden wir jetzt überaus angenehm überrascht. Das war ja eine ausgesprochene Luxusherberge!

Aber konnten wir uns diesen Komfort überhaupt leisten? Das war ja eine Hotelkategorie, die wir wegen der Preise im Reisebüro kategorisch ausgeschlossen hatten.

Ich legte den Briefumschlag vor. Die Hotelangestellte entnahm den Brief, nickte und hieß uns auf Englisch herzlich willkommen. Sie händigte uns den Schlüssel aus und teilte uns die Frühstückszeiten mit, die ich zwar verstand aber in der Aufregung sofort wieder vergaß.

Dann folgten wir einem Hotelangestellten, der uns mit dem Lift nach oben bis in unser Zimmer brachte. Er ging wieder und schon klingelte es an der Tür und unser Gepäck wurde gebracht. Ich hatte keine Ahnung, ob man in dem Fall Trinkgeld gibt und wenn ja, wie viel. Also ließ ich es ganz. Beim Anblick unserer alten Koffer hatte der Boy sicherlich schon vorher geahnt, dass es in diesem Fall nichts geben werde.

Als er weg war schauten wir uns um und konnten es nicht fassen. Das war kein Hotelzimmer – das war ein Palast. Es war alles ein bisschen altmodisch, aber vom Feinsten. Die Wände waren nicht tapeziert, sondern mit Stoff bespannt und die Möbel hätten in jedem gehobenen Antiquitätenladen stehen können. Die Wasserhähne im Marmorbad waren verschnörkelt und auf dem Waschtisch standen richtige Glasflaschen mit Haarshampoo und anderen uns unbekannten Flüssigkeiten.

Wir hatten beide das Gefühl, hier nicht wirklich hinzugehören. Das war mehrere Nummern zu groß. Die Sorge, die wir hatten war, dass am Ende jemand (natürlich auf Englisch) sagen würde: „Sie hatten ein Luxuszimmer für drei Nächte. Das macht 900 £." Wobei wir uns über die genaue Höhe des Zimmerpreises gar nicht im Klaren waren.

Trotz aller Sorgen und Ängste nahmen wir uns vor, die Zeit in London zu genießen. Dazu gehörte, dass wir uns in der Stadt umschauten, denn deshalb waren wir schließlich hier.

Wir verließen also unser Zimmer, fuhren mit dem Aufzug hinunter und traten auf die Straße, wo uns der draußen stehende Portier erneut grüßte, indem er seinen Zylinder abnahm.

Dann schauten wir uns um und trauten unseren Augen kaum. Nur ein paar Schritte waren es zum Buckingham Palast. Ging man in die andere Richtung, erreichte man schnell den Hyde Park. Wir waren erschlagen, denn fast alles, was wir sehen wollten, lag direkt vor unserer Tür. Im Hyde Park waren natürlich die Redner in der Speakers' Corner die Attraktion. Ich konnte mich nicht satt hören an dem, was diese Leute da von sich gaben. Sie stellten sich einfach auf eine Obstkiste und verkündeten die abstrusesten Theorien. Ich gebe zu, dass ich wenig verstand, aber die Sprache und die Leidenschaft der Redner faszinierten mich. Ein bisschen unterschied sich das dort gesprochene Englisch schon von dem, das ich bei der BBC gehört hatte. Bei einem Redner kam immer wieder das Wort „piper" vor. Ich begriff zunächst nicht, was der Pfeifer mit dem übrigen Text zu tun hatte. Irgendwann dämmerte es dann bei mir, dass er eigentlich paper, also die Zeitung meinte.

Nachdem ich mich endlich von den Sprechern trennen konnte, suchten wir uns erst einmal etwas zu Essen. Wir fanden dies in einem kleinen Restaurant am See – eine Art Glaspalast. Dort lernten wir das berühmte englische Nationalgericht „Fish and Chips" kennen und lieben. Es war nicht sehr teuer, war fleischlos, wie wir es mochten und es schmeckte gut.

Vorher hatten wir schon bei verschiedenen Restaurants auf die aushängenden Speisekarten geschaut und dabei Preise gesehen, die wir kaum zahlen konnten.

Die Downing Street war dauerhaft abgesperrt und man konnte sie nur durch einen schmiedeeisernen Zaun betrachten, was die Sicht auf die Hausnummern unmöglich machte. Da wurde ich mutig und fragte einen davor stehenden Bobby: „Excuse me asking you, where is number ten?" Er antwortete ausgesprochen höflich, und zeigte dabei auf die Tür des Premierministers.

Unser nächstes Ziel war der Buckingham Palace. Dabei wählten wir den Weg über die Horse Guards Parade. Das ist der große freie Platz, auf dem zum Geburtstag der Queen immer Trooping the Colour stattfindet. Von drei Seiten wird der Platz von großen ehrwürdigen Palästen begrenzt, von denen eines der rückwärtige Teil des Amtssitzes des britischen Premierministers ist.

Am Buckingham Palace standen wir zusammen mit vielen anderen Schaulustigen wieder vor einem Zaun und starrten auf den Palast. Da bewegte sich aber überhaupt nichts, sodass wir weitergingen, nicht ohne vorher noch die trotz der Wärme mit Bärenfellmützen gekleideten Palastwachen zu bewundern, die tatsächlich völlig unbeweglich vor ihren Wachhäuschen standen.

So verging der Nachmittag des Good Friday, wie der Karfreitag dort heißt, wie im Fluge und wir kehrten müde in unser Hotel zurück, wo wir wieder vom gesamten Personal mit ausgesprochener Höflichkeit begrüßt wurden.

Ich bat um den Schlüssel und freute mich, die Zahl so gut ausgesprochen zu haben, dass mich die Dame am Empfang sofort verstand.

Nun erst fiel uns auf, dass das etwas altertümlich anmutende, aber sehr prunkvoll eingerichtete Badezimmer zwar Marmorwände hatte, aber sonst ziemlich unpraktisch war. Es fehlten Mischbatterien an der Wanne und am Waschbecken. Vielmehr gab es zwei voneinander getrennte Wasserhähne für warmes und kaltes Wasser. Wollte man sich die Hände mit warmem Wasser waschen, so musste man das Waschbecken mit dem Stöpsel verschließen und dann beide Hähne aufdrehen und so die richtige Temperatur im Becken herstellen. Das Fehlen von Mischbatterien war wohl auch der Grund, warum es keine Dusche gab. Man war also gezwungen zu baden.

Wir hatten keine Lust, am Abend noch ein Vollbad zu nehmen, weshalb wir nur eine Katzenwäsche machten, um dann in die großen altmodischen Betten zu fallen. Wir waren ebenso happy wie müde. Eine Weile diskutierten wir noch über die glückliche Wendung unserer Hotelbuchung, dann schliefen wir ein.

Am nächsten Morgen wurde ich durch ein Geräusch an der Tür geweckt. Irgendjemand schien sich da zu schaffen zu machen. Ich war alarmiert. Wollte jemand bei uns einbrechen, weil er dachte, hier wohnten nur die Reichen?

Vorsichtig schlich ich mich zur Tür. Mit einem Ruck riss ich sie auf, darauf gefasst, in einen Revolverlauf zu sehen.

Nichts dergleichen geschah. Lediglich „The Times" lag säuberlich gefaltet vor unserer und vor allen anderen Zimmertüren in unserer Etage. Lachend ergriff ich das dicke Bündel Papier und nahm es mit ins Zimmer. Da würde ich noch viel zu lesen haben an diesem Tag.

Als ich die Zeitung auf das Bett warf, wachte meine Frau auf. Erstaunt schaute sie um sich, sah mein lachendes Gesicht und dann den dicken Packen Papier.

Zum Lesen kam ich nicht mehr, denn es war inzwischen nach sieben Uhr und ich wusste nicht mehr, wie lange es in diesem Hotel Frühstück geben würde. Aus Erfahrung wusste ich aber, wie lange meine Frau zu baden pflegte. Außerdem hatte ich Hunger. Deshalb mahnte ich zur Eile.

Wir trafen gegen acht Uhr im Hotelrestaurant ein. Am Eingang stand ein vornehmer Herr, der uns ansprach: „Good morning Sir, good morning Madam. Could you please tell me your room number."

Verdattert zeigte ich den Schlüssel, da ich im Moment ein absolutes Vakuum im Kopf hatte. Er strich auf einem Plan unsere Zimmernummer durch und fragte dann: „Smoker or non-smoker?"

Ich verstand kein Wort und schaute ihn wahrscheinlich ziemlich blöd an. Er ließ sich jedoch nichts anmerken, sondern machte die typische Geste eines Rauchers, sodass ich verstand, was er meinte. „Non-smoker", stieß ich hervor. Wer konnte auch ahnen, dass man hier die Gäste nach Rauchern und Nichtrauchern unterschied?

Er lächelte und sagte: „Please follow me."

Dann ging er mit uns durch den Frühstücksraum zum Nichtraucherbereich. Als wir so hinter ihm hergingen, war ich richtig froh, dass ich meinen guten Anzug angezogen hatte. Alles war hier so vornehm, dass ich mich wohl geschämt hätte, wenn ich leger gekleidet gewesen wäre. Dass man wahrscheinlich auf den ersten Blick sah, dass ich einen ziemlich billigen Anzug von der Stange trug, war mir in diesem Moment nicht bewusst.

Wir wurden an einen der noch recht zahlreichen freien Tische geführt, der schon mit den wichtigsten Frühstücksutensilien versehen war. Der vornehme Oberkellner zog uns den Stuhl vom Tisch ab und schob ihn wieder heran, als wir uns zwischen Tisch und Stuhl aufgestellt hatten. Dann verließ er uns, um sich neuen Gästen zuzuwenden.

Kaum war er weg, da kam seine Kollegin, die uns freundlich begrüßte und frage: „Tea or coffee?"

Wir entschieden uns für Kaffee und sie goss ihn uns ein. Dann wies sie auf das reichlich ausgestattete Büfett und sagte: „Help yourself", was wir als Einladung verstanden so viel wie möglich von den Köstlichkeiten zu essen.

Zu unserer Verwunderung hätte man am frühen Morgen schon Sekt trinken und Austern essen können, was wir allerdings vermieden.

Schon meine Oma hatte immer zu mir gesagt: „Junge, iss nur so viel, wie mit aller Gewalt reingeht!" Deshalb hörte ich nach einer Weile auf zu essen und wartete geduldig bis meine Frau auch endlich satt war.

Mehr als gesättigt verließen wir das Restaurant und am Ausgang wünschte man uns einen schönen Tag.

Nachdem wir uns im Zimmer vom Essen erholt hatten, starteten wir unsere Stadtbesichtigung, die zuerst mit dem Linienbus erfolgen sollte. Wir bewunderten die ordentliche Warteschlange, die die Londoner an den Bushaltestelle bildeten. Als der Bus endlich eintraf, kam er für uns aus der falschen Richtung. Wir zeigten dem Fahrer unsere Dauertickets und kletterten auf das Oberdeck. Von dort aus hatte man einen tollen Blick. Zwar war uns Berlinern die Fahrt im Doppelstockbus vertraut, aber durch so eine tolle Stadt auf der linken Seite waren wir noch nie unterwegs gewesen.

Der Bus wurde immer leerer und wir schienen uns dem Stadtrand zu nähern. Da wir in der ersten Reihe saßen, hatten wir gar nicht bemerkt, dass wir die einzigen Fahrgäste waren und als der Bus wieder hielt und wir keine Anstalten machten, ihn zu verlassen, sprach der Busfahrer etwas in sein Mikrofon, das wir nicht verstanden, das sich aber auch nicht sehr freundlich anhörte. Es kam so etwas wie „get off" darin vor und so ahnten wir, dass wir wohl an der Endhaltestelle angekommen waren und aussteigen müssten.

Wir taten das, um uns gleich wieder an der Einstiegsstelle anzustellen, denn in dieser Gegend gab es absolut nichts zu besichtigen. Als wir in denselben Bus einstiegen, verdrehte der Fahrer die Augen, sagte aber nichts.

So fuhren wir zurück ins Zentrum und stiegen dort aus. Wir hatten einen Stadtplan von London dabei, in dem die wichtigsten Sehenswürdigkeiten markiert waren und nach dem richteten wir uns. So erkundeten wir Soho, das überhaupt nicht so verrucht war, wie in den Krimis geschildert. Interessant war auch der Covent Garden.

Als wir nicht mehr laufen konnten, benutzten wir die U-Bahn. Es machte Spaß damit zu fahren, wenngleich sie auch ziemlich alt und dreckig war. Immerhin ist die Londoner U-Bahn die älteste der Welt und das sah man ihr an. Bemerkenswert war, dass die Linien Namen hatten und nicht Nummern wie bei uns in Berlin. Außerdem hat jede Linie eine eigene Farbe.

Ich gewöhnte mich schnell an den Ausdruck „Underground", den die Londoner für ihre U-Bahn verwenden und ernte seither immer erstaunte Blicke, wenn ich in anderen englischsprachigen Städten nach der „Underground" frage.

Wir fuhren zur Oxford Street und bestaunten die vielen Läden, dann fuhren wir zu Harrods, dem größten Warenhaus Europas. Die Preise waren jedoch überall so hoch, dass wir nichts kauften.

Danach gönnten wir uns - gewissermaßen als krönenden Abschluss des Tages - noch eine Fahrt mit der Tube, wie der andere Spitzname der Londoner U-Bahn lautet, nach Greenwich. Wir stiegen in Cutty Sark aus und liefen noch ein paar Minuten zum Nullmeridian im Royal Greenwich Observatory. Wie wohl unzählige Touristen vor uns und mindestens genau so viele nach uns stellten wir uns breitbeinig über die gezeichnete Linie am Boden und witzelten, dass nun das eine Bein eine Stunde älter sei als das andere. Bei der Gelegenheit erfuhr ich, dass Greenwich nicht wie green ausgesprochen wird, sondern mehr wie grehn. Dabei war ich schon so stolz gewesen, dass ich wusste, dass das w nicht mitgesprochen wird.

Nachdem wir uns den Ort der Greenwich Mean Time ausführlich angesehen hatten bemerkten wir, dass die Wirkung des üppigen Frühstücks nachgelassen hatte und wir nun Hunger bekamen. Wegen der hohen Preise in den Restaurants wählten wir ein greasy spoon, wie diese kleinen billigen Restaurants genannt werden und suchten in dessen Speisekarte nach etwas besonders Preiswertem. Fish and Chips gab es leider nicht. Das günstigste schien ein uns unbekanntes Gericht namens Lasagna zu sein. Das wollten wir beide nehmen. Dummerweise hatte ich diesen Namen noch nie gehört und wusste nicht wie man ihn aussprach. Als der Kellner kam, bestellte ich genuschelt zwei „Lesetschnes", was den Kellner wunderte, denn er kannte das nicht. Zum Glück hatte ich den Daumen in der Speisekarte gelassen und konnte schnell zeigen, was ich meinte. Er lächelte als er fragte: „Two Lasagnas for you?" Ich nickte und er verschwand in Richtung Küche. Er hatte das Wort eher italienisch ausgesprochen als englisch. Das sollten wir nun wissen!

Als die Lasagne kam, stürzten wir uns hungrig darüber und verbrannten uns gehörig den Mund. Wer konnte auch ahnen, dass das Zeug innen noch so lange dermaßen heiß war? Geschmeckt hat es trotzdem.

Der Tag war noch jung und wir waren voller unbändigem Tatendrang. Um möglichst viel zu sehen, kreuzten wir mit Tube und Bus durch die Stadt. Wir blieben einfach sitzen bis zur Endstation. Das befriedigte meine Freude am U-Bahn- oder Bus-Fahren und brachte uns in Ecken von London, die wir nur dem Namen nach kannten. So landeten wir einmal in Wimbledon, dem Ort an dem Steffi Graf und Boris Becker so erfolgreich gewesen waren. Ein anderes Mal standen wir vor dem Wembley Stadion, der Stelle, an der mir mein 18. Geburtstag vermiest worden war, als am 30. Juli 1966 die deutsche Fußballnationalmannschaft gegen die englische im Finale verlor wegen dieses umstrittenen Tors.

Immer wieder mussten wir höllisch aufpassen, wenn wir eine Straße überquerten. Wir Deutschen lernen von Kindheit an, erst nach links und dann nach rechts zu schauen. Das ist bei Linksverkehr natürlich genau umgekehrt. Wenn man nach links schaut und schon mal einen Fuß auf die Straße setzt, weil von links nichts kommt, kann es passieren, dass der Fuß gleich überrollt wird. Wahrscheinlich deswegen hat man an vielen Stellen auf die Straße geschrieben „LOOK RIGHT →".

Einmal standen wir in einem Außenbezirk an einem sogenannten Request Stop. Dort halten die Busse nur, wenn man ihnen deutlich zu erkennen gibt, dass man mitfahren möchte. Nachdem wir sehr lange gewartet hatten, fuhr ein Bus an uns vorbei. Wir hatten mal wieder in die falsche Richtung geschaut und ihm demzufolge kein Zeichen gegeben.

Nachdem wir in einem zünftigen Pub schales englisches Bier und je eine Portion Fish and Chips zu uns genommen hatten, fuhren wir zurück ins Hotel.

Unser Zimmer war wieder in einem perfekten Zustand. Die Betten waren frisch bezogen und im Bad gab es neue Handtücher und wieder das volle Sortiment an Körperpflegeutensilien.

Am nächsten Morgen gingen wir etwas entspannter zum Frühstück, denn wir hatten gesehen, dass es morgens noch viel länger Frühstück gab als wir es vermutet hatten.

Am Eingang des Restaurants wurden wir wieder von dem vornehmen Kellner begrüßt. Diesmal fügte er allerdings „Happy Easter" hinzu. Er hatte sich unsere Zimmernummer gemerkt und wusste auch noch, dass wir nicht rauchten. So führte er uns direkt an einen freien Tisch im Nichtraucherbereich. Nach Auswahl des Getränks versuchten wir wieder das Büfett leer zu essen, was uns aber auch an diesem Morgen nicht gelingen wollte.

Während wir noch beim Essen waren, wurde ein etwas unkonventionell aussehender Herr am Nachbartisch platziert. Er hatte die Haare zum Pferdeschwanz zusammengebunden und seine Kleidung sah auch nicht gerade vornehm aus. Er war wohl eher der Künstlertyp.

Wir hatten uns gerade wieder in unser Frühstück vertieft, da schreckte uns ein Knall am Nachbartisch auf. Der Künstler stand bedeppert da mit einer leeren Cornflakes-Tüte in den Händen und um ihn herum verstreut lagen die Cornflakes. Auch zwei Kellner hatten das Geräusch gehört und eilten hinzu. Ohne Worte brachten sie sein Geschirr zu einem anderen freien Tisch, wo er sich hinsetzen konnte. In wenigen Minuten hatten sie seinen mit Cornflakes übersäten Tisch abgeräumt und neu gedeckt. Dann saugten sie noch die verstreuten Cornflakes vom Fußboden auf und alles war vergessen. Nur der Pechvogel meinte, uns noch eine Erklärung schuldig zu sein, indem er sagte: „I just tried to open this bag but it exploded." So wie er sprach, war er auch kein Muttersprachler, aber deswegen verstand ich ihn wohl auch so gut. Wir nickten lächelnd zu ihm herüber und aßen weiter.

Ein Topf, der scheinbar jeden Morgen auf kleiner Flamme vor sich hin köchelte und von dem aber niemand aß, weckte mein Interesse. Als ich neugierig den Deckel lüftete, sah ich nichts weiter als eine undefinierbare breiige Masse. Ab und zu kümmerte sich einer der Kellner darum und verstellte die Temperatur der Kochplatte. Ich hatte keine Lust zu kosten und wunderte mich nur, warum man so ein Gericht bereit hielt, das offensichtlich niemand essen wollte.

Als ich noch sinnend in den Topf starrte, kam ein Kellner, sah meinen fragenden Blick und erklärte mir, dass es sich dabei um Porridge handelte, das in keinem guten englischen Hotel fehlen dürfe. Falls mal ein Lord hier frühstücken wollte, würde es einen Riesenärger geben, falls Porridge fehlte.

Ich hoffte nur, sie würden jeden Tag dasselbe aufwärmen, denn wenn sowieso niemand davon isst, wäre es doch schade, täglich alles wegzuwerfen und neu zu kochen.

Frisch gestärkt verließen wir das Hotel, um erneut die Stadt unsicher zu machen.

Wir waren schon mehrmals im Bus über die Tower Bridge gefahren, aber jetzt wollten wir sie uns einmal genauer ansehen. Außer den Fahrkarten für den Nahverkehr beinhalteten unsere Welcome Cards auch eine große Anzahl von Gutscheinen für kostenlosen oder zumindest verbilligten Eintritt in Londoner Touristenattraktionen. Für die Tower Bridge war auch einer dabei und so zückte ich die beiden Hefte und ging zur Kasse. Ich bestellte zwei Tickets für die Brücke und zeigte die entsprechenden Seiten in den Gutscheinheften. Die Kassiererin sagte etwas zu mir und ich verstand nur „Tear off". Das wiederholte sie mehrmals und wurde dabei immer lauter und ungeduldiger. Okay, es wehte ein kalter Wind über die Brücke und trieb uns die Tränen in die Augen, aber ich fand, das gab ihr nicht das Recht über meine feuchten Augen herzuziehen. Nachdem ich auch nach der dritten Wiederholung nichts verstanden hatte, nahm sie mir das Heft weg und riss die Seite heraus. Jetzt wusste ich, was sie gemeint hatte. Tear off schien wohl herausreißen zu heißen und hatte nichts mit Tränen zu tun.

Wir besichtigten die Brücke von außen und von innen und wurden in einem Saal von unserem Guide ziemlich erschreckt, indem er uns erklärte, dass in diesem Raum schon viele Menschen zerquetscht worden seien, weil sich eines der Gegengewichte der Brücke in diesen Raum hinein bewege. Dann verabschiedete er sich hastig und im nächsten Moment kam auch schon ein riesiger Stahlzylinder auf uns zu. Wir hatten keine Chance zu entkommen, denn wir standen mit dem Rücken an der Wand und alle Türen waren zu. Die Frauen kreischten. Meine Frau schmiegte sich ängstlich an mich, denn auch sie glaubte, dass unser letztes Stündlein geschlagen habe. Ich sagte mir und ihr, dass es unmöglich sei, dass man hier harmlose Touristen massenhaft umbringe, denn immerhin waren wir nicht allein, aber je näher das Gegengewicht kam, umso unsicherer wurde auch ich. Aber kurz bevor wir wirklich erdrückt wurden, blieb das Gewicht stehen und alle lachten erleichtert auf.

Auf diese Weise bekamen wir eine Ahnung vom britischen Humor.

Nachdem wir wie durch ein Wunder wieder an das Sonnenlicht gekommen waren, kletterten wir viele Stufen hoch, um aus einer Höhe von etwa 40 Metern auf London und die Tower Bridge herabzublicken, was wirklich sehr viel Spaß machte.

Wieder auf der Straße zurück, waren wir immer noch motiviert und beschlossen deshalb zu Madame Tussauds zu fahren, um uns die weltberühmten Wachsfiguren anzusehen.

Wir überquerten eine große Straße, um zur Bushaltestelle zu gelangen. Der Bus, der kam hatte auch die richtige Nummer, aber als wir einstiegen und unsere Touristenkarte vorzeigten fragte die Busfahrerin: „What's your destination?"

Von destination war nach meiner Erinnerung bei BBC nie die Rede gewesen, weshalb ich mal wieder nichts verstand. Ich dachte es sei etwas mit den Fahrkarten nicht in Ordnung und schaute verwirrt auf diese und die Fahrerin. Sie war geduldig und verständnisvoll, weshalb sie die Frage anders stellte. „Where do you want to go?"

„Baker Street", antwortete ich verwundert darüber, dass ich das Ziel der Busfahrt angeben musste. Kaum hatte ich es ausgesprochen, da erklärte und zeigte sie uns, dass dies hier die falsche Richtung sei. Wohl alle Fahrgäste unterstützten sie in ihrem Bemühen, uns zu zeigen, dass wir auf die andere Straßenseite müssten, um dort einzusteigen.

Wir verstanden und bedankten uns. Dann verließen wir den Bus und wechselten erneut die Straßenseite.

Dieser Vorfall zeigte uns erneut, dass es selbst als Fußgänger Schwierigkeiten mit dem Linksverkehr gibt. Aber immerhin hatte die freundliche Busfahrerin mitgedacht und wusste, dass Touristen eigentlich eher in die andere Richtung fahren wollten.

Wir fuhren also bis zur Baker Street. Dann gingen wir zum Eingang von Madame Tussauds. Da sahen wir schon wieder Himmel und Menschen. Die Schlange war extrem lang und ich brauchte keine großen Überredungskünste, damit meine Frau zustimmte, dass wir dieses Etablissement ausließen. Stattdessen gingen wir wieder zurück zur Baker Street, die mir ja als Heimat des legendären Detektivs Sherlock Holmes bekannt war. Meine Erinnerung trog mich nicht, denn in der Baker Street befindet sich aus diesem Grund das Sherlock Holmes Museum, das wir besuchten. Es war nur ein kleines Museum, das Räume und Gegenstände zeigte, wie man sie sich beim Lesen der Sherlock Holmes Bücher immer vorgestellt hatte.

Wir waren schnell wieder aus dem Museum heraus und konnten es uns nicht verkneifen bei einem arabischen Bäcker auf der anderen Straßenseite Bienenstich zu essen und dazu Kaffee zu trinken.

An diesem Tag sahen wir viele weitere Sehenswürdigkeiten von London. Wie an den Tagen zuvor richteten wir uns dabei nach einem Reiseführer, der zeigte, wie man mit wenig Geld möglichst viel von London sehen kann. Immerhin musste man auch bei Benutzung der Welcome Card meistens noch eine ganze Menge Geld zuzahlen, um irgendwo hineinzukommen.

Am Piccadilly Circus überraschten uns eine riesige Leuchtreklame und eine große Demonstration arabischer Zuwanderer.

Abends gingen wir zu McDonald's essen. Das war allerdings in London auch teurer als in Berlin.

Auch die letzte Nacht schliefen wir in den großen weichen Hotelbetten wie in Abrahams Schoß.

Am nächsten Morgen nahmen wir wieder unser Frühstück ein, dann mussten wir leider Abschied nehmen.

Wir packten die Koffer und vergaßen auch nicht die drei Zeitungen, die wir vom Hotel bekommen hatten, einzupacken. Das war ein ganz schönes Gewicht, aber ich wollte sie unbedingt zu Hause lesen. In London hatte ich dafür keine Zeit gehabt oder war zu müde.

Ein Blick ins Portemonnaie zeigte uns, dass wir von den 100 £ gerade noch das Fahrgeld zum Flughafen übrig hatten.

Als wir zur Rezeption kamen, um auszuchecken, wurden wir unangenehm überrascht. Die Rechnung, die wir erhielten, wies die Kleinigkeit von 60 £ für drei Mal Frühstücksbüfett auf. Wie hypnotisiert folgten wir der Anweisung zur Kasse zu gehen. Ich war froh, dass ich ein paar Euroschecks eingesteckt hatte. Die würde ich jetzt wohl brauchen.

An der Kasse zeigte ich die Rechnung vor und zückte schon das Scheckheft, da sagte die freundliche junge Dame hinter dem Schalter plötzlich auf Deutsch: „Sie brauchen nichts zu bezahlen."

Wir schauten sie entgeistert an. Das war ja eine unerwartete Wendung, die wir im ersten Moment kaum glauben konnten. Sie fuhr fort: „Ich komme aus Deutschland und bin hier zum Praktikum. Warten Sie bitte einen Moment, ich spreche nur schnell mit meiner Kollegin."

Wir sahen, wie sie ihren Schalter verließ und zu der Kollegin ging. Sie sprachen einige Worte miteinander, dann zerriss die Engländerin die Rechnung. Wir bekamen eine neue über Null Pfund und dankten unserer Wohltäterin.

Ein bereitstehender Hotelpage nahm unser Gepäck und trug es vor die Tür. Er war schon auf dem Weg zum ersten Taxi in der Schlange, wir aber nahmen ihm die Koffer dankend ab und gingen zur nächsten U-Bahnstation, die ganz in der Nähe des Hotels war.

Als wir viel zu früh am Flughafen ankamen, bemerkte ich, dass ich vergessen hatte, meine Uhr umzustellen, und war somit der britischen Zeit eine Stunde voraus. Trotzdem konnten wir sofort einchecken. Ich nutzte die Wartezeit, um das Treiben auf diesem großen internationalen Flughafen zu beobachten.

Schließlich war unser Flugzeug bereit und wir durften einsteigen. Während wir zurückflogen, bilanzierte ich, dass es ein toller Trip mit positiven Überraschungen gewesen war. Als alter Beatles-Fan hatte ich auch versucht, einige Orte in London zu besuchen, die ich aus ihren Liedern und dem Beatles-Buch, das ich besaß, kannte. Leider war es mir nicht gelungen, die Penny Lane zu finden, die in dem gleichnamigen Lied besungen wurde. Im Flugzeug wurde mir plötzlich bewusst, dass die eigentliche Heimat der vier Beatles ja Liverpool war. Dann war die Penny Lane ganz sicher dort. Da mussten wir eben auch einmal nach Liverpool fliegen. Ich war bereit!

Genf

Wie im Sommer zuvor wollten wir auch im Jahr 1992 die schönste Zeit des Jahres in den Bergen verbringen. Da es uns in Pfronten so gut gefallen hatte, war es unser Plan wieder ins Allgäu zu fahren.

Eine Unterkunft wollten wir erst dort suchen, denn inzwischen hatten wir die Erfahrung gemacht, dass es vor Ort immer schöne Pensionen mit freien Zimmern gab. Inzwischen besaßen wir ein tolles Westauto, welches uns zügig und komfortabel an unser Ziel bringen sollte. Nach vielen Recherchen hatte ich mich entschlossen einen Mitsubishi Colt zu kaufen. Die Zuverlässigkeit der japanischen Autos war ja legendär und allzu teuer war er auch nicht.

Unser ältester Sohn und seine Freundin waren mit unserem alten Wartburg eine Woche zuvor in Richtung französische Atlantikküste aufgebrochen und unser Jüngster sollte und wollte während unserer Abwesenheit das Haus hüten.

Unser Urlaub war von unseren Arbeitgebern genehmigt und so stand der Abreise am nächsten Sonnabend nichts mehr im Wege.

„Erstens kommt es anders und zweitens als man denkt" lautet ein Spruch, den ich in meiner Jugend oft gehört hatte. Der Wahrheitsgehalt dieser Weisheit wurde uns in jenem besagten Sommer wieder einmal vor Augen geführt.

Am Donnerstag vor unserem Urlaub rief unser Sohn an und teilte uns mit, dass seine Freundin in einem Genfer Krankenhaus liege, da ihr der Blinddarm herausgenommen werden musste. Er zeltete auf einem französischen Campingplatz in der Nähe von Genf, da für ihn die Schweiz zu teuer war. Er fragte uns, ob wir zu ihnen kommen könnten, um sie beide zu unterstützen – moralisch und materiell. Die Stadt hieß Gex und dort gebe es auch ein kleines nettes Hotel, in dem wir wohnen könnten, wenn wir wollten.

Natürlich sagten wir sofort zu. Wir planten um und so wurde aus dem Ostallgäu die Westschweiz.

Zum Glück war meine Frau darauf bedacht, einen Tag vor jeder Reise freizunehmen, sodass sie an diesem Freitag auch zu Hause war. Ich war froh, dass sie einige Dinge erledigen konnte. Sie sollte französische Franc und Schweizer Franken besorgen. Ich wollte gleich nach der Arbeit zum ADAC gehen und die für die Schweizer Autobahn obligatorische Vignette kaufen sowie mir ein Tourset für die Westschweiz zusammenstellen lassen.

Alles funktionierte ohne Probleme und so konnten wir schnell unsere Koffer packen. Zu den schönen fast neuen Wanderstiefeln nahmen wir auch noch etwas elegantere Schuhe mit, denn wir vermuteten, dass es in Genf sehr vornehm zugehen würde. Deshalb packten wir auch noch etwas Ordentliches zum Anziehen zu den Jeans. So waren wir bis in die Nacht damit beschäftigt, unsere Koffer zu packen und alle anderen Reisevorbereitungen zu treffen.

Am nächsten Morgen um fünf Uhr standen wir auf, denn es waren schließlich mehr als 1100 km von Berlin nach Genf, die wir an einem Tag zurücklegen wollten. Wir verzichteten darauf, unseren noch bei uns wohnenden jüngsten Sohn zu wecken. Er war erst am frühen Morgen von einer Party nach Hause gekommen und schlief tief und fest.

Gegen sieben Uhr fuhren wir bei schönstem Wetter los, nachdem ich die Vignette unter den Scheibengummi geklemmt hatte. Ich wollte mir auf keinen Fall die Frontscheibe mit Aufklebern wie diesem verschandeln.

Etwas aufgeregt waren wir schon, denn so weit westlich waren wir mit dem Auto noch nie vorgedrungen, aber wer es nach Bulgarien geschafft hatte, der sollte doch auch ohne Probleme nach Genf kommen.

Nachdem wir den Berliner Ring verlassen hatten, befuhren wir für eine viel zu lange Zeit die A9 in Richtung Leipzig. Die Autobahn war in einem grauenhaften Zustand, sodass man es kaum wagte, schneller als 80 Stundenkilometer zu fahren. Nach einer gefühlten Ewigkeit erreichten wir die ehemalige Grenze zwischen Ost- und Westdeutschland, die nun nur noch eine Landesgrenze war. Sofort wurde die Autobahn besser. Endlich konnte ich dem Mitsubishi Colt mal so richtig die Sporen geben und freute mich, wie schnell wir vorankamen. Es machte einfach Spaß auf diesen Westautobahnen mit unserem neuen Auto zu fahren. Wir fielen nicht mehr auf, denn niemand erkannte in uns die Ossis. Immerhin hatten auch wir das B für Berlin am Nummernschild und keiner konnte wissen ob wir Ost- oder Westberliner waren.

Bei Neuendettelsau verließen wir die Autobahn, da wir Hunger hatten. Im Ort fanden wir ein Restaurant und aßen dort. Das Wetter war schön und wir setzten uns in den Vorgarten. Wir waren die einzigen Gäste, konnten aber inzwischen gut damit umgehen. Das Essen war gut und auch die Bedienung war flott bis zu dem Moment, da wir fertig waren und zahlen wollten. Wir saßen eine halbe Stunde vor unseren leeren Tellern und warteten darauf, dass der Kellner abräumen und kassieren würde. Als es uns dann zu bunt wurde, stand ich auf und ging in das Innere des Restaurants. Dort war kein Mensch. Ich rief „Hallo!" und versuchte mich auf andere Weise bemerkbar zu machen. Ich klapperte mit Stühlen und trampelte über den Holzfußboden wie eine Elefantenherde. Niemand erschien.

Als ich in die Küche blickte war da auch niemand. Entweder war das gesamte Personal entführt worden oder sie hatten spontan einen Betriebsausflug gemacht. Ich ging zurück zu meiner Frau, die immer noch ungeduldig vor den schmutzigen Tellern saß.

Eine Weile berieten wir, was wir in diesem Fall tun könnten. Gab es eigentlich eine Zeit, nach der man ohne zu bezahlen das Restaurant verlassen durfte? Sollte man das Geld einfach so unter den Teller klemmen und gehen? Aber was, wenn andere Gäste kämen und es einfach an sich nähmen?

Wir entschieden höchstens noch eine Viertelstunde zu warten und uns dann zu entfernen. Jetzt ging meine Frau ins Haus, um die Toilette zu suchen. Als sie wiederkam und wir aufbrechen wollten, kam der Kellner. Ich bat verärgert um die Rechnung. Es dauerte auch nicht mehr allzu lange, da hatten wir sie schon in den Händen. Der Ober staunte sicher nicht schlecht, als ich mir das Wechselgeld auf den Pfennig genau herausgeben ließ, aber daran war er selber schuld.

Mit viel zu großer Verspätung kehrten wir auf die Autobahn zurück. Ich drückte auf die Tube, um die Verspätung aufzuholen. Es war einfach toll, so dahinzufliegen - wenn auch nur tief.

Gern wollte ich diesen Spaß mit meiner Frau teilen und so tauschten wir bei der nächsten Pause die Plätze. Sie sollte auch mal ans Steuer. Sie zierte sich etwas, aber schließlich konnte ich sie doch überreden und so setzte sie sich ans Lenkrad. „Aber ich fahre nicht so schnell wie du!", rief sie und ich nickte. Das war mir auch ganz lieb so.

Es gab vieles einzustellen, denn sie ist ein ganzes Ende kleiner als ich. Als alle Vorbereitungen erledigt waren, fuhren wir los. Ich musste ihr helfen den Rückwärtsgang zu finden, um aus der Parklücke herauszukommen. Dann ging es ziemlich ruckelig über den Parkplatz und ich musste ihr immer wieder beim Hochschalten assistieren. Als wir den Parkplatz verließen, half ich ihr beim Einfädeln in den fließenden Autobahnverkehr. Dann blieb sie in der rechten Spur. Sie musste sich erst daran gewöhnen, dass das neue Auto fünf Vorwärtsgänge hatte und dass man den fünften Gang auch benutzen konnte. Als wir endlich bis auf 100 Stundenkilometer beschleunigt hatten, tauchte vor uns ein LKW auf, der nur 80 km/h fuhr. Ich sah mich um, fand dass in der linken Spur eine ausreichend große Lücke war und sagte: „Du kannst überholen." Sie blickte in den Rückspiegel, sah wahrscheinlich am Horizont ein Auto, bremste und sagte: „Nein ich überhole jetzt nicht, da kommt ein Westwagen." Sie fuhr weiter auf der rechten Spur. Auch mein Einwand, dass auch wir jetzt einen Westwagen hatten, half nicht. Als ich dann noch hinzufügte, dass wir bei diesem Schneckentempo bis zum Abend wohl nicht in Genf ankommen würden, war sie eingeschnappt. Sie zuckelte weiter hinter dem LKW her und fuhr dann auf den nächsten Parkplatz, um wieder auf den Beifahrersitz zu wechseln und mir das Lenkrad zu überlassen.

So war sie keine 100 km gefahren, aber völlig erschöpft und ich weiß nicht, ob vom Fahren oder von meinen kritischen Äußerungen. Jedenfalls fuhr ich weiter und sie schlief erst mal eine Weile. Den Autoatlas hatte sie auf dem Schoß.

Glücklicherweise konnte ich weiterhin die Autobahn benutzen, sodass das Zurechtfinden kein Problem war. Der Vollständigkeit halber sei hier erwähnt, dass es Navigationsgeräte für alle erst gute 10 Jahre später gab.

Bei Heidelberg wechselten wir auf die A5. Nach einer ganzen Weile brauchten wir mal wieder eine Pause und fuhren auf einen Parkplatz. Dort parkten wir neben einem rumänischen Auto. Der Fahrer sprach ein wenig deutsch und fragte nach dem Weg nach Strasbourg. Ich zeigte in die Richtung, in der ich Straßburg vermutete. Dann fiel mir etwas Besseres ein. Ich griff ins Auto und holte den Autoatlas heraus, den mir ein Westberliner kurz nach der Wende geschenkt hatte. Damals war ich sehr dankbar gewesen, dass mir jemand so etwas Wertvolles schenkte. Inzwischen hatte ich schon Autoatlanten von der Autoversicherung und dem ADAC bekommen, sodass ich problemlos auf einen davon verzichten konnte. Also schenkte ich dem jungen Rumänen den Atlas und hatte viel Freude daran zu sehen, wie er sich freute. Schon in der Bibel steht: „Geben ist seliger denn Nehmen." Dem konnte ich in diesem Moment nur beipflichten. Jetzt waren wir schon auf der Seite der Gebenden angekommen. Welch ein schönes Gefühl!

Nach einigen Minuten setzten wir unsere Reise fort. Wir kamen an Städten wie Karlsruhe, Offenburg und Freiburg vorbei und sahen zum ersten Mal den Rhein, der rechts neben uns floss. Als wir Weil am Rhein erreicht hatten, zogen von Westen her bedenklich dunkle Wolken auf. Es sah nach einem richtigen Unwetter aus, zumal es auch noch anfing zu blitzen und zu donnern. Die Grenze zur Schweiz passierten wir bei strömendem

Regen und bald darauf konnten wir gar nicht mehr weiterfahren, denn die Sichtweite betrug keine fünf Meter. Wir flüchteten uns mit dem Auto unter das Dach einer Tankstelle und warteten bis sich der schlimmste Regen verzogen hatte. So begrüßte uns die Schweiz bei unserer ersten Einreise.

Wir ließen uns dennoch nicht entmutigen und setzten unsere Fahrt unverdrossen fort, sobald es möglich war. Leider verhinderte der immer noch starke Regen, dass wir die Schönheit der Landschaft rechts und links der Autobahn wahrnehmen konnten.

Im Autoradio hatte ich einen lokalen Sender eingestellt und freute mich über den Schweizer Dialekt. Draußen war es so dunkel, dass man annehmen konnte, es sei schon Nacht. Zum Glück war die Autobahn in einem sehr guten Zustand und das Verkehrsaufkommen war gering, gemessen an deutschen Verhältnissen.

Kurz hinter Bern wechselten wir von der A1 auf die A12. Auch sie war gut zu befahren. Mehrmals mussten wir das Radio umstellen, wenn wir aus einem Sendebereich herausgekommen waren und nur noch Rauschen hörten.

Bei Freiburg war plötzlich alles anders. Wir fuhren durch einen Tunnel und als wir wieder herauskamen war die Welt plötzlich eine andere. Freiburg war nämlich in Wirklichkeit Fribourg und sehr französisch. Wir fanden keinen deutschsprachigen Sender mehr. Die Verkehrsschilder sahen zwar noch so aus wie bei uns, aber die Zusatzinformationen waren in französischer Sprache und damit für uns unverständlich.

Manchmal lachten wir über Zusätze wie „Sauf Service" oder „Rappel". Spontan fiel uns für das erste Schild nur die unsinnige Erklärung ein, dass es ein Hinweis für Alkoholiker sein könnte. Beim zweiten wusste meine Frau sofort, was es bedeutete. Oft lasen wir „Rappel" an Schildern für Geschwindigkeitsbegrenzungen und meist fuhr man danach über waschbrettartige Straßenabschnitte, sodass das ganze Auto rappelte.

So war der Eintritt in die frankophone Welt ein Sprung ins kalte Wasser, aber für mich der Beginn einer großen Liebe.

Es war schon spät, als wir endlich den Genfer See erreichten. Dann fuhren wir noch über eine Stunde bis wir in Genf ankamen. Wir fuhren über die Grenze und waren zum ersten Mal in Frankreich.

In Gex fanden wir den Campingplatz, aber nicht unseren Sohn. Am Eingang des Geländes gab es einen kleinen Ausschank, an dem mehrere Engländer saßen. Das freute mich, denn so konnte ich mich mit Ihnen verständigen.

„Good evening Gentlemen! Excuse me asking you, did you see a yellow east German car looking like a wall unit?"

Diese etwas umständliche Formulierung einer Frage hatte ich bei der BBC gelernt und verwende sie oft, da ich großen Respekt vor der sprichwörtlichen Höflichkeit der Briten habe und nicht dagegen verstoßen will.

Die Frage war auch tatsächlich gut angekommen, denn die Herren berichteten mir, dass sie tatsächlich einen jungen Mann in einem solchen Auto beim Verlassen des Platzes gesehen hätten. Der Vergleich mit der Schrankwand war sicherlich hilfreich gewesen. Ich bat sie, wenn sie ihn noch einmal sehen sollten, ihm zu sagen, dass seine Eltern eingetroffen seien.

Wahrscheinlich war er noch einmal ins Krankenhaus zu seiner Freundin gefahren. Kein Problem für uns. Dann suchten wir eben inzwischen eine Unterkunft. Unser Sohn hatte uns so genau beschrieben, wo sich das Hotel befand, dass wir es auf Anhieb fanden. Nach kurzer Zeit standen wir vor dem Haus.

Inzwischen hatten wir ja schon einige Erfahrungen mit den Abläufen in Hotels, wenn wir auch diesmal keinen Voucher hatten, der alles erklärte.

Ein junger Mann erschien an der Rezeption und begrüßte uns freundlich mit „Monsieur, Dame" und ich antwortete: „Hello."

Dann begann ich auf Englisch ein Zimmer zu buchen. Leider sah ich nach einigen Worten an seinem Gesichtsausdruck, dass er kein Wort verstand. Mit Deutsch klappte es auch nicht besser.

Von meiner Mutter, die in ihrer Kindheit mal Französisch gelernt hatte, meinte ich zu wissen, wie man auf Französisch sagt, dass man nicht französisch spricht. Vor allem wusste ich, dass die Franzosen immer alles doppelt verneinen, weshalb das Wörtchen „pas" nie fehlen darf. Also sagte ich den einzigen französischen Satz, den ich kannte und hoffte nur, dass es nicht zu perfekt klang, denn das wäre ein Widerspruch in sich gewesen.

„Je ne parle français pas."

Es klang wohl wirklich nicht perfekt, denn er musste sich das Lachen verkneifen, aber wusste jetzt Bescheid und nickte. Wahrscheinlich dachte er (natürlich auf Französisch): „Ja, das höre ich."

Ich beschränkte mich also auf Gesten. Das Anfassen einer Gesichtshälfte mit der flachen Hand, wobei der Kopf in Richtung Hand geneigt wird, schien mir ein internationales Zeichen für Übernachtung zu sein. Er nickte erfreut und fragte etwas in dem das Wort „Chambre" vorkam. Das hörte sich so ein bisschen wie Kammer an und ich nickte. Dann fragte er natürlich, für wie lange wir das Zimmer brauchten. Das verstand ich zwar nicht, aber es war klar, was er meinte. Wir wollten eine Woche bleiben – also bis nächsten Sonnabend. Ich sagte, dass wir eine Woche bleiben wollten und zeigte dazu sieben Finger. Er fragte: „Au dimanche?" Ich nickte erfreut, da nun offenbar alles klar war.

Wir bekamen den Schlüssel und brachten unser Gepäck aufs Zimmer. Es war natürlich nicht so komfortabel wie im Intercontinental in London, aber sehr zweckmäßig ausgestattet.

Nachdem wir uns ein wenig frisch gemacht hatten, fuhren wir erneut zum Campingplatz, wo wir unseren Sohn auch antrafen.

Seiner Freundin ging es gut. Wir luden ihn ein, mit uns essen zu gehen, denn wir hatten einen riesigen Hunger und er hatte wahrscheinlich vor Aufregung und Sparsamkeit auch schon lange nichts Vernünftiges gegessen.

Es gab ein nettes kleines Restaurant in der Nähe unseres Hotels. Dort nahmen wir unser Abendessen ein. Da unser Sohn schon einen Französischkurs besucht hatte, war die Auswahl der Speisen und Getränke an diesem Abend einfach. Während er bei Wasser blieb, bestellten wir uns mit seiner Hilfe eine Flasche Wein, die wir dann auch bis auf den Grund leerten.

Wir mussten nur noch über die Straße, um ins Hotel zu kommen und unser Sohn fuhr ein kleines Stück zu seinem Campingplatz. Unser Angebot, sich auf unsere Kosten ebenfalls ein Zimmer zu nehmen, lehnte er ab.

In dieser Nacht schlief ich tief und fest. Da kam einiges zusammen: Die weite Fahrt, das fremde Land mit der unbekannten Sprache und der Wein. Außerdem waren wir erst nach Mitternacht ins Bett gekommen.

Am nächsten Morgen wachte ich spät auf. Nach meiner Morgentoilette weckte ich meine Frau. Als auch sie soweit war, gingen wir herunter in den Frühstücksraum.

Der nette junge Mann von gestern Abend - wohl der Betreiber des Hotels - war schon wieder oder immer noch im Dienst und servierte das Frühstück. Er begrüßte uns mit „Bonjour" und fragte, ob wir Tee oder Kaffee wollten. Das verstanden wir auch ohne französische Sprachkenntnisse. Dann brachte er uns je eine große Tasse Kaffee und einen Teller mit einem Croissant, etwas Butter und einem Klecks Marmelade. Das Ganze servierte er mit einem schwungvollen „Voila et bon appétit!"

Zwar entsprach die Menge des Frühstücks nicht im Entferntesten unseren Vorstellungen, aber der Charme des jungen Mannes machte alles wieder wett.

Wir aßen mit Appetit, wobei wir heimlich die anderen Gäste beobachteten. Während wir versuchten das Croissant aufzuschneiden um Butter und Marmelade auf die beiden Hälften zu streichen, stippten die anderen ihre Croissants einfach in den Kaffee.

Als wir unser Frühstück beendet hatten, standen wir auf und verließen den Frühstücksraum. In der Lobby wartete schon unser Sohn. Als er uns sah, stand er auf und gratulierte meiner Frau zum Geburtstag. Ich hätte vor Scham in den Erdboden versinken wollen, hatte ich doch den Geburtstag meiner geliebten Frau vergessen.

Als ich Gratulation und Entschuldigung zusammen aussprach, tröstete sie mich in ihrer unnachahmlichen Weise, indem sie mir sagte, was ich doch gestern alles geleistet hätte und dass es keine Selbstverständlichkeit sei, dass wir wohlbehalten in Gex angekommen waren. Vielmehr sei dies ausschließlich meinem fahrerischen Können zu verdanken. Außerdem lobte sie mein Durchhaltevermögen. Sie allein wäre an einem Tag wohl höchstens bis Leipzig gekommen.

So tröstete sie mich noch, obwohl ich doch versagt hatte. Aber das ist eben wahre Liebe!

Nach dieser Episode machten wir uns auf den Weg, um die Freundin unseres Sohnes im Krankenhaus zu besuchen. Wir überquerten also wieder die Grenze zur Schweiz und folgten unserem Sohn, der im Auto vor uns her fuhr.

Vor dem Krankenhaus, das dort hôpital hieß, war ein großer Parkplatz, auf dem wir unsere Autos abstellen konnten. Ein bisschen komisch kamen wir uns vor, denn um uns herum standen Karossen, die ebenso groß wie teuer waren. Hier schienen Leute mit viel Geld zu verkehren.

Auch das hôpital sah nicht so aus, wie die Krankenhäuser, die wir kannten. Alles in und an dem Haus war größer und schöner als bei heimischen Krankenhäusern. Innen erinnerte es mehr an ein Hotel als an eine Klinik.

Das Zimmer, in dem die Freundin lag, war groß und hell. Sie fühlte sich schon wieder recht wohl, hatte den Eingriff also offensichtlich gut überstanden. In ihrem Zimmer lag außer ihr die oder vielleicht besser eine Frau eines Scheichs. Da diese auch französisch sprach, war die Verständigung zwischen den beiden gut.

Zusammen gingen wir ein wenig im wunderschönen Garten des Hospitals spazieren. Gegen Mittag suchten wir die Cafeteria auf und aßen dort. Es war zwar alles ziemlich teuer, aber auch sehr gut.

Nachdem wir gegessen hatten, beschlossen wir uns Genf anzusehen. Die Freundin musste noch im Krankenhaus bleiben, während wir ausschwärmten.

Wir fuhren mit unserem Auto und unser Sohn lotste uns. Diese Stadtrundfahrt war sehr interessant, hatten wir doch schon so oft Bilder und Filmberichte aus Genf gesehen. Genf war schließlich eine alte Diplomatenstadt und beherbergte solche internationalen Institutionen wie UNO, WHO, UNHCR und viele andere. Die Straßen waren nicht so voll wie unsere, weshalb das Fahren in Genf sehr entspannt war.

Dass Genf nicht nur als eine der Städte mit der höchsten Lebensqualität, sondern auch mit den höchsten Lebenshaltungskosten galt, konnten wir bestätigen, als wir Kaffee trinken wollten. Kaffee und Kuchen kosteten etwa doppelt so viel wie in Berlin.

Abends fuhren wir zurück nach Gex ins Hotel. Wiederum ohne anzuhalten konnten wir die Grenze zu Frankreich passierten. Es war etwa eine halbe Stunde zu fahren.

Für den Abend kauften wir uns im Supermarkt nebenan etwas zu essen und einen Sechserpack Bier. Wir hatten keine Ahnung, welches Bier in Frankreich gut war und so kauften wir irgendeines, das etwas abseits im Regal stand.

Im Zimmer aßen wir dann unser mitgebrachtes Baguette und den Käse aus der Hand, denn wir hatten keine Teller.

Meine Frau hatte schon immer ihren Großvater zitiert, der im Krieg in Frankreich war und berichtete, dass es dort unglaublich viele Sorten Käse gab. Das konnten wir auch schon bei unserem ersten Besuch dieses kleinen französischen Supermarktes feststellen. Die Auswahl war enorm, sodass wir erst einmal eine uns bekannte Sorte, den Camembert gekauft hatten.

Das Essen schmeckte gut, aber das Bier war ein wenig lasch. Nachdem wir je drei Flaschen davon getrunken hatten, war zwar der Durst weg, aber es wollte sich nicht dieses wohlige Gefühl einstellen, das wir von unserem Bier kannten.

Um dieses nicht noch einmal zu trinken, musterte ich das Etikett genauer und stellte fest, dass da stand „sans alcool". Alcool schien Alkohol zu heißen, aber was war sans? Hatte das etwas mit dem lateinischen Wort sanus (Gesundheit) zu tun. Ich hatte das Wort schon irgendwo einmal gesehen, konnte mich aber nicht mehr erinnern, wo.

Wir schliefen trotzdem wieder tief und fest.

Am nächsten Morgen hatten wir wieder das französische Frühstück und ahnten, warum das dort petit-déjeuner heißt. Es war tatsächlich nur eine kleine Mahlzeit, die aber wieder mit so viel Charme serviert wurde, dass man trotzdem nicht enttäuscht war.

Nach dem Frühstück holten wir unseren Sohn vom Campingplatz ab und fuhren gemeinsam zum Krankenhaus, wo uns seine Freundin sagte, dass sie am nächsten Tag entlassen werden würde. Das freute uns. Weiterhin teilte sie uns mit, dass ihre Reisekrankenversicherung für sie einen Rückflug nach Berlin gebucht und bezahlt hätte, sodass sie dann sofort nach Hause fliegen würde. Daraufhin entschied unser Sohn spontan, auch nach Hause zu fahren. Das tat uns leid, denn er hatte somit gar keinen Urlaub. Alle Versuche, ihn zum Bleiben zu überreden, scheiterten jedoch.

So verbrachten wir vier noch einen gemeinsamen Tag in Genf. Alles war etwas leichter und angenehmer für uns, denn wir hatten ja jetzt eine Sprachkundige bei uns, die zum Beispiel die Bestellungen im Restaurant übernahm.

Das war auch nötig, denn zum Abschied und zum nachgeholten Geburtstag ließen wir es noch mal richtig krachen und aßen mal französisch mit Vor- und Nachspeise.

Es war sonnig und warm und wir hatten einen schönen Tag in Genf. Die Stadt war so sauber und ordentlich; man konnte sie fast steril nennen.

Wir erfuhren, dass der Genfer See eigentlich Lac Léman heißt und dass man auf ihm eine Dampferfahrt machen konnte, was wir uns für die nächsten Tage vornahmen.

Als wir an einer Tankstelle vorbeikamen, sah ich plötzlich das Wort „sans" wieder. Es bezeichnete eine Benzinsorte und die hieß „sans plomb".

Ich fragte die Freundin, was das bedeutete und sie klärte mich auf, dass es sich um bleifreies Benzin handelte, und unser Sohn ermahnte uns bei der Gelegenheit, dass wir mit unserem Auto auch nur diesen Kraftstoff tanken dürften.

Jetzt ahnte ich, warum das gestrige Bier nicht die übliche Wirkung entfaltet hatte. Es war demnach alkoholfrei.

Abends brachten wir unseren Sohn zum Campingplatz und fuhren dann zum Hotel.

Wir kauften uns wieder Baguette und Käse zum Abendbrot und achteten diesmal darauf, richtiges Bier aussuchen.

Am nächsten Morgen fuhren wir wieder zum Krankenhaus. Unser Sohn war schon dort. Er half seiner Freundin beim Packen und trug ihr dann den Koffer zu seinem Auto. Mit zwei Autos fuhren wir zum Flughafen.

Im Flughafenrestaurant aßen wir gemeinsam Crêpes mit Erdbeerkonfitüre, was fantastisch schmeckte, dann ging es ans Abschied nehmen. Wir wünschten ihr einen guten Flug und zogen uns diskret zurück.

Als seine Freundin in der Sicherheitsschleuse verschwunden war, kam unser Sohn zu uns und nun mussten wir auch von ihm Abschied nehmen, denn er wollte sofort den Heimweg antreten.

Wir gaben ihm verbotenerweise unsere Vignette, damit er schneller nach Hause kam, indem er die Schweizer Autobahn benutzte. Geld brauchte er jedoch nicht, sodass wir eigentlich völlig umsonst nach Genf gekommen waren.

Er fuhr los und ließ uns allein zurück.

Wie wir es uns vorgenommen hatten, machten wir an diesem schönen Nachmittag eine Spazierfahrt auf dem Genfer See, wurden über dessen Fläche und Tiefe aufgeklärt und auf das Anwesen des Baron Rothschild hingewiesen.

Nach der Fahrt gingen wir zu McDonald's, denn wir meinten, dass wir in den letzten Tagen ziemlich viel Geld ausgegeben hätten und jetzt ruhig ein bisschen sparen könnten.

Das mit dem Sparen war allerdings auch bei McDonald's nicht so ganz einfach, denn in Genf war auch das Fast Food teurer als bei uns.

Als wir uns wegen des schönen Wetters mit unseren Burgern und Pommes Frites draußen hingesetzt hatten, sahen wir amüsiert zu, wie sich freche Spatzen die Essensreste vom Nachbartisch holten. Obwohl alles im Überfluss vorhanden war, kämpften sie um jedes Häppchen.

Als aber der Nachbartisch abgeräumt worden war, dauerte es nicht lange und die Spatzen kamen zu uns und schnappten sich unsere Pommes Frites. Fanden wir das am Nachbartisch noch drollig, so waren wir jetzt nicht mehr ganz so tolerant. Nicht, dass wir Angst hatten, zu verhungern, wenn wir etwas abgeben mussten, aber die Hygiene blieb doch auf der Strecke, als die Vögel über unserem Essen kreisten und sich auf unsere Pappteller setzten. Man musste also ständig Abwehrbewegungen machen, damit die kleinen Biester sich nicht herantrauten. Es erinnerte an einen Wespenschwarm, der sich auf ein Blech mit Pflaumenkuchen stürzte. Wir hofften nur, dass die Spatzen nicht Hitchcocks Film „Die Vögel" gesehen hatten. Dann hätten sie uns vermutlich angegriffen. Ein Vergnügen war das Essen dort jedenfalls nicht. Feinschmecker behaupten ja, das sei es nie, aber das ist eine andere Sache.

Am nächsten Tag beschlossen wir, dass wir genug von Genf gesehen hatten. Deshalb wollten wir uns ein wenig in der Umgebung von Gex umsehen. Da waren hohe Berge und wir hatten uns doch eigentlich auf Bergwandern eingestellt, bevor wir umdisponierten. Was lag also näher, als von Gex aus die dortige Bergwelt zu erobern?

Das taten wir dann auch, wobei es dort nicht so einfach wie in Bayern war. Ausgeschilderte Wanderwege suchte man vergebens und eine richtige Wanderkarte hatten wir auch nicht.

So fuhren wir viel mit dem Auto durch die Réserve Naturelle Haute Chaîne du Jura und den Parc naturel régional du Haut-Jura. Mit Gex hatten wir einen hervorragenden Ausgangspunkt für unsere Unternehmungen.

Aber auch südlich und östlich von Genf war es interessant, denn alles war ja neu für uns.

Einmal wurden wir mitten im Wald von der französischen Polizei angehalten. Die Polizisten redeten auf uns ein, ohne dass wir ein Wort verstanden. Schließlich gaben sie auf und ließen uns weiter fahren.

Später erfuhren wir, dass es dort eine besondere zollfreie Zone gab, an deren Grenzen man kontrolliert werden konnte. Ich hoffe, dass kein Schmuggler diese Geschichte liest, und daraus lernt, wie man die Polizisten los wird ohne kontrolliert zu werden.

So sahen wir in dieser Woche viel von Genf und seiner schönen Umgebung und waren ein bisschen traurig, als es Sonnabend war - der vermeintliche Tag unserer Abreise.

Nach dem Frühstück packten wir. Als wir mit unseren Koffern an der Rezeption standen, war der immer anwesende junge Mann ziemlich verwirrt. Er zeigte uns in seinem Kalender, dass wir bis Sonntag gebucht hatten. Inzwischen hatte ich schon etwas Französisch gelernt, sodass ich „pas de problème" sagen konnte. Nun hatte ich meinen Wortschatz um den Begriff „Dimanche" für Sonntag ergänzt.

So freuten wir uns denn, dass wir noch einen Tag in Gex verbringen durften, und da wir schon alles verpackt hatten, machten wir nur die Stadt unsicher und mieden die Berge.

Am nächsten Morgen wiederholten wir dann das Procedere vom Vortag, aber diesmal war es richtig, wir reisten ab.

Als wir die Grenze zur Schweiz erreichten, mussten wir anhalten und ein Grenzbeamter fragte uns: „Voulez-vous passer par l'autoroute?"

Mein Gesicht muss ein großes Fragezeichen gewesen sein, denn er wiederholte recht genervt seine Frage auf Deutsch: „Ob Sie die Autobahn benutzen wollen?"

Nachdem ich diese Frage verstanden und verneint hatte, durften wir einreisen.

So fuhren wir durch die ganze Schweiz und umgingen die Mautstraßen. Das dauerte zwar länger, machte aber auch mehr Spaß. Wir sahen sehr viel von dem Land. Es war das schönste Wetter und auf der Fahrt hörten wir die von zu Hause mitgebrachte Musik-Kassette mit dem Titel „Dream a little dream of me" rauf und runter und hatten ein Gefühl von Glück und Freiheit.

Einmal mussten wir in der französischen Schweiz auch tanken und wussten glücklicherweise, dass unser Auto sans plomb brauchte.

Leider vergaßen wir, rechtzeitig nach einer Unterkunft für die Nacht zu suchen. Inzwischen waren wir in der italienischsprachigen Schweiz, dem Tessin angekommen und an vielen Häusern hatten wir Tafeln mit den drei Wörtern „Camera, Chambre, Zimmer" gesehen, sodass wir wussten, dass Zimmer auf Italienisch Camera hieß.

Viele dieser Schilder hatten wir in Locarno links liegen gelassen, denn es war noch früh am Tag und wir wollten weiter. Kurz bevor wir Bellizona erreichten, wurde es dunkel und wir sahen keine Schilder mehr. Also fuhren wir weiter, um dann doch noch ein DIN A4 großen Zettel an einem Haus zu finden, der auf Fremdenzimmer hinwies. Ich machte eine Notbremsung, um die Einfahrt zu dem Haus nicht zu verpassen.

Wir klingelten an der Tür und eine ganz alte kleine Frau öffnete uns. Ich fragte: „Camera?", sie nickte. Dann fragte sie: „Due?" Ich weiß bis heute nicht, warum ich verstand, dass das zwei heißt und warum ich sofort mit „si" antwortete. Daran werden wohl die vielen italienischen Schlager in meiner Jugend schuld sein.

Die alte Dame ließ uns ein und sagte: „caldo." Wir schüttelten energisch die Köpfe, denn uns war sehr warm und nicht kalt. Die Frau muss gedacht haben: „Die sind ja hart im Nehmen." Draußen waren immer noch um die 30 Grad, also wirklich caldo, wie ich heute weiß.

Nach diesem kleinen Missverständnis sahen wir uns das Zimmer an. Es war klein und schlecht gelüftet, aber wir hatten keine Wahl. Sie verlangte 25 Franken für eine Nacht, die wir ihr sofort geben mussten.

Danach fuhren wir noch einmal los, um etwas zu essen. Wir fanden auch ein nettes Restaurant, setzten uns draußen hin und bekamen die Speisekarte. Wir suchten uns zwei Pizzen aus, denn wir fühlten uns hier wie in Italien und wollten endlich auch mal Pizza auf Italienisch essen. Leider wurde daraus nichts, denn die Küche hatte schon geschlossen. Somit mussten wir mit einem Salat vorlieb nehmen.

Zurück in unserer Pension schlüpften wir übermüdet ins Bett, nicht ohne vorher das Fenster zu öffnen, denn es war im Zimmer nicht nur heiß sondern es stank auch gotterbärmlich. Hier musste seit Jahren nicht mehr gelüftet worden sein.

Das offene Fenster war leider auch nicht der Weisheit letzter Schluss, denn da rasten Autos und Motorräder vorbei, die erheblichen Krach machten. Deshalb schlossen wir das Fenster wieder und erstickten fast in dem Mief. Als einzige Lösung fiel mir ein, die Bettdecke mit Rasierwasser zu besprenkeln. Ich wusste, dass dadurch die Luft auch nicht besser wurde, aber es stank wenigstens nicht mehr so schrecklich.

Wir schliefen schlecht und wachten früh auf. Im Badezimmer lag ein winziges fadenscheiniges Handtuch für uns beide. Da aber gar keine Dusche vorhanden war, reichte es völlig aus. Wir machten Katzenwäsche und verließen das Haus so schnell wie möglich, ohne die Wirtin noch einmal gesehen zu haben. Ich war nur froh, dass wir kein Frühstück bestellt hatten. Ich hätte garantiert keinen Bissen heruntergekommen.

Weil ich unbedingt noch nach Ascona am Lago Maggiore wollte, mussten wir eine halbe Stunde in die eigentlich falsche Richtung fahren. Das hatte einerseits den Grund, dass uns Ascona aus Schlagern unserer Jugend ein Begriff war und außerdem hatte unser Sohn als erstes eigenes Auto einen Opel Ascona.

Am Vorabend hatten wir wegen der Dunkelheit gar nicht bemerkt, wie schön die Landschaft in diesem Teil der Schweiz war. Es gab sogar Palmen, Zypressen und andere exotische Pflanzen.

In Ascona setzten wir uns in ein Straßencafé von dem aus wir einen tollen Blick auf den Lago Maggiore und die umliegende Bergwelt hatten.

Es war noch früh am Morgen und der Nebel stieg vom Wasser auf, was das Ganze besonders interessant machte.

Nach dem Frühstück kauften wir eine Ansichtskarte von Ascona, die wir an unseren Opel-Ascona-Besitzer absendeten.

Weiter führte uns der Weg über den San-Bernardino-Pass anstatt durch den Tunnel. Das war eine wunderschöne Fahrt bei bestem Wetter. Allerdings musste ich ab und zu anhalten, da meiner Frau wegen der Serpentinen schlecht wurde.

Auf jeden Fall wollten wir die Viamala besichtigen, wenn wir schon mal in dieser Gegend waren. Bekannt war mir diese Schlucht aus einem alten kitschigen Heimatfilm.

Als wir jedoch durch die Schlucht wanderten, war von Kitsch keine Spur mehr vorhanden. Vielmehr beeindruckte es uns, wie der Rhein sich dort in Form einer tiefen engen Schlucht in den Berg gefressen hat. Das Tosen und die Wasserspiele waren für uns einfach überwältigend.

Nachdem wir uns sattgesehen hatten, stiegen wir wieder in unser Auto und folgten dann in etwa dem Lauf des Rheins. Nach gar nicht allzu langer Zeit erreichten wir die Grenze zu Liechtenstein. Außer dem Umstand, dass Liechtenstein klein aber reich war, wussten wir nichts darüber. Ich war sehr durstig und hatte keinen sehnlicheren Wunsch, als mir etwas zu trinken zu kaufen. Leider wussten wir nicht, welche Sprache man in Liechtenstein sprach und welche Währung sie dort hatten. Trotzdem gingen wir mutig in Vaduz in ein Café am Straßenrand und bestellten auf Deutsch zwei Erfrischungsgetränke. Wir wurden verstanden. Als es zum Bezahlen der Zeche kam, war ich erleichtert, denn man verlangte Schweizer Franken und davon hatten wir noch welche.

Der Heimweg war unspektakulär. Wir übernachteten noch einmal in Deutschland, als es Abend wurde.

Am nächsten Tag trafen wir nachmittags zu Hause ein und waren stolz und glücklich, dass wir uns wieder eine neue Welt erschlossen hatten.

Es gab mal im Fernsehen eine Reklame, in der der Enkel den Opa fragt, ob dieser etwas anders machen würde, wenn er noch einmal jung wäre. Im Gegensatz zu dem Fernsehopa würde ich antworten: „Ja, ich würde von Kindheit an Französisch lernen."

Stockholm

Zu Ostern 1993 wollten wir einen alten Wunsch Wirklichkeit werden lassen und nach Stockholm reisen. Dass es ein Herzenswunsch war, hatte folgenden Grund: Ein Onkel von mir hatte in den schwärzesten Jahren der deutschen Geschichte eine jüdische Frau geheiratet. Im letzten Moment war es beiden gelungen, nach Schweden zu flüchten, wo sie von da an gelebt hatten. Nachdem Mutter und Schwester der Frau im KZ umgekommen waren, wollten sie nie wieder etwas mit Deutschland zu tun haben. Da aber die verwandtschaftlichen Bande vorhanden waren, machten sie eine Ausnahme, indem sie mit meiner Großmutter und später mit meiner Mutter bis zu deren Tod korrespondierten. Danach hielt ich den Kontakt aufrecht und schien durch Schilderung unseres Lebens einen guten Eindruck gemacht zu haben.

So kam es denn, dass wir irgendwann Besuch von Onkel und Tante aus Stockholm bekamen. Durch dieses persönliche Kennenlernen wurde die Beziehung noch intensiver und sie besuchten uns mehrmals im damaligen Ostberlin. Ein Gegenbesuch war zu dieser Zeit leider aus politischen Gründen nicht möglich.

Als mein Onkel starb, fühlte sich die Tante noch mehr zu uns hingezogen; vielleicht, weil wir ihre einzigen noch lebenden Verwandten waren. Sie besuchte uns fast jedes Jahr im Herbst zu ihrem Geburtstag und anstatt Geschenke von uns zu bekommen, brachte sie uns die schönsten Dinge aus Stockholm und Westberlin mit.

Im Laufe der Jahre wurde sie immer großzügiger, indem sie uns mit Westgeld und sogar mit einem Auto verwöhnte. Unseren ersten Wartburg hatte sie uns über das DDR-Unternehmen GENEX für viel Westgeld zukommen lassen.

Leider war diese Tante im Dezember 1992 gestorben. Da wir es nicht mehr geschafft hatten, sie noch einmal lebend in ihrer Stockholmer Wahlheimat zu besuchen, wollten wir jetzt wenigstens ihr Grab aufsuchen.

Am einfachsten wäre es gewesen zu fliegen, aber es war eine fixe Idee von mir, einmal mit der Fähre nach Schweden zu fahren. Oft hatten wir bei Stippvisiten in Sassnitz gesehen, wie die großen Schiffe ein- und ausliefen. Als DDR-Bürger hatten wir leider keine Chance, da mitzufahren.

Jetzt waren wir Bundesbürger und hatten alle Freiheiten – also auch die, mit der Schweden-Fähre zu fahren.

Also machten meine Frau und ich uns am Gründonnerstag startklar, um am Karfreitag kurz nach Mitternacht in Richtung Sassnitz aufzubrechen. Die gebuchte Fähre fuhr um acht Uhr und wir wollten sie auf keinen Fall verpassen.

So rasten wir mit unserem Mitsubishi durch die Nacht in Richtung Ostsee. Da es keine direkte Autobahn zur Insel Rügen gab, mussten wir die Bundesstraße 96 benutzen. Diese war in einem ausgesprochen schlechten Zustand, aber nachts wenigstens nicht stark befahren.

Am Rügendamm mussten wir nicht warten, wie ich es in meinem Worst-Case-Scenario befürchtet hatte. So kam es, dass wir um fünf Uhr morgens im Fährhafen von Sassnitz eintrafen.

Ich war schon das erste Mal müde, denn ich hatte am Tag zuvor noch gearbeitet. Nach Feierabend hatte ich versucht, ein wenig zu schlafen, was mir aber leider nicht gelungen war.

So dösten wir in einer der dort befindlichen Baracken auf unbequemen Stühlen bis das Signal zum Einsteigen kam.

Endlich durften wir auf die Fähre fahren, wobei wir von der Schiffsbesatzung genau eingewiesen wurden. Als wir unsere endgültige Position erreicht hatten, zog ich die Handbremse fest an und legte sicherheitshalber noch den ersten Gang ein, dann stiegen wir aus.

Vom Fahrzeugdeck zu den Passagierdecks ging es hoch über einige Treppen.

Im Passagierbereich war alles sehr zweckmäßig ausgestattet. Es gab große Räume mit Schlafsesseln, einfache Sitzgelegenheiten mit Tischen und zwei Duty Free Shops.

Mein erster Blick ging allerdings zu den Notausgängen und Rettungswesten, denn das schreckliche Fährunglück von Zeebrügge war erst sechs

Jahre her und hatte sich tief in mein Gedächtnis eingebrannt. Ich machte mir also sofort Gedanken darüber, wo und wie wir im Falle eines Falles aus dem Schiff heraus kommen könnten, falls es sinken sollte.

Meiner Frau sagte ich sicherheitshalber nichts von meinen Überlegungen, denn sonst wäre sie wahrscheinlich sofort wieder ausgestiegen.

Das Schiff legte schließlich ab und verließ den Hafen. Da bis dahin nichts passiert war, hoffte ich, dass die Bugklappe geschlossen und somit alles in Ordnung war und wir unser Ziel gut erreichen würden.

Weil wir bisher viel gesessen hatten und auch in Schweden wieder im Auto sitzen würden, nutzten wir die Gelegenheit zum Herumlaufen. Das war schon ein etwas seltsames Gefühl, denn inzwischen waren wir auf hoher See und das Schiff schaukelte ein bisschen. Um nicht das Gleichgewicht zu verlieren, mussten wir ein wenig breitbeinig gehen – im Seemannsgang eben.

Zwar hatten wir schon mächtigen Hunger, wagten aber nicht, in das eine Etage darüber befindliche Restaurant zu gehen, da wir Angst hatten, das Schaukeln könnte zunehmen und uns würde schlecht werden.

In einem der Duty Free Shops kauften wir eine Packung Weinbrandbohnen. Wir wollten uns mit Freunden meiner Verwandten treffen und von der Tante wussten wir, dass Alkohol in Schweden teuer war, weshalb sich die Leute kaum etwas Alkoholhaltiges kauften. So waren diese Weinbrandbohnen also hoffentlich ein willkommenes Mitbringsel.

Als dann gegen 11:30 Uhr der Hunger übermächtig wurde und wir glaubten, uns genügend an das Schlingern gewöhnt zu haben, wagten wir uns endlich doch in das Bordrestaurant. Erstaunt stellten wir fest, dass wir die einzigen Gäste waren.

Wir suchten uns einen Tisch mit Aussicht und konnten tatsächlich am Horizont auch schon Land erkennen. Der Kellner kam an unseren Tisch und teilte uns mit, dass wir in etwa einer halben Stunde anlegen würden. Er fragte deshalb, ob wir unter diesen Umständen noch bestellen wollten. Wir fragten, was schnell ginge und nahmen das, was er vorschlug. So schafften wir es tatsächlich innerhalb von 30 Minuten zu essen und zu bezahlen. Während wir bezahlten, ertönten schon die Lautsprecherdurchsagen in mehreren Sprachen, dass wir uns zu unserem Auto zu begeben hätten. Inzwischen waren wir auch schon in den Hafen von Trelleborg eingelaufen. Der Kellner beruhigte uns. Wir müssten uns nicht hetzen, denn es dauere noch eine ganze Weile bis wir mit dem Auto das Schiff verlassen könnten.

Er hatte Recht, denn wir liefen ganz ruhig die Treppen herunter und erreichten unser Auto noch bevor die Fähre angelegt hatte.

Endlich durften wir von Bord fahren. Von den am Ende der Rampe stehenden schwedischen Grenzbeamten wurden wir einfach durchgewinkt.

Trotz immer noch nicht verfügbarem Navigationsgerät gelang es uns die richtige Ausfahrt aus dem Hafen und aus der Stadt zu finden und den Weg nach Stockholm einzuschlagen. Nun lagen noch etwa 650 km bis zu unserem Ziel vor uns.

Das erste Stück war Autobahn. Als die Straße dann keine Autobahn mehr war, hatte sie in der Mitte eine meist unterbrochene Linie und außerdem mit einigem Abstand von beiden Rändern eine unterbrochene Linie, die wohl die Fahrbahnbegrenzung darstellen sollte. Ich vermutete, dass sich auf beiden Seiten ein Fahrradweg befand. Immerhin galt Schweden damals schon als ein sehr umweltfreundliches Land. So war ich also stets darauf bedacht, zwischen der Mittellinie und der Fahrbahnbegrenzung zu fahren. Ebenso achtete ich darauf, nicht die zulässige Höchstgeschwindigkeit zu überschreiten. Ich hatte keine Lust, mit der Polizei in Konflikt zu geraten und Strafe zu bezahlen.

Hinter uns bildete sich eine lange Kolonne, da man wegen der kurvenreichen Strecke nicht überholen konnte. Der hinter mir fahrende Fahrer betätigte ständig seine Lichthupe. Ich ließ mich jedoch nicht provozieren und blieb bei meiner Fahrweise. Als er es dann doch schaffte uns zu überholen und auf gleicher Höhe war, schauten Fahrer und Beifahrer ziemlich böse zu uns herüber.

Irgendwann begriff ich dann, dass man als langsam Fahrender wohl zumindest die moralische Pflicht hatte, auf den vermeintlichen Fahrradweg auszuweichen, um den Nachfolgenden ein besseres Überholen zu ermöglichen.

Ich passte mich an die dortigen Gepflogenheiten an und musste mir fortan weder Lichthupen noch böse Gesichter ansehen.

Die Fahrt zog sich lange hin und es wurde dunkel. Ich hatte zum Glück ein Hotel in einem südlichen Vorort von Stockholm ausgewählt, sodass wir wenigstens nicht erst durch die ganze Stadt fahren mussten. Trotzdem hatten wir Schwierigkeiten, das Hotel zu finden, obwohl ich natürlich die genaue Adresse aufgeschrieben hatte. Man bedenke: Navigation erfolgte damals mit Straßenkarten, die mehr oder weniger genau waren. Unsere schien weniger genau zu sein.

Was blieb also anderes übrig als zu fragen?

An einem Fabrikeingang sah ich Licht. Ich hielt an, stieg aus und ging auf den an einem Schlagbaum stehenden Wachmann zu. Ich wusste noch von meiner Tante, dass sich die Schweden immer mit „hey" begrüßen, weshalb ich dieses Wort benutzte, als ich bei ihm war. Er erwiderte meinen Gruß mit „hey", und ich zeigte ihm den Zettel mit der Hoteladresse. Dabei machte ich eine fragende Handbewegung und ein ebensolches Gesicht.

Wenn ich angenommen hätte, dass er mir jetzt mit Händen und Füßen zeigen würde, in welche Richtung ich zu fahren hätte, hatte ich mich gewaltig getäuscht. Da er anhand der Autonummer sah, dass wir keine Schweden waren, erklärte er mir in für meine Begriffe perfektem Englisch, wie ich zum Hotel käme.

Dass der Wachmann alles richtig erklärt und dass ich es auch verstanden hatte, sahen wir daran, dass wir kurz danach vor dem richtigen Hotel standen.

Wir verließen das Auto und meldeten uns im Hotel an. Auch das klappte hervorragend in Englisch. Als ich nach den Frühstückszeiten fragte, erklärte mir die Rezeptionistin, dass sie derzeit so wenige Gäste hätten, dass sich ein Büfett nicht lohne. Vielmehr sollten wir ihr sagen, was wir zum Frühstück haben wollten und wann man es uns aufs Zimmer bringen sollte. Da mein englisches Vokabular zu jener Zeit noch ziemlich begrenzt war, konnte ich lediglich „coffee, bread, butter and cheese" bestellen. Das erschien der netten Dame aber doch zu bescheiden, sodass sie fragte, ob wir vielleicht noch „boiled eggs and jam" haben wollten. Gekochte Eier waren okay, aber da wir beide keine Marmelade zum Frühstück essen, lehnte ich diese ab. Nach dem Minimalfrühstück in Frankreich kam uns unsere Bestellung schon sehr üppig vor. Als Frühstückszeit wählten wir acht Uhr.

Dann holten wir unser Gepäck aus dem Auto und fuhren mit dem Lift in das Stockwerk, in dem sich unser Zimmer befand.

Wir nahmen alles für die Nacht Notwendige aus unseren Koffern, dann hatte ich noch eine Aufgabe zu erledigen.

Ich musste die Freunde meiner schwedischen Verwandten anrufen, denn erstens wollten wir diese wenigstens teilweise kennenlernen, und zweitens würden wir ohne sie nicht zum Friedhof finden, auf dem meine Tante und mein Onkel begraben waren. Sie hatten uns über das Ableben der Tante informiert und eingeladen, sie anzurufen, wenn wir in Stockholm wären.

Das wollte ich jetzt tun, wobei ich einige Hemmungen hatte, denn die Älteren, die deutsch sprachen waren verreist, sodass ich einen aus der jüngsten Generation anrufen musste, und die sprachen alle nur schwedisch und englisch.

Ich rief also die uns gegebene Nummer an und stellte fest, dass die Verständigung viel leichter war als ich dachte. Wir verabredeten uns für den Ostersonntag und ich war froh, diese Hürde genommen zu haben.

Zum Abendessen mussten wir nicht ausgehen, denn wir hatten uns Proviant mitgebracht. In Schweden sollte ja angeblich alles sehr teuer sein.

Am nächsten Morgen klopfte es zur vereinbarten Zeit an unserer Tür und auf einem großen Tablett wurde uns das Frühstück gebracht. Alles war toll arrangiert und auch die Menge war völlig ausreichend. Außer dem von uns Bestellten gab es noch Joghurt, Obstsalat und Fruchtsaft.

So begann der Tag sehr angenehm und wir machten uns gut gesättigt auf den Weg ins Zentrum von Stockholm. Um auch für den Tag etwas zu essen bei uns zu haben, öffnete ich den Kofferraum unseres Autos, um die mitgebrachten Bananen herauszunehmen. Leider mussten wir feststellen, dass es in der Nacht so kalt gewesen war, dass sie gefroren waren. Weil wir fürchteten, sie würden zu Matsch werden, wenn sie auftauten, warfen wir sie lieber gleich in einen Mülleimer.

Ohne Wegzehrung gingen wir zum Bahnhof, der sich in der Nähe unseres Hotels befand. Von dort aus sollte meinen Recherchen zufolge eine S-Bahn, die hier Pendeltåg hieß, in die City fahren. Die Station hieß Handen, was wir uns vorsichtshalber aufschrieben, um nachher problemlos zurückzufinden. Auch für Stockholm hatten wir uns wieder ein Touristenticket gekauft. Deshalb brauchten wir uns nicht um Tarifzonen und Fahrpreise zu kümmern, sondern konnten frohen Mutes mit dem nächsten Pendelzug zum Zentrum Stockholms aufbrechen.

Ein guter Ausgangspunkt für eine Stadtbesichtigung zu Fuß schien uns der Hauptbahnhof zu sein, den wir nach etwa 45 Minuten erreichen würden.

Die Fahrt war angenehm und interessant, sahen wir doch schon Einiges von Stockholm und seiner schönen Umgebung.

Nach acht Stationen waren wir am Bahnhof Stockholm Centralen, dem Ziel unserer Fahrt. Wir stiegen aus und sahen uns um. Das, was wir sahen war ausgesprochen ansprechend. Die Sonne schien und die Häuser und Straßen befanden sich in sauberem und farbenfrohem Zustand.

Wir fanden bestätigt, was die Tante uns immer erzählt hatte: Stockholm ist eine schöne grüne Stadt, die auf mehrere Inseln verteilt ist.

So überquerten wir erst eine Brücke und waren auf der Insel Stadsholmen, auf der sich die Altstadt Gamla stan befindet. Diese durchqueren wir bewundernd. Dann überquerten wir das Wasser ein zweites Mal, um bald darauf direkt vor dem Schloss zu stehen. Wir waren nicht die Einzigen. Warum sich so viele Menschen zu dieser Zeit hier eingefunden hatten, sollten wir schnell erfahren. Wir waren zufällig genau zur

Wachablösung gekommen, die mit Pauken und Trompeten vonstatten ging.

Wegen unseres späten Erscheinens war unser Platz nicht der beste. Wir standen etwa eine halbe Stunde im Schatten und froren jämmerlich, obwohl die Sonne am blauen Himmel strahlte und sicherlich auch wärmte. Das tat sie aber leider nur dort, wo sie auch hinschien.

Danach streiften wir noch ein wenig durch die Innenstadt und besichtigten einige Sehenswürdigkeiten. Wir sahen die einzigartige Schärenwelt, das Rathaus Stadhuset, Schloss Drotningholm, das das schwedische Versailles genannt wird, den Katarinahissen (ein Aufzug zu einem Aussichtspunkt) und vieles mehr.

Als wir nicht mehr laufen konnten, setzten wir uns in die U-Bahn, die von den Stockholmern Tunnelbana oder Tunnelbanan genannt wird.

Besonders gut gefiel uns, dass auch diese U-Bahn über weite Strecken oberirdisch verlief, wie wir das auch aus Berlin kannten. Dadurch konnten wir uns noch einen besseren Eindruck von der Stadt verschaffen.

Wie oft hatten wir „Grimstagatan 24, Vällingby, Stockholm" als Adresse auf die Briefe nach Schweden geschrieben, jetzt hatten wir zum ersten Mal die Möglichkeit, mit eigenen Augen zu sehen, wo die Verwandten gelebt hatten.

An der Station Vällingby stiegen wir aus und hatten noch ein ganzes Stück Fußweg vor uns. Dann erreichten wir endlich die Grimmstraße, wie meine Tante ihren Straßenname übersetzte.

Wegen der etwas unübersichtlichen Anordnung der Neubaublocks fanden wir aber die gesuchte Hausnummer nicht.

Inzwischen war es später Nachmittag geworden und wir hatten mal wieder Hunger. Zum Glück gab es in der Nähe einen kleinen Lebensmittelladen, den wir aufsuchten. Dort kauften wir uns etwas Essbares und fragten eine Verkäuferin nach der Lage des gesuchten Hauses. Durch die Erfahrung mit dem englisch sprechenden Wachmann hatte ich keine Hemmungen, sie direkt in Englisch anzusprechen. Bevor sie uns jedoch den

Weg beschreiben konnte, bot sich eine Kundin an, uns zu führen. Sie hatte denselben Weg und brachte uns bis vor die Tür des richtigen Hauses.

Da standen wir nun und fanden alles so vor, wie die Tante es bei ihren Besuchen beschrieben hatte. Gegenüber war das Waldstück, von dem sie immer geschwärmt hatte. Sie war oft dort spazieren gegangen. Im Haus fanden wir die schmale Wendeltreppe zum ersten Stock, wie beschrieben. Sie hatte große Angst gehabt auf dieser Treppe zu stürzen. Wir gingen hoch und standen vor der Wohnungstür, hinter der jetzt natürlich jemand anderes wohnte.

In diesem Moment waren wir ganz besonders traurig, dass wir sie hier niemals besuchen durften, solange sie noch lebte, aber ihre Einladung hatte in der DDR nicht ausgereicht, um eine Westreise machen zu dürfen.

In diesem Moment dachten wir an die vielen Begegnungen mit ihr und all das, was wir von ihr bekommen und gelernt hatten. Sie war trotz ihres Wohlstandes immer bescheiden geblieben und hatte stets an andere gedacht.

Immer wenn sie zu uns kam, schleppte sie ihre große blaue zusammenfaltbare Tasche, in der sie die obligatorische 2-Liter-Flasche Coca Cola beförderte, ebenso wie die Jeans, T-Shirts und Turnschuhe für die Söhne. Wir standen dann am Bahnhof Friedrichstraße hinter einer Barriere und durften ihr nicht helfen, die große, schwere Stahltür zu öffnen, denn das hätte schon als Fluchtversuch aus der DDR gelten können.

Dass wir nach der Wende nicht zu ihr nach Schweden gereist waren, lag an ihrem Gesundheitszustand. Mehrmals hatten wir telefonisch gefragt, ob wir sie besuchen dürften, aber sie hatte stets abgelehnt. Sie wollte wohl nicht, dass wir sie so hinfällig sehen und im Gedächtnis behalten würden.

Das alles ging uns durch den Kopf während wir vor ihrer Tür standen und es fiel uns schwer, von diesem Ort Abschied zu nehmen, aber uns blieb nichts anderes übrig.

Wir hatten nur einen kleinen Vorrat an schwedischen Kronen mitgebracht, der so gut wie aufgebraucht war. Deshalb mussten wir unbedingt Geld umtauschen, was am Hauptbahnhof sehr gut möglich sein sollte.

Am Bahnhof T-centralen stiegen wir aus der U-Bahn und gingen in den großen, von Menschenmassen überfluteten Fernbahnhof. Dort fanden wir auch schnell die Wechselstube und tauschten 200 DM in Kronen um. Auf dem Rückweg konnten wir der Versuchung nicht widerstehen, an einem Coffee Shop im Bahnhofsdurchgang stehen zu bleiben. Meine Frau brauchte dringend ihre Tasse Kaffee und ich war auch nicht abgeneigt. Also studierten wir das Angebot an Kaffeespezialitäten und blieben bei Café au lait hängen. Aus meinen inzwischen begonnenen Französisch-Lektionen wusste ich nämlich, dass das Milchkaffee auf Französisch heißt. Ich bestellte zwei Tassen Café au lait und als Antwort kam von der Servicekraft ein unverständliches Gemurmel, das wir nicht deuten konnten, dann verschwand sie.

Während wir warteten drängte sich ein Mann von rechts heran, sagte etwas auf Schwedisch, legte Geld auf den Tresen und goss sich aus einer Glaskanne, die auf einer Kochplatte stand, in eine bereit stehende Tasse Kaffee ein. Dann nahm er ein Tetrapack mit Milch und weißte damit seinen Kaffee.

„Aha", dachte ich, „so läuft das hier."

Also schnappte auch ich mir zwei Tassen vom Stapel, goss Kaffee ein und gab Milch dazu. Dann warteten wir darauf, dass jemand kassierte. Ich hatte nur große Scheine bekommen und wollte unbedingt noch Wechselgeld wiederbekommen.

Da tauchte plötzlich die Servicemitarbeiterin wieder auf. Sie hatte in jeder Hand eine große Tasse, von deren Inhalt man nur den Milchschaum sah. Das musste wohl unser Café au lait sein.

Erschrocken stellten wir unsere Tassen wieder hin. Ich stammelte: „Sorry, we didn't know."

Die junge Dame auf der anderen Seite des Tresens nahm unser Unwissen einigermaßen gelassen hin.

„No problem!", sagte sie, nahm unsere selbst gefüllten Tassen und verschwand mit ihnen in Richtung Küche, wohl um sie auszuschütten.

Als sie weg war, begann meine Frau zu protestieren.

„Ich will das nicht trinken", schimpfte sie, „sondern eine ganz normale Tasse Kaffee!"

Also blieb nichts anderes übrig, als dass ich zwei Café au lait trank und für sie eine neue Tasse Kaffee bestellte. Da wir uns mit dem schwedischen Geld noch nicht auskannten, weiß ich nicht genau, ob sich die junge Dame vom Coffee Shop für unsere Ungeschicklichkeit beim Kassieren ein wenig entschädigt hat. Ich hätte es ihr gegönnt.

Als wir nach diesem Abenteuer den Bahnhof verließen und durch einen Tunnel gingen, um zu unserem Pendeltåg zu gelangen, bekamen wir Angst. Es war inzwischen dunkel geworden und überall lungerten finstere Gestalten herum, die ein sehr unbehagliches Gefühl bei uns erzeugten. Erschwerend kam hinzu, dass der vorhin so belebte Bahnhof jetzt total ausgestorben war. Wir schienen die einzigen Passanten zu sein.

So hakte sich meine Frau bei mir ein und festen, schnellen Schrittes gingen wir zum S-Bahnsteig.

Glücklicherweise kamen uns in dem langen dunklen Tunnel zwei riesige Polizisten entgegen, mit denen sich wohl niemand anlegen wollte. Auf diese Weise erreichten wir unbeschadet unseren Pendelzug und kamen müde aber glücklich ins Hotel zurück.

Bevor wir einschliefen, sprachen wir noch lange über das Erlebte, wobei der Quasibesuch bei meiner Tante an erster Stelle stand.

Immer wieder mussten wir an die schönen Stunden mit ihr denken, und daran, was wir ihr zu verdanken hatten. Das war weit mehr als das Materielle, das allerdings wirklich unglaublich viel gewesen war.

Wir hatten durch sie einen kleinen Einblick in die Welt außerhalb der DDR bekommen. Zusätzlich hatten wir ihren wunderbaren Humor und ihre tolerante Weltsicht erlebt und genossen. Nur unsertwegen waren sie beide von ihrem Vorsatz abgewichen, Deutschland nie wieder zu betreten.

Sie konnten sehen, dass eine andere Generation heranwuchs, die mit den Gräueltaten der Nazis nichts mehr zu tun hatte. Dass sie uns so sehr in ihr Herz geschlossen hatten zeigte auch, dass sie tolerant und alles andere als engstirnig waren.

Trotz des langen Gesprächs am Abend wachten wir am nächsten Morgen erstaunlich früh auf.

Wieder bekamen wir ein gutes Frühstück gewissermaßen ans Bett gebracht.

Nach dem Frühstück verließen wir das Hotel, denn wir hatten ja um zehn Uhr eine Verabredung mit dem jungen Mann, der der Liebling meiner Tante gewesen war, wie sie uns immer berichtet hatte.

Wir fuhren wieder ein Stück mit der S-Bahn in die Stadt hinein. An einer Station, in deren Nähe man wohl gut parken konnte, stiegen wir aus. Er erkannte uns sofort. Vermutlich hatte er Bilder von uns gesehen. Wir waren unsicher, denn er war nicht allein gekommen. Er hatte seine Freundin mitgebracht.

Wir begrüßten einander sehr herzlich und ich übergab die auf der Fähre gekauften Weinbrandbohnen.

Dann stiegen wir alle vier in sein Auto. Wie wir von der Tante wussten, hatte sie ihm dieses Auto geschenkt. Das verband uns mit ihm, hatten doch auch wir unseren ersten Wartburg von ihr bekommen. Ich weiß nicht, ob er das wusste und er wusste wahrscheinlich auch nicht, dass wir über die Finanzierung seines Autos informiert waren. Wir erwähnten es auch nicht.

Der Hauptgrund unserer Stockholm-Reise war ja der Besuch des Grabes meiner Tante und meines Onkels. Es war uns ein großes Anliegen ihnen auf diese Weise noch einmal zu danken für alles, was sie für uns getan hatten.

Dank unserer ortskundigen Begleiter waren wir in kürzester Zeit am Judiska Södra Begravningsplatsen von Stockholm.

Wir kauften bei einer Friedhofsgärtnerei Blumen, um sie auf das Grab zu pflanzen. Bevor wir den Friedhof betraten, suchte ich nach einer Ausleihe für eine Kippa, denn ich wusste vom Berliner jüdischen Friedhof, dass dort man mit bloßem Haupt nicht herein durfte.

Der junge Freund beruhigte mich jedoch, indem er sagte, dass man es auf diesem Friedhof nicht so strikt handhaben würde. Da wir die einzigen Besucher weit und breit waren, und er auch keine Kopfbedeckung trug, war ich beruhigt und wir gingen zum Grab.

Die Tante war erst im Dezember gestorben, weshalb das Grab noch ganz kahl war. Es hatte schließlich keinen Sinn, im tiefsten schwedischen Winter Blumen zu pflanzen. So waren unsere Blümchen die ersten, die das Grab schmückten und wir hofften, dass sie trotz der noch herrschenden Kälte gedeihen würden.

Am Grab unterhielten wir uns über die Tante und waren einhellig der Meinung, dass sie ein zutiefst gütiger und liebenswerter Mensch gewesen war. Mit Bedauern stellten wir fest, dass sie es nicht gewollt hatte, dass wir sie nach dem Mauerfall besuchten. Von ihrem Tod und der Beerdigung hatten wir viel zu spät erfahren, um noch anreisen zu können.

Den Friedhof verließen wir mit ambivalenten Gefühlen. Da war einerseits Trauer, weil wir sie nicht mehr lebend gesehen hatten, aber andererseits auch Freude darüber, dass wir wenigstens ihr Grab noch besuchen durften, was ja ein paar Jahre vorher unmöglich gewesen wäre.

Draußen stiegen wir wieder in das Auto, nachdem wir beschlossen hatten, das Vasa Museum zu besuchen.

Nachdem wir in dessen Nähe einen Parkplatz gefunden hatten, gingen wir in das Museum und betrachteten das große Segelschiff, das schon bei seiner Jungfernfahrt 1628 im Hafen von Stockholm so kläglich untergegangen war.

Zum Mittag luden wir unsere Begleiter zum Essen ein. Das Museum hatte ein gutes Restaurant, in dem wir vorzüglich speisten.

Wahrscheinlich hatten unsere beiden Stockholmer das Museum schon mehrmals besucht. Sie verabschiedeten sich jedenfalls bald nach dem Essen und wir setzten unseren Rundgang allein fort.

Die Ausstellungen, die im Zusammenhang mit der Vasa standen, waren sehr interessant, sodass wir lange im Museum blieben.

Mit Bus und S-Bahn traten wir dann am frühen Abend den Rückweg zum Hotel an.

In Handen aßen wir noch zu Abend, dann ging es ins Bett, denn am nächsten Tag mussten wir früh aufbrechen, wollten wir unsere Fähre in Trelleborg rechtzeitig erreichen.

Nach einem weiteren guten Frühstück am Morgen des Ostermontags verließen wir das Hotel. Wir fuhren in Richtung Trelleborg und obwohl ich mir keinerlei Übertretungen der schwedischen Verkehrsvorschriften erlaubte, also auch immer mit Licht fuhr und die Geschwindigkeitsbegrenzung einhielt, wurden wir doch von der Polizei angehalten. Es bleibt mir bis heute unklar, warum. Der kontrollierende Polizist wollte meinen Führerschein sehen, war aber sehr freundlich und fragte sogar, was Driver's License auf Deutsch heißt. Ich wusste was er meinte, kannte aber bis dahin nur Driving Licence. Der Unterschied zwischen amerikanischem und britischem Englisch war mir damals noch nicht so geläufig. Wegen meiner BBC-Lektionen kannte ich eigentlich nur britisches Englisch.

Etwa eine Stunde vor der Zeit erreichten wir den Hafen von Trelleborg. Bald durften wir auf die Fähre, wo wir in nun schon gewohnter Weise das Auto parkten und uns auf das Passagierdeck begaben.

Diesmal waren wir schlauer und gingen frühzeitig in das Restaurant. So hatten wir ein gutes Essen und eine schöne Aussicht auf die Ostsee und die untergehende Sonne. Wir gaben unsere letzten Schweden-Kronen aus und hatten eine sehr angenehme Schifffahrt.

Zurück auf dem Festland war es noch einmal ein bisschen stressig in der Dunkelheit so müde den Weg nach Hause zu bewältigen. Wir fuhren diesmal lieber parallel zur Ostsee nach Rostock und von dort auf der Autobahn nach Berlin. Das ging bedeutend schneller und einfacher als über die B 96.

Zu Hause resümierten wir, dass es alles in allem eine gute Kurzreise war. Allerdings beschlossen wir, das nächste Mal mit dem Flugzeug nach Stockholm zu reisen, falls wir noch einmal einen solchen Trip machen sollten.

Als ich am Dienstag nach Ostern zur Arbeit ging, wurde mir mitgeteilt, dass mein Arbeitgeber Konkurs angemeldet hatte und dass ich zum Arbeitsamt gehen müsse, um Konkursausfallgeld zu beantragen. Arbeit gab es jedenfalls vorerst nicht für mich.

Port Leucate (Frankreich)

Im August 1993 beendeten meine Frau und ich unsere wilde Ehe. Nachdem aller Papierkram erledigt war, gingen wir eines Tages zum Standesamt, um dort zu heiraten. Wir taten dies aus Vernunftsgründen, da wir befürchteten ohne Trauschein steuerliche und rentenrechtliche Nachteile zu bekommen.

Unsere beiden inzwischen erwachsenen Söhne waren unsere Trauzeugen. So lauschten wir vier einer kurzen Ansprache der sehr verständnisvollen Standesbeamtin und dazu hörten wir von CD die von uns gewünschte Musik „Der Sommer" aus Antonio Vivaldis „Vier Jahreszeiten".

Warum ich das hier erwähne, wird im Folgenden verständlich werden.

Seit dem Konkurs meines letzten Arbeitgebers war ich erneut arbeitslos. Ich hatte mehr als 80 Bewerbungen geschrieben und einige Vorstellungsgespräche gehabt, aber stets Absagen erhalten. Lediglich in einem Fall ließ die Antwort noch auf sich warten. Es handelte sich um eine Bundesbehörde, bei der ich mich im Januar beworben hatte. Im Juni hatte ich einen Vorstellungstermin gehabt, aber nichts mehr von diesem Amt gehört. Ich war 45 Jahre alt und nach landläufiger Ansicht damit zu alt für den Arbeitsmarkt, also nicht mehr vermittelbar.

Meine Frau hatte Arbeit und ich saß noch auf einem dicken Polster aus Abfindung und Nachzahlung von meinem früheren DDR-Betrieb, sodass wir nicht mittellos waren, sondern Urlaub machen konnten.

Wenige Tage nach unserer Eheschließung brachen wir auf. Obwohl wir so lange vorher schon zusammengelebt hatten, kam es uns trotzdem wie eine Hochzeitsreise vor.

Diesmal sollte es nach Südfrankreich gehen. Auf der Tourismusbörse in Berlin hatten wir einen Stand entdeckt, an dem der Naturismus in Frankreich vorgestellt wurde. Kaum jemand weiß, dass es dort eine ganze Reihe von sogenannten villages naturistes gibt. Das sind ganze Ferienanlagen, in denen man sich unbekleidet bewegen darf. Meist liegen diese am Mittelmeer oder am Atlantik.

Das war doch genau das, was wir suchten!

Für den Anfang entschieden wir uns für Port Leucate am Mittelmeer. Das sah im Prospekt sehr schön aus und schien alle unsere Erwartungen zu erfüllen.

Wir hatten nicht vorab gebucht, sondern fuhren einfach los.

Die Fahrt durch Deutschland verlief unspektakulär. Wir fuhren anfangs genau wie nach Genf, verließen dann aber die A5 an der Ausfahrt Lyon/Mulhouse, um den Rhein zu überqueren. Dann waren wir in Frankreich und da wir erst am späten Vormittag aufgebrochen waren, schien es uns ratsam zu sein, in Mulhouse zu übernachten.

Ein bestimmtes Hotel hatten wir noch nicht im Sinn, als wir vor der Stadt eine Baracke sahen, die sich als eine Art Hotelreservierungszentrale entpuppte.

Drinnen hingen Listen mit Hotels an den Wänden. Man konnte auf Anhieb den Zimmerpreis erkennen und wurde informiert, über welche Annehmlichkeiten das Hotel verfügte.

Als wir uns schließlich für eines davon entschieden hatten, gingen wir zu einer deutsch sprechenden Mitarbeiterin des Büros und fragten, ob im fraglichen Hotel noch ein Zimmer frei sei. Daraufhin rief sie bei dem Hotel an, fragte nach und gab uns einen Zettel mit der Adresse.

Damit endete der Service aber nicht, denn als wir zum Auto gingen, begleitete uns ein junges Mädchen, wies uns an, ihr zu folgen, setzte sich auf ihr Mofa und fuhr vor uns her. Das tat sie in einer so geringen Geschwindigkeit, dass wir befürchteten, sie könne jeden Moment umkippen. Auf diese Weise kamen wir als Ortsunkundige sicher zu unserem Hotel. Am Ende der Fahrt bedankten wir uns bei ihr und ich gab ihr das Kleingeld, das bei unserem letzten Frankreich-Aufenthalt übriggeblieben war.

Im Hotel sprach man auch deutsch fast ohne Akzent. Schließlich waren wir im Elsass, und so wie im Saarland französisch gesprochen wird, wird im Elsass deutsch gesprochen. Deshalb konnte ich meine französischen Sprachkenntnisse an dieser Stelle noch gar nicht testen.

Da wir mal wieder auf den Preis geschaut hatten, lag das ausgewählte Hotel etwas außerhalb und von der Stadt sahen wir erst etwas als wir am nächsten Morgen weiter fuhren.

Mit dem typischen französischen Frühstück im Magen ging es nun in Richtung Lyon. Um schneller voranzukommen, benutzten wir die Autobahn. Diese war in einem sehr guten Zustand und besaß drei Fahrspuren in jeder Richtung.

Immer wieder musste ich mich bremsen, um nicht die vorgeschriebene Höchstgeschwindigkeit von 130 km/h zu überschreiten. Viele Franzosen waren jedoch schneller unterwegs.

Einen großen Schreck bekam ich anfangs immer, wenn LKW in der mittleren Spur plötzlich links blinkten, während ich in der linken Spur neben ihnen fuhr, um zu überholen. Ich fürchtete jedes Mal, dass sie die Fahrspur wechseln und mich abdrängen würden. Irgendwann begriff ich aber dann, dass sie ihren Blinker einschalten, weil sie ein langsameres Fahrzeug in der rechten Spur überholen wollten, und nicht, weil sie die Fahrspur wechseln wollten.

Nachdem wir eine Weile gefahren waren, kam plötzlich ein großes Hinweisschild, worauf stand „Péage à 500 m". Von hier ab musste für die Autobahnbenutzung also bezahlt werden. Allerdings fehlte die Möglichkeit, ein Ticket zu ziehen, was mir sehr suspekt vorkam. Wie sollte ich beweisen, wo ich auf die Autobahn gefahren war?

Das Rätsel löste sich nach einigen Kilometern. Dort wurde die Autobahn breiter und es gab viele schmale Durchfahrten, zwischen denen Häuschen standen. In diesen saßen Leute, die das Geld der Autofahrer entgegennahmen. Zu meinem Leidwesen musste ich jedoch feststellen, dass alle Fahrer vor mir Zettel in das Häuschen hineinreichten und dann erst bezahlten. Das konnte ja heiter werden, wenn wir an der Reihe waren. Es dauerte nicht lange bis wir vor der Schranke standen. Der Kassierer grüßte freundlich und fragte: „Votre ticket, Monsieur?"

Ich stammelte schuldbewusst: „Je ne ai pas de ticket."

Anstatt nun aber mit uns zu schimpfen, nickte er nur freundlich und nannte einen Betrag, den ich nicht verstand. Daraufhin zeigte er auf eine Anzeige unter seinem Fenster, auf der der Preis stand. Ich zahlte, er bedankte sich freundlich und wünschte uns eine „bonne route".

Beim Weiterfahren kamen wir darauf, dass es ja logisch war. Wir waren die maximale Strecke auf der kostenpflichtigen Autobahn gefahren, da brauchten wir kein Ticket. Das brauchten nur die, die später dazugekommen waren.

So fuhren wir weiter, wobei wir manchmal ein Ticket bekamen und manchmal nicht. Bezahlen mussten wir immer. Manchmal gab es eine Art Basketballkorb, in den man das passende Geld vom Autofenster aus einwerfen konnte. Der geforderte Betrag wurde in großen Leuchtzahlen vorher angezeigt.

Wie auch immer die Kassierung vonstatten ging, man musste abbremsen und meistens sogar anhalten. Ich stellte mir vor, wie es auf einer deutschen Autobahn zugehen würde, wenn jedes Fahrzeug alle paar Kilometer anhalten müsste. Das gäbe einen Stau! Aber Staus hatten wir auf unseren Autobahnen ja auch so zur Genüge. Vielleicht war das französische System sogar ein probates Mittel, um Stau zu verhindern.

Inzwischen wusste ich auch, dass der Zusatz „Rappel" auf eine Wiederholung eines bestimmten Verkehrszeichen hindeutete und dass „sauf service" mit „außer Mitarbeiter" übersetzt werden kann.

Wir hörten den französischen Autobahnsender, der erstaunlicherweise auf allen Autobahnen auf der einheitlichen Frequenz von 107,7 MHz sendete (als ehemaliger Elektroniker komme ich immer noch nicht dahinter, wie das funktioniert) und konnten feststellen, dass es im gesamten Autobahnnetz Frankreichs kaum Unfälle oder Staus gab. Lediglich Baustellen wurden angesagt - aber meistens weit weg.

Kurz vor Lyon endete die Kostenpflicht erst einmal. Wahrscheinlich wollte man damit verhindern, dass der gesamte Transitverkehr durch die Stadt fließt.

Im Gewirr von Autobahnen war es nicht ganz einfach, den richtigen Weg zu finden. Wir schafften es aber damals auch ohne Navi.

Dann ging es weiter auf der Autobahn in Richtung Süden mit den nun schon vertrauten Zahlstellen. Bei Montélimar verließen wir die Autobahn und mussten an der Ausfahrt bezahlen, dann fuhren wir auf der Landstraße weiter. Unser Ziel waren Vallon-Pont-d'Arc und Gorges de l'Ardèche, denn unser Sohn war schon einmal dort gewesen und schwärmte von der einzigartigen Landschaft, die wir uns nicht entgehen lassen sollten.

So kamen wir also schließlich in diese wirklich reizvolle Bergregion, wo sich der Fluss Ardèche einige Kilometer vor seiner Einmündung in die Rhône eine tiefe Schlucht in den Berg gegraben hatte.

In Vallon-Pont-d'Arc gingen wir von einer Auberge zur nächsten, mussten aber überall lesen oder hören, dass es keine freien Zimmer mehr gab. Auch an den Hotels konnten wir schon von draußen lesen, dass alles besetzt war.

Wir nutzten die Gelegenheit, um in einem der zahlreichen Lokale eine Kleinigkeit zu essen. Dann blieb uns nichts anderes übrig, als nach einem traurigen Blick auf die tolle Landschaft wieder ins Auto zu steigen und weiterzufahren. Auf dem Weg von Vallon-Pont-d'Arc nach Gorges de l'Ardèche erschlossen sich uns atemberaubende Anblicke, da die Straße über weite Strecken parallel zur Ardèche verlief.

Nach der Ankunft in Gorges de l'Ardèche versuchten wir dort ein Zimmer zu bekommen, aber ebenfalls erfolglos.

So genossen wir noch einmal den Anblick der Landschaft und bewunderten die mutigen Kajak-Fahrer auf der Ardèche, dann nahmen wir Abschied von dieser wirklich einzigartigen Bergregion.

Wir waren nicht nur traurig, dort nicht länger bleiben zu dürfen, sondern es stellte sich auch die Frage, wo wir denn die kommende Nacht verbringen würden.

Wir fuhren über eine Stunde, ohne ein Hotel oder etwas Ähnliches zu sehen. Inzwischen war es auch schon dunkel und wir hatten kaum noch Hoffnung eine Bleibe für diese Nacht zu finden. Es erschien uns als das Beste, wieder auf die Autobahn zu fahren und dann auf einem Parkplatz im Auto zu übernachten.

Die winzigen Ortschaften, deren Namen wir an den Wegweisern lasen, fand meine Frau nicht auf der Karte. Außerdem hatten wir das Problem, dass sie kein Französisch sprach und deshalb die von mir vorgelesenen Ortsnamen nicht in das geschriebene Wort umsetzen konnte. So musste ich widerwillig alles so vorlesen, wie es geschrieben wurde. Da Alès eine größere Stadt in der Nähe zu sein schien, steuerten wir diese an. Vielleicht gab es ja da noch ein Schlafplätzchen für uns. Den Städtenamen sprachen wir natürlich „Ahles" aus. Ich nehme an, jeder Franzose hätten einen Schock bekommen.

Da plötzlich, nach eineinhalb Stunden hoffnungsloser Fahrt im Dunkel der Nacht, tauchte ein Licht vor uns auf und beim Näherkommen entpuppte es sich als Leuchtreklame eines Hotels.

Erfreut steuerte ich den zugehörigen Parkplatz an, stieg erst mal allein aus und sondierte die Lage. Drinnen kam mir eine junge Frau entgegen, die mich mit „Bonsoir Monsieur" freundlich begrüßte.

Ich antwortete: „Bonsoir Madame, avez-vous une chambre pour une nuit pour deux personnes?"

Sie bejahte zu meiner Freude und ich holte meine Frau aus dem Auto. Zusammen mit der Vermieterin stiegen wir die Treppe des alten Hauses empor und was wir sahen war toll. Außerdem hätten wir in dieser Situation wohl auch die schlimmste Absteige genommen.

Wir nahmen das Zimmer, nachdem ich sichergestellt hatte, dass wir es uns leisten konnten, dann brachten wir unser Gepäck nach oben.

Neben der Rezeption gab es ein Restaurant, in dem schon einige Leute saßen und speisten. Wir setzten uns an einen freien Tisch in die Nähe eines Kamins.

Aus einer nicht sehr umfangreichen Speisekarte bestellten wir uns ein vegetarisches Gericht, das uns auch preislich nicht überforderte. Dazu bestellten wir zwei Viertel des Hausweines.

Wir wurden freundlich bedient und alles schmeckte hervorragend.

Nach einer erholsamen Nacht wachten wir am nächsten Morgen spät auf und genossen erst einmal die Annehmlichkeiten des Hotels. Jedes Detail war sehr geschmackvoll im ländlichen Stil. Es gab Lavendel in Form von Seife oder getrocknet in Duftsäckchen. Alles deutete darauf hin, dass wir uns in der Provence befanden. Wie ich später erfuhr, gehörte diese Gegend aber eigentlich zur Camargue. Das tat der Schönheit der Landschaft und des Hauses aber keinen Abbruch. Wir fühlten uns sehr wohl in diesem provenzalischen Landhaus, das dort kurz und knapp „mas" genannt wird.

Frühstück gab es im Hotelrestaurant. Wir waren die einzigen Gäste und suchten uns den besten Platz aus. Durch das halbrunde Fenster hatten wir einen schönen Blick auf die grüne Umgebung.

Nachdem wir Platz genommen hatten, wurde Musik eingeschaltet. Als hätten wir es bestellt, ertönte „Der Sommer" von Vivaldi. Jetzt hatten wir erst recht das Gefühl, auf der Hochzeitsreise zu sein.

Nach dem Frühstück sahen wir uns noch die Umgebung an und staunten, dass es dort eine Straußenfarm gab. Leider hatten sich die armen Tiere schon fast alle Federn ausgerissen und sahen erbärmlich aus.

Nachdem uns dieses Hotel wie eine Oase in der Wüste erschienen war, nahmen wir uns vor, dorthin wiederzukommen.

Zu unserer Verabschiedung erschien noch einmal das gesamte Personal, welches offensichtlich nur aus dem Besitzerehepaar bestand. Er kochte und sie managte das Hotel und bediente die Gäste.

Nach Bezahlung unserer Rechnung lobte ich noch mit dem mir zur Verfügung stehenden französischen Wortschatz das Hotel, das Essen und die Besitzer, dann fuhren wir weiter.

Unser nächstes Ziel war die Pont du Gard – eine römische Aquäduktbrücke. Dieses weltbekannte Bauwerk wollten wir uns nicht entgehen lassen.

Eine gute halbe Stunde später waren wir da und bewunderten dieses Viadukt aus der Römerzeit.

Nach ausgiebiger Besichtigung der römischen Wasserleitung fuhren wir weiter. Wir suchten die Zufahrt zur Autobahn A9 und fanden sie auch.

Dann ging es etwa 200 km in südwestlicher Richtung und es wurde immer wärmer. Es gab in recht regelmäßigen Abständen Parkplätze mit Tankstellen, die aires de service hießen, wobei die Kraftstoffpreise immer schon vorher auch für die nächsten Parkplätze angeschrieben waren, damit man wusste, ob es sich lohnt, dort zu tanken oder weiterzufahren.

Auch die Restaurants auf den Parkplätzen waren viel niveauvoller als unsere damals. Man aß richtig gut – französisch eben.

Von Zeit zu Zeit konnten wir schon das Mittelmeer sehen und waren glücklich, bald am Ziel unserer Reise zu sein.

An der Ausfahrt Port Leucate verließen wir die Autobahn und sahen noch einmal, wie ausgeklügelt das System der französischen Autobahnen war; alle Ein- und Ausfahrten vereinigten sie sich am Ende, sodass nur eine Mautstelle für alle Richtungen nötig war.

Nach der Bezahlung ging es durch eine recht karge Landschaft nach Leucate und dann weiter nach Port Leucate.

Wir parkten vor einer umzäunten Anlage, die wir durch ein Tor betraten. Auf einem Hinweisschild wurden wir in vielen Sprachen gewarnt, dass wir eine FKK-Anlage betreten. Natürlich traten wir ein, denn gerade deswegen waren wir doch gekommen.

An einem der Häuschen stand das Wort „Réception". Das steuerten wir an. Hinter einem Schreibtisch saß eine halbnackte Frau in mittlerem Alter. Wären wir keine FKK-Anhänger gewesen, hätte uns dieser Anblick sicher verwirrt.

Ich grüßte auf Französisch und fragte nach einem freien Zimmer, so wie ich es in den Hotels unterwegs schon oft getan hatte. Zimmer gab es aber in dieser Anlage nicht, sondern nur Häuschen, die man hier „Chalets" nannte. Ich war super stolz, denn ich konnte mich gut in Französisch verständigen. Allerdings war das Thema bekannt und das verwendete Vokabular überschaubar.

Wir bekamen einen Zettel mit drei Hausnummern und sollten entscheiden, welches Haus uns am besten gefiele.

Also liefen wir angezogen zwischen den Nackten herum, was wir als ebenso peinlich empfanden, wie nackt zwischen Angezogenen zu sein.

Eines der Chalets gefiel uns besonders gut und wir entschieden uns dafür. In der Rezeption mussten wir eine Kaution von 100 Franc in Form eines Euroschecks hinterlegen, dann durften wir einziehen. Das angebotene Wäschepaket lehnten wir ab, denn wir hatten alles mitgebracht.

Unser Auto durften wir mit in die Anlage nehmen, sodass es keinen weiten Weg mit dem Gepäck gab.

Um von Anfang an einen guten Eindruck bei den Nachbarn zu machen, die gerade zu ihrem Haus zurückkehrten, begrüßte ich sie in meinem besten Französisch: „Bonjour Monsieur, bonjour Madame! Nous sommes votre nouveaux voisins pour deux semaines."

Sie lächelten zurück und er erwiderte: „Monsieur, Dame, d'où venez-vous?"

Ich platzte fast vor Stolz, dass ich so ein fließendes Gespräch mit Franzosen führen konnte und antwortete wie aus der Pistole geschossen: „Nous sommes de l'Allemagne."

Daraufhin lachte er und sagte: „Na, dann brauchen wir uns ja nicht auf Französisch zu unterhalten, denn wir sind auch aus Deutschland."

Da hatte er zwar Recht, aber ich fand es schade, denn ich hätte gern meine Sprachkenntnisse getestet und verbessert.

In unserem Ferienhaus war alles, was der Mensch zum Wohnen braucht. Wir mussten nur die Betten beziehen und schon war es eingerichtet.

Wir zogen uns nach dem Einräumen schleunigst aus, und begannen dann einen ersten Erkundungsrundgang im Gelände. Wir sahen den Strand und obwohl es schon später Nachmittag war, konnte ich mich nicht beherrschen und ging erst mal baden. Das Wasser war kälter als ich gedacht hatte. Vielleicht war ich aber auch so erhitzt, dass es mir nur so vorkam.

Zwar hatten wir kein Handtuch dabei, aber wegen der immer noch intensiven Sonneneinstrahlung trocknete ich schnell wieder.

Als ich getrocknet war, setzten wir unsere Besichtigung fort. Es gab ein Centre Commercial, welches Restaurants und einen Supermarkt beherbergte. Wir würden also nicht verhungern und verdursten müssen. Leider hatten wir unser Geld nicht dabei, sonst hätten wir uns gleich etwas zu essen kaufen können, denn zu unserem Erstaunen durfte man auch nackt in den Supermarkt.

So gingen wir zu unserem Haus zurück und machten es uns auf unserer Veranda gemütlich. Wir aßen unsere letzten von daheim mitgebrachten Lebensmittel und schauten in die Runde. Die übrigen Nachbarn kamen nach und nach vom Strand und grüßten alle freundlich mit „bonsoir".

Zum Glück war das Wasser aus der Leitung trinkbar. Sonst hätten wir uns erst welches kaufen müssen.

Der Abend verging sehr entspannt. Ich hatte mir ein Buch mitgebracht und las endlich mal wieder etwas anderes als Fachliteratur.

Vor dem Schlafengehen genossen wir noch einen der Vorzüge dieses herrlichen Hauses – die Dusche. Wenn wir an die vielen zurückliegende Reisen dachten, war es für uns immer wieder ein großer Luxus, dass Dusche und WC in den Ferienunterkünften jetzt zum Standard gehörten.

Am nächsten Morgen ging ich los, um etwas zum Frühstück einzukaufen. Ich freute mich schon wieder darauf, mein Französisch anzuwenden, aber ich wurde erneut ausgebremst, denn es war ein Selbstbedienungsladen. Ich packte ein Baguette, ein Stück Butter und ein Glas Marmelade in meinen Einkaufskorb. An der Kasse gab es endlich einen Menschen, der mit mir sprach, aber der sagte nur Zahlen, die ich nicht verstand. Ich gab einen 100 Franc-Schein hin und bekam eine Menge Geld zurück.

Dann frühstückten wir vor unserem Haus so richtig französisch. Dabei genossen wir die Natur und wurden von allen Nachbarn, die vorbeigingen mit „bonjour et bon appétit" gegrüßt.

Wir grüßten freundlich zurück. Das war doch schon mal ein Anfang!

Nach dem Frühstück schauten wir uns noch ein wenig in dem Ferienhaus um. Ich fand eine kleine Bibliothek. Es gab aber nur englischsprachige Bücher, da der Besitzer des Hauses offensichtlich Brite war.

In einem kleinen Brief wünschte dieser uns einen angenehmen Urlaub, bat um pflegliche Behandlung seiner Einrichtung und warnte davor, die Terrassentür von außen zu schließen, ohne den Schlüssel bei sich zu haben. Die Tür würde zuschnappen und man könnte sie von außen nicht mehr öffnen. Sei dann auch noch die Haustür verschlossen, wie er es uns dringend empfehle, wenn wir auf die Terrasse gingen, wäre man ausgeschlossen und müsse in die Stadt fahren, um einen Notdienst zu holen. Ihm, dem Besitzer sei genau dies passiert und er habe für die Türöffnung 400 Franc bezahlen müssen.

Als ich meiner Frau den Text übersetzt hatte, bekam sie einen riesigen Schreck, denn wir hatten den gestrigen Abend auf der Terrasse verbracht und die Tür nur deshalb nicht ganz geschlossen, weil wir keinen Krach machen wollten.

Dann mussten wir aber doch lachen, denn wir fragten uns, ob der Engländer seinen Autoschlüssel bei sich gehabt hatte (wo eigentlich?) und ob er nackt nach Leucate gefahren sei, um den Schlosser zu holen.

Von da an achteten wir jedenfalls immer darauf, dass wir den Schlüssel mit auf die Terrasse nahmen. Meine Frau befürchtete ständig, die Terrassentür könne infolge Zugluft zufallen und ich konnte sie nicht davon abbringen, obwohl es sich um eine Schiebetür handelte, die vom Wind gar nicht bewegt werden konnte.

Uns ist jedenfalls in den 14 Tagen kein solches Missgeschick passiert.

Nach dem Frühstück nutzten wir einen der Vorzüge eines FKK-Dorfes. Man konnte sich schon in der Unterkunft mit Sonnencreme einreiben, und ging dann mit nichts als einem Handtuch über der Schulter an den Strand. Das war ein Fußweg von etwa fünf Minuten.

Dann lagen wir im weißen Sand und badeten so oft wir wollten. Als es uns gegen elf Uhr zu heiß wurde, gingen wir ins Haus zurück.

Da wir Hunger hatten, suchten wir eine Pizzeria im Centre Commercial auf und aßen dort. Vorher hatten wir uns informiert, wie die Kleiderordnung beim Essen war. Sie war ganz einfach: Jeder kam, wie er wollte. Wer nichts anhatte, brachte sein Handtuch mit und legte es sich unter den Allerwertesten.

So machten wir es auch und genossen Spagetti mit Tomatensoße in völliger Freiheit. Wir mussten keine Angst haben, uns zu bekleckern, denn der Mensch ist ja bekanntlich abwaschbar.

Bis zum Kaffee hielten wir uns in unserem Chalet auf, dann gingen wir erneut zum Strand. Diesmal zogen wir jedoch lieber T-Shirts an, denn die Sonne hatte auf unseren Schultern schon ihre Spuren hinterlassen. Zum Glück waren wir keine FKK-Anfänger wie viele, die wir hier sahen, bei denen sich die sonst immer bedeckten Hautpartien ziemlich schnell rot färbten.

Trotzdem beschlossen wir am Abend beim Duschen, dass wir am nächsten Tag erst mal den Strand auslassen sollten, um unsere Haut wieder zu beruhigen.

Zum Abendbrot holten wir uns aus dem kleinen Supermarkt Baguette, Käse und Wein, sowie Tomaten und Knoblauch.

Wir stellten fest, dass diese original französischen Baguettes dem Geschmack und der Konsistenz unserer früheren Berliner Schrippen sehr ähnlich waren. Deshalb schmeckten sie uns wohl auch auf Anhieb so gut.

In Ermangelung eines Fernsehers verbrachten wir den Abend mit dem Lesen unserer Bücher, was mal wieder viel Spaß machte.

Als wir nicht mehr lesen konnten, gingen wir ins Bett und waren rundum glücklich. Dann machten wir das, was man auf Hochzeitsreisen zu tun pflegt.

Nach dem Frühstück, für das ich wieder ein Baguette gekauft hatte, machten wir Pläne für den Tag. Wir entschieden, dass wir mit dem Auto die Umgebung erkunden und gleichzeitig einen richtigen großen Supermarkt suchen wollten.

So fuhren wir denn los und machten die Gegend unsicher. Wir sahen nun viel genauer, welch eine karge Landschaft uns hier umgab. Während uns innerhalb des village naturiste viele exotische Pflanzen erfreuten, wuchs hier außerhalb fast gar nichts.

Nach vielen Kilometern tauchte plötzlich ein Supermarkt mit dem Namen SuperU vor uns auf. Er hatte einen großen Parkplatz, auf dem wir unser Auto abstellten. Drinnen kauften wir nach Herzenslust ein, und obwohl es natürlich auch hier Selbstbedienung gab, konnte ich doch meine Sprachkenntnisse ein wenig anwenden, wenn es darum ging, Lebensmittel zu identifizieren, obwohl vieles genauso aussah, wie bei uns. Allerdings waren die meisten Artikel viel teurer als in Deutschland.

Das Angebot an Käse war noch größer als wir es erwartet hatten, sodass wir gar nicht wussten, welchen wir kaufen sollten.

In der Reihe mit Konserven sahen wir unter anderem Ratatouille. Davon hatten wir schon mal gehört, also nahmen wir eine Dose mit.

Ein Baguette für das Abendessen durfte natürlich auch nicht fehlen, obwohl es gerade erst Mittag war.

An der Kasse staunten wir über die zahlreiche Verwendung von Schecks in Frankreich. Die Kundin riss einen Scheck aus ihrem Scheckbuch heraus, unterschrieb ihn und gab ihn der Kassiererin. Diese legte ihn in die Kasse ein und alle notwendigen Eintragungen wurden auf den Scheck gedruckt und anschließend der Kundin zur Kontrolle gezeigt.

Wir bezahlten bar und freuten uns, dass sich unmittelbar neben dem Supermarkt ein Geldautomat befand, aus dem wir uns Nachschub an Franc holen konnten.

Als wir zum Auto zurückkamen, traf uns fast der Schlag. Das Wageninnere hatte sich enorm aufgeheizt, und wir konnten mit unseren kurzen Hosen und T-Shirts kaum auf den Autositzen Platz nehmen. Das Lenkrad, der Schaltknüppel und der Handbremshebel schienen zu glühen.

Deshalb fuhren wir mit weit offenen Fenstern los. Erst nach einigen Kilometern war es einigermaßen erträglich im Auto. So warm hatten wir es zuletzt in Bulgarien gehabt.

In ihrem eigenen Interesse bitte ich nun alle Gourmets den nächsten Absatz zu überlesen.

Zurück im Ferienhaus öffnete ich die Konservendose und wir machten uns die Ratatouille warm. Dazu aßen wir das mitgebrachte Baguette. Es schmeckte einfach himmlisch!

Nach einer längeren Mittagsruhe zog es uns dann doch wieder zum Strand. Irgendwann bemerkten wir, dass wir fast die einzigen Strandbesucher waren, die ins Wasser gingen. Die anderen sonnten sich nur. Ein Franzose fragte uns vom Ufer aus: „D'où venez-vos?"

Ich antwortete: „De l'Allemagne."

Daraufhin lächelte er verständnisvoll und sagte: „Je comprends." Er hatte wahrscheinlich schon einmal einen Fuß in die kalte Ostsee gehalten.

Zum Abend holten wir uns noch ein Baguette, das glücklicherweise zu jeder Tageszeit vorrätig war und immer frisch und knusprig schmeckte.

Nun aßen wir Käsebaguette und dazu Tomaten mit Knoblauch, wohl wissend, dass wir nun meilenweit gegen den Wind zu riechen sein würden. Das machte uns jedoch in dem Moment nichts aus. Wir waren ja an der frischen Luft.

Danach fand das gleiche Abendprogramm wie am Vortag statt.

So versuchten wir einen täglichen Wechsel zwischen Strand und Herumfahren zu praktizieren. Die Ausflüge wurden besonders interessant, da wir den Supermarkt nicht wiederfanden und lange in der Gegend herumfuhren, bis wir zufällig einen mit dem Namen Les Mousquetaires aufspürten.

Wir waren für diesen Tag erst mal gerettet, fanden ihn aber später auch nie wieder. Zu unserer Entschuldigung kann ich nur sagen, dass wir lediglich schematische Landkarten vom ADAC hatten, auf denen zwar viele Sehenswürdigkeiten, aber nur die wichtigsten Städte und Straßen eingezeichnet waren.

Es war ein Wunder, dass wir überhaupt immer wieder zu unserer Ferienanlage zurückfanden.

Durch unser Herumirren sahen wir Flamingos, die leider bei unserer Annäherung davonflogen. Es gab auch viele Gekkos, die ebenfalls schlagartig verschwanden, wenn wir uns ihnen näherten.

Als wir keine Lust mehr hatten, die unmittelbare Umgebung unserer Anlage zu erforschen, fassten wir den Entschluss, mal in das benachbarte Spanien hinüberzufahren. Die nächste große Stadt war dort Barcelona, aber die schien uns doch etwas zu weit entfernt zu sein.

So fuhren wir erst mal los. Wir benutzten nicht die Autobahn, sondern wählten die Straße, die direkt am Mittelmeer entlang führte. Unterwegs konnten wir beobachten, wie ein Löschflugzeug über einem Waldbrand in den Pyrenäen Wasser abwarf und zurück zum Meer flog.

Über die Grenze kamen wir ohne Kontrolle. In Spanien sah es in diesem Teil auch nicht anders aus als in Frankreich.

Wir folgten der Landstraße und erreichten plötzlich Figueres. Den Städtenamen hatten wir noch nie gehört, aber offensichtlich handelte es sich um eine größere Stadt, sodass wir uns am Ziel unseres Ausflugs sahen.

Wir stellten das Auto auf einem Parkplatz ab und schlenderten durch die Stadt. Als wir an einer Wechselstube vorüber kamen tauschten wir Geld. Dabei staunten wir, dass wir etwa 4400 Pesetas für unsere 50 DM erhielten. Damit waren wir gut ausgerüstet, um essen zu gehen.

Wir suchten eine Art Schnellrestaurant auf, bei dem es nicht zu teuer war und wo man die Speisen anhand von Bildern aussuchen konnte, denn die spanische Sprache war uns völlig fremd.

Ein schwitzender Kellner brachte uns das Essen und die Getränke. Nachdem wir aufgegessen hatten, zahlte ich. Zuerst war ich über die Höhe der Rechnung erschrocken, rechnete dann aber um und erkannte, dass wir sehr preiswert gegessen hatten. Ich gab dem Kellner einen der großen Scheine. Daraufhin holte er eine durchsichtige Plastiktüte mit Kleingeld hinter dem Tresen hervor. Er zählte uns das Wechselgeld auf Spanisch vor. Da ich so spontan nicht umrechnen konnte, gab ich ihm das Hartgeld zurück. Das war ein ganzer Berg, aber ich glaube nicht, dass er damit sehr zufrieden war.

Gesättigt setzten wir unseren Stadtbummel fort bis wir plötzlich dachten, wir hätten Halluzinationen. Vor uns tauchte ein großes braunes Gebäude auf, das unsere volle Aufmerksamkeit erregte. Auf dem Dach standen riesige Eier und an den Wänden klebten Gebilde, die aussahen wie sehr helle Ausscheidungen von Hunden.

Hätten wir schon Asterix gekannt, hätten wir wahrscheinlich gesagt: „Die spinnen, die Spanier!"

So setzten wir kopfschüttelnd unseren Weg durch die Stadt fort bis wir an einen Kiosk kamen, der auch Postkarten anbot. Dort sahen wir zu unserer Schande, dass es sich bei dem ominösen Gebäude um das Dali-Museum handelte. Von Salvador Dali hatten wir schon gehört, aber keine Ahnung gehabt, dass es in Figueres ein Museum für ihn gab. Unser Reiseführer wies leider nur auf Sehenswertes in Frankreich hin.

Auf einer Ansichtskarte war ein Kunstwerk abgebildet, das ich schon einmal gesehen hatte und das ich sehr gut verstand. Es zeigt die dahinschmelzende Zeit – ein Problem, das jeder kennt, der dem Jugendalter entwachsen ist.

Am späten Nachmittag verließen wir Figueres wieder. Am Stadtrand gab es einen großen Supermarkt, den wir nutzten, um einzukaufen.

Die meisten Lebensmittel waren billiger als in Frankreich und so griffen wir kräftig zu. Geld hatten wir ja genug eingetauscht. Unter anderem kauften wir auch eine große Flasche Sangria. Davon hatten wir schon viel gehört, aber noch nie gekostet.

Am späten Abend trafen wir wieder in unserem Ferienhaus ein. Wir schleppten alle Lebensmittel ins Haus und verstauten sie, wo nötig im Kühlschrank.

Nach dem Abendbrot wollten wir uns noch ein Glas Sangria genehmigen, aber als ich die Flasche öffnen wollte, bemerkte ich, dass sie schon mal geöffnet worden sein musste, denn es gab keinen Knacks beim Aufdrehen des Schraubverschlusses.

Plötzlich hatten wir keinen Appetit mehr auf Sangria und tranken Wasser bis zum Schlafengehen.

Zu meiner Verwunderung war meine Lesegeschwindigkeit so groß, dass ich bereits nach einer Woche alle meine Bücher ausgelesen hatte. Um nicht vor Langeweile zu sterben, blieb mir nichts anderes übrig als auf die vorhandene Bibliothek zurückzugreifen.

Die Sache hatte nur einen Haken: Wir waren in Frankreich und ich hatte nur ein Französisch-Wörterbuch mitgenommen. So versuchte ich mich also ohne Hilfe durchzuwursteln. Ich las „The Talented Mr. Ripley" von Patricia Highsmith und kam sehr gut klar damit, wenn ich auch nicht jedes Wort übersetzen konnte. Ich verstand jedenfalls immer, worum es ging und lernte viel dazu.

Dies war der Beginn meiner Leidenschaft, englischsprachige Bücher im Original zu lesen.

Eines frühen Abends kam ein entzückendes junges Mädchen zu uns. Sie fiel dadurch auf, dass sie nicht ganz nackt war, wie alle anderen hier, sondern eine Hose trug. Sie zeigte uns eine Auswahl an Aquarellen, die sie mit einer ganz neuen Kopiertechnik hergestellt hatte. Nachdem sie merkte, dass wir sie nicht gut verstanden, sprach sie englisch mit starkem französischen Akzent, was sich sehr süß anhörte.

Nun muss ich zugeben, dass ich kein Kunstkenner bin und am Erwerb von Kunstwerken normalerweise kein Interesse habe. In diesem Fall war es jedoch anders, denn die junge Französin, die die Bilder anbot, war so charmant, dass ich gar nicht anders konnte, als etwas bei ihr zu kaufen. Auch meine Frau schien von der Anmut der Mademoiselle so beeindruckt zu sein, dass sie ebenfalls ein Bild kaufte. Wir bezahlten 100 Franc dafür. Zur Belohnung bekamen wir noch ein drittes Bild gratis.

Diese Bilder hängen seit dieser Zeit an der Wand in meinem Arbeitszimmer. Da sie mediterrane Strandszenen darstellen, erinnern sie uns bis heute an diesen schönen Urlaub in Port Leucate. Ich habe den Kauf niemals bereut.

Während des Aufenthalts hatten wir nicht zu Hause angerufen. Wir gingen einfach davon aus, dass unser Jüngster mit allem klarkommen würde. Als dann aber der letzte Abend in Port Leucate angebrochen war, wollten wir uns doch mal bei ihm melden und sagen, dass wir am nächsten Tag den Heimweg antreten würden.

Neben dem Restaurant gab es ein öffentliches Telefon. Wir mussten uns zuerst eine Telefonkarte der französischen Telekom kaufen, dann konnten wir telefonieren.

Nach einigen Sekunden meldete sich unser Sohn und wir teilten uns gegenseitig mit, dass es uns gut ginge. Plötzlich fiel ihm ein, dass da ein Brief von so einem Bundesamt angekommen sei. Ich war neugierig und bat ihn, den Brief zu öffnen und mir vorzulesen. Er holte ihn und öffnete das Kuvert, während unser Telefonguthaben rapide abnahm. Endlich begann er vorzulesen und zu meiner größten Freude erfuhr ich, dass ich bei diesem Amt eingestellt werde. Ich sollte meinen Dienst am 1. Oktober

1993 aufnehmen. Ich konnte meine Freude kaum in Worte fassen und als ich wieder reden konnte, war die Telefonkarte leer.

Meine Frau hatte nur bruchstückhaft mitbekommen, was los war und nach meinem Bericht freuten wir uns gemeinsam.

Das Restaurant war nah, was uns dazu bewog, es aufzusuchen und zusammen un demi de vin rouge zu bestellen.

Bei dem halben Liter blieb es nicht. Schließlich hatten wir ja etwas zu feiern.

Nach dieser unerwarteten Entwicklung wäre ich am liebsten ohne Pause nach Hause gefahren, aber es war ja erst Ende August und so gab es keine Eile. Also schlugen wir den vorher festgelegten Rückweg ein.

Dieser führte uns zuerst wieder auf dieselbe Autobahn zurück, auf der wir gekommen waren. Bei Nimes bogen wir dann aber in Richtung Marseille ab. Dort wollte ich gern den Hafen sehen, aber der erwies sich als wenig ansehnlich, sodass wir schnell das Weite suchten.

Dann ging es weiter nach St. Tropez, denn ich wollte die Stadt in Augenschein nehmen, in der mein französischer Lieblingsschauspieler als Gendarm sein Unwesen getrieben hatte.

Wir fuhren in die Stadt hinein und wollten irgendwo einen Parkplatz suchen, um uns ein wenig umzusehen. Dieses Vorhaben scheiterte allerdings auf der ganzen Linie. Wir hatten kein Problem in die Stadt hineinzukommen, aber dann gab es keine Chance auf einen Parkplatz. Mir schien die ganze Stadt aus einem großen Kreisverkehr zu bestehen, sodass wir einmal herumgeführt wurden und dann wieder da landeten, wo wir hereingekommen waren. Das ganze war mit viel Stress verbunden, denn kaum einer der anderen Autofahrer hielt sich an irgendwelche Verkehrsregeln, sondern jeder fuhr, wie er wollte.

Nach dieser Erfahrung hatten wir auch keine große Lust, die weltberühmten Städte Cannes und Nice (Nizza) einer näheren Betrachtung zu unterziehen. Beim Durchfahren der Städte sahen wir auf der linken Seite die großen Hotels und auf der rechten Seite das Mittelmeer mit einem steinigen Strand direkt an der Straße. Wir hätten keine Lust gehabt, dort am Strand zu liegen – auch nicht mit Badekleidung.

Noch vor dem vornehmen und angeblich sündhaft teuren Monaco bogen wir nach Norden ab. Wir wollten zum Vallée des Merveilles, dem Tal der Wunder. Dieses Etappenziel hatte meine Frau für uns herausgesucht. Dass sie es kannte, war wieder einmal der Internationalen Tourismusbörse in Berlin zu verdanken, wo wir uns ganz ausführlich über Frankreich informiert hatten.

Nach langer Fahrt durch die französischen Seealpen erreichten wir die Stadt Saint-Dalmas de Tende, die ein guter Ausgangspunkt für eine Wanderung ins Vallée des Merveilles sein sollte.

Gleich nach unserer Ankunft hatte ich erst einmal wieder die Aufgabe ein Quartier zu suchen. Es lief schlecht, wie schon mehrfach erlebt. Dann, als wir schon fast aufgegeben hatten, gab es doch noch ein freies Zimmer in einem sehr rustikalen Hotel. Die Ausstattung entsprach nicht dem Standard, an den wir uns in der letzten Zeit gewöhnt hatten. Aber in Ermangelung einer Alternative mussten wir damit auskommen.

Voller Tatendrang wollten wir ins Tal der Wunder aufbrechen, nachdem wir unser Gepäck ins Zimmer getragen hatten, aber da gab es ein Problem. Der Wegweiser sagte aus, dass man bis dorthin fünf Stunden wandern müsse und dass man genug Proviant und eine geeignete Ausrüstung dabei haben sollte, falls man von schlechtem Wetter überrascht werden würde. Da wir auf Sommerurlaub am Mittelmeer eingestellt waren, fehlte uns beides. Außerdem war es bereits später Nachmittag. So blieb die Wanderung zum Wundertal also auf der Liste der unerledigten Dinge und wir wanderten nur ein wenig in der Nähe des Ortes, bis es Abendbrot gab.

Das Essen passte zum Haus. Es gab Brühnudeln mit Rindfleisch, wie ich es seit Kindertagen nicht mehr gegessen hatte.

Nach dem Essen gingen wir in unser Zimmer, das weder Dusche noch WC hatte. Das Etagen-Klo war am Ende des Ganges und hatte die bekannte Zimmernummer 00.

Das Frühstück am nächsten Morgen fiel wieder typisch französisch aus.

Nachdem wir bezahlt hatten, setzten wir unseren Weg in Richtung Italien fort. Bei einem Supermarkt hielten wir noch einmal an und kauften Käse und mehrere Büchsen Ratatouille für zu Hause.

Dann fuhren wir durch den längsten Tunnel, den ich je erlebt hatte und waren an seinem Ende in Italien.

Bei der ersten sich bietenden Gelegenheit tauschte ich Lire ein, denn es war für uns einfach ein schreckliches Gefühl, kein Geld in der Landeswährung bei uns zu haben.

Hatten wir schon gestaunt, wie viele Pesetas wir in Spanien für unser Geld bekommen hatten, so war es in Italien noch mehr. Für 200 DM bekam ich 200 000 Lire. Ich gab das Geld meiner Frau zur Verwahrung in ihrer Handtasche, dann fuhren wir weiter.

Als wir auf die Autobahn kamen, erwartete uns natürlich wieder ein Mautsystem. Wir zogen ein Ticket und irgendwann mussten wir zur Bezahlung an einem Kassenhäuschen anhalten. Der freundliche Angestellte sagte: „Quindicimilla lire." Da ich es nicht verstand, wiederholte er auf Englisch: „Fifteen thousand."

Ich übersetze das für meine Frau und sie gab mir einen 1000-Lire-Schein. Ich wiederholte: „Fünfzehntausend Lire". Daraufhin gab sie mir einen 2000-Lire-Schein. Als ich damit immer noch nicht zufrieden war, gab sie mir ihr Portemonnaie, dem ich einen 10000- und einen 5000-Lire-Schein entnahm, um ihn dem Mautkassierer zu geben. Als sie das sah, wurde meine sonst so ruhige Frau fuchsteufelswild und schimpfte laut: „Sind die denn hier total verrückt geworden?!"

Während wir weiterfuhren, verwies ich auf das Umtauschverhältnis von 1:1000. Umgerechnet hatten wir also 15 DM bezahlt.

Auf der weiteren Fahrt umrundeten wir Torino, kamen in den Berufsverkehr in Milano und waren am Abend in Como, wo wir übernachten wollten. Dort fanden wir ein nettes nicht zu teures Hotel. Der Portier sprach deutsch und riet uns, das Auto direkt vor der Eingangstür zu parken, damit er während der Nacht ein Auge darauf werfen konnte.

Wir aßen gut zu Abend und hatten eine ruhige Nacht, da wir doch wussten, dass unser Auto unter Aufsicht stand.

Spaßeshalber stellten wir uns jedoch vor, jemand würde das Auto aufbrechen. Er würde die Tür schnell wieder zuschlagen, denn im Innenraum stank es grässlich nach dem französischen Käse. Das hielten nur wir aus, da wir die Ursache kannten.

Am nächsten Tag sahen wir erst richtig, wie schön es dort war, wo wir übernachtet hatten. Die Stadt lag direkt am Comer See und alles erinnerte uns an den Lago Maggiore, den wir ein Jahr zuvor gesehen hatten.

Um Autobahngebühren zu sparen, fuhren wir wieder auf Landstraßen über Berg und Tal, kreuzten Ländergrenzen und landeten schließlich in Lindau am Bodensee wieder auf heimischem Boden.

Da es bis Berlin noch ziemlich weit war, übernachteten wir noch einmal in der Nähe von Lindau, dann ging es schnurstracks nach Hause.

Zusammenfassend kann ich sagen, dass dies wohl die bis dahin schönste Reise in meinem Leben war. Alles hatte sich so wundervoll gefügt und der krönende Abschluss war, dass ich wieder Arbeit hatte.

Meine Oma hätte gesagt: „Herze, wat willste mehr?"

Euronat Grayan (Frankreich)

Nach den guten Erfahrungen mit Frankreich und dem village naturiste in Port Leucate beschlossen wir auch im Jahr 1994 nach Frankreich zu fahren. Allerdings wollten wir diesmal zur Atlantikküste. Noch nie waren wir an einem Ozean gewesen, wo ich doch das Wasser und die Wellen so sehr liebte. Und hohe Wellen sollte es an der Atlantikküste geben, so hatte ich gehört. Deshalb entschieden wir uns für Euronat an der Côte d'Argent – der Silberküste.

Nachdem es im Jahr zuvor im Sommer in Südfrankreich doch sehr heiß gewesen war und die Preise in der Nachsaison niedriger waren als in den Ferien, fuhren wir erst im September in den Urlaub.

Am ersten Wochenende im September ging es also los. Wir hatten noch den Mitsubishi Colt, der uns ja bis dahin nur Freude gemacht hatte und so starteten meine Frau und ich frohen Mutes. Unser erstes Etappenziel sollte Luxemburg sein. Wir waren neugierig auf dieses kleine Land.

Nachdem wir den Berliner Ring hinter uns hatten, fuhren wir auf die A2 in Richtung Hannover. Inzwischen hatte sich meine Frau ein wenig mehr an das Autofahren in Gesamtdeutschland gewöhnt und fuhr auch mal einige Kilometer. Ich konnte zwar nicht abschalten, während sie fuhr, aber wenigstens mal eine andere Haltung einnehmen.

Die erste Stadt in Luxemburg war Wasserbillig. Was mir als Autofahrer besonders auffiel war, dass dieser Ort eigentlich Benzinbillig heißen müsste. Die Tankstellen zeigten die Preise in D-Mark an, was den Preisvorteil offensichtlich werden ließ. Beim Fahren durch die Stadt sahen wir außerdem überall Hinweise auf billigen Kaffee, Schnaps und Zigaretten.

Da unser Tank sowieso gerade ziemlich leer war, fuhr ich an eine Tankstelle, tankte voll und kaufte ein Pfund Kaffee für das gesparte Geld.

Gesprochen wurde deutsch und bezahlen konnte man in D-Mark. Trotzdem nutzten wir den ersten Geldautomaten, den wir sahen, um luxemburgische Franc abzuheben, denn wir wollten schließlich in dem Land noch übernachten und waren nicht sicher, dass man überall mit deutschem Geld bezahlen konnte.

Die Hauptstadt Luxembourg tangierten wir nur, während wir in südwestliche Richtung fuhren.

Kurz vor der französischen Grenze erreichten wir die Stadt Bettembourg. Dort fanden wir ein Hotel mit angeschlossener Pizzeria, was mir besonders sympathisch war, denn ich liebe Pizza.

In diesem Teil Luxemburgs war anscheinend die französische Sprache gefragt. Aber zum Zimmerreservieren reichten meine Sprachkenntnisse ja allemal.

Wir bekamen ein gutes Zimmer für die Nacht und ich hatte zum Abend eine leckere Pizza, während meine Frau Nudeln bevorzugte.

Insgesamt erschien uns das Essen in Luxemburg auch nicht allzu teuer. Wahrscheinlich deshalb kamen auch viele Franzosen über die Grenze, um dort zu essen.

Am nächsten Morgen setzten wir unsere Reise fort. Unser nächstes Ziel war Paris. Zwar hatten wir nicht vor, mit dem Auto direkt nach Paris hineinzufahren, denn das sollte ziemlich stressig sein, wie mir aus erster

Hand berichtet worden war. Vielmehr war der Plan, draußen vor den Toren der Hauptstadt ein günstiges Hotel zu suchen und dann mit der Bahn ins Zentrum zu fahren.

Wie gesagt, das war der Plan. Dass es manchmal anders kommt, mussten wir erfahren, als wir auf dem **Boulevard périphérique südlich vom Pariser Zentrum** fuhren und ein Hotel suchten. Da gab es eine Umleitung und wir mussten die Richtung wechseln. Leider fehlten weitere Schilder, die uns zeigten, wie wir auf die ursprüngliche Strecke zurückkommen konnten. Der eingeschlagene Weg führte uns jedoch mitten hinein nach Paris. Genau das hatten wir eigentlich vermeiden wollen.

Wir fuhren auf einer Autobahn mit drei Spuren pro Richtung nach Norden und jeder Versuch, diese Autobahn zu verlassen wurde dadurch vereitelt, dass rechts neben uns Autos fuhren, deren Fahrer überhaupt nicht daran dachten, auch nur die kleinste Lücke zu lassen, wenn ich rechts blinkte.

Da ich fürchtete, die Stadt von Süden nach Norden durchqueren zu müssen, ohne anhalten und aussteigen zu können, packte mich der Mut der Verzweiflung. Ich lenkte einfach nach rechts, als würde ich nicht bemerken, dass dort Autos fuhren. Und siehe da, plötzlich entstand eine Lücke, in die ich hineinfahren konnte. Mit dieser Methode gelang es mir, mich bis zu einer Ausfahrt durchzukämpfen und endlich die Autobahn zu verlassen.

Nun waren wir auf einer ganz normalen Straße und da war auch schon ein Hotel einer französischen Kette. Es gelang mir ohne große Probleme auf den Hotelparkplatz zu fahren. Dort stiegen wir mit wackligen Knien aus und gingen in die Lobby.

Meine übliche Frage im Hotel variierte ich in diesem Fall, denn wir wollten zwei Nächte bleiben, damit wir einen ganzen Tag für die Stadtbesichtigung hatten.

Im Gegensatz zu unseren sonstigen Erfahrungen mit Franzosen war die Dame an der Hotelrezeption nicht besonders nett. Sie stellte viele Fragen, von denen ich nicht alle verstand. Zum Beispiel wollte sie wissen, ob ich eine **Carte Bleue** hätte. Ich wusste nicht, was sie meinte und verneinte die

Frage. Danach wurde sie richtig unhöflich und verlangte in ziemlich barschem Ton, dass wir das Zimmer im Voraus bezahlen sollten. Wir kratzten unsere französischen Bargeldreserven zusammen und es reichte zum Glück. Nachdem wir bezahlt hatten, bekamen wir den Schlüssel und durften ins Zimmer. Die freundlichen Wünsche, die man sonst immer vom Hotelpersonal zu hören bekommt, fehlten hier völlig.

Dadurch ließen wir uns den Tag jedoch nicht vermiesen, denn nach allem, was wir auf der Fahrt hierher erlebt hatten, konnte uns nichts mehr erschüttern.

Im Zimmer gab es einen Wasserkocher und Nescafé, was meine Frau besonders freute, da sie koffeinsüchtig ist und alle paar Stunden ihren Kaffee braucht. Mir reichte ein Schluck Wasser, um wieder fit zu sein.

Bevor wir das Hotel verließen, bat ich an der Rezeption um einen Stadtplan von Paris. Als ich ihn bekommen hatte, wollte ich wissen, wo wir eigentlich sind, indem ich fragte: „Ou sont nous?"

Heute weiß ich, dass das grammatikalisch nicht ganz korrekt war, damals erwartete ich eine Antwort. Die Rezeptionistin antwortete aber leider mit einer Gegenfrage in Englisch, deren Sinn ich bis heute nicht verstehe: „What is what?"

Ich ließ sie einfach stehen und verließ das Hotel. Meine Frau war schon draußen und zusammen gelang es uns herauszufinden, wo wir waren – an der Porte d'Italie.

An diesem Nachmittag beschränkten wir uns auf die direkte Umgebung des Hotels. Dort gab es einige schöne Parks. Außerdem hoben wir an einem Automaten französisches Geld ab, auf dass wir wieder zahlungskräftig sein würden.

Wichtig war mir auch herauszufinden, ob es eine U-Bahn-Station in der Nähe gab. Wir hatten Glück. In der unmittelbaren Umgebung war ein U-Bahnhof und mit der dort verkehrenden Linie konnte man gut in die Innenstadt fahren. Leider bekamen wir keine Tagestickets, sondern kauften ein sogenanntes Carnet, welches aus 10 Einzeltickets bestand. Damit sollten wir am nächsten Tag eigentlich auskommen.

Somit hatten wir alles erledigt, was an diesem Tag noch zu tun war und konnten uns nun zum Abendessen begeben.

Das Restaurant des Hotels war ein großer finsterer Saal und wir fühlten uns von Anfang an nicht wohl darin. Als dann noch der Kellner keinerlei Verständnis für Menschen hatte, die nicht perfekt französisch sprachen, waren wir restlos bedient.

Wir bestellten etwas nicht zu Teures und dazu einen Hauswein. Nach dem Essen wollten wir schnell die ungastliche Stätte verlassen und baten, unsere Zeche mit auf die Zimmerrechnung zu schreiben. Der Kellner aber schüttelte energisch den Kopf und verlangte Barzahlung. Das Trinkgeld sparten wir uns.

Frustriert gingen wir schlafen und nahmen uns vor, am nächsten Tag woanders zu essen.

Tags darauf starteten wir früh, denn wir hatten ein großes Programm. Schließlich hatten wir nur einen Tag, um die wichtigsten Sehenswürdigkeiten von Paris zu besuchen.

Da wir gehört hatten, dass es am Eiffelturm immer sehr voll sein sollte und dass dort frühes Erscheinen langes Anstehen vermeidet, fuhren wir zuerst zum Tour Eiffel, wie er auf Französisch heißt. In der Tat mussten wir kaum anstehen, um Karten zu kaufen und hochzufahren. Von oben hatten wir einen tollen Ausblick auf das morgendliche Paris.

Als wir genug gesehen hatten, fuhren wir wieder herunter und waren überrascht, wie lang inzwischen die Schlangen vor den Kassen geworden waren.

Ich muss wohl nicht extra betonen, dass ich die Fahrt in der Pariser U-Bahn, die dort Metro heißt, sehr genoss. Die Metro fuhr teilweise oberirdisch, sodass man viel von der Stadt sehen konnte. In der U-Bahn gab es allerlei Aufführungen. Während es in Berliner Verkehrsmitteln fast nur Bettler gab, die höchstens mal ein bisschen auf der Gitarre klimperten, waren dort richtige Künstler am Werk. Nicht nur die musikalischen Darbietungen waren besser als die in Berlin, sondern es gab zum Beispiel auch ein richtiges Puppentheater. Am Ende wurde natürlich auch immer bei den Fahrgästen kassiert, aber in Paris fiel es uns leichter, etwas zu spenden. Man hatte einfach mehr Spaß.

Eine weitere Besonderheit war, dass es an den Türen Klappsitze gab und jedes Mal, wenn der Zug an einem Bahnhof hielt, sprangen die darauf Sitzenden auf und machten die Tür frei. Nach dem Türschließen setzten sie sich wieder hin.

Der Tag war voll mit Eindrücken. Wir sahen die Basilika Sacré-cœur, den Arc de Triomphe, die Kathedrale Notre-Dame de Paris und den Louvre. Zwischendurch schlenderten wir über die Avenue des Champs-Élysées, über die Pont Neuf sowie durch den Jardin des Tuileries und den Jardin du Luxembourg.

Anhand der Menge der besichtigten Sehenswürdigkeiten ist es wohl klar, dass wir nichts so lange besichtigt haben, wie man es eigentlich tun sollte. Im Louvre waren wir nur im Eingangsbereich, denn für die halbe Stunde, die wir für die Bilder Zeit gehabt hätten, war uns der Eintrittspreis zu hoch. Beim Arc de Triomphe trauten wir uns nicht über die Fahrbahn. Wir sahen viele Menschen, die Kopf und Kragen riskierten, um auf die Mittelinsel mit dem Triumphbogen zu gelangen, wir aber waren zu feige dazu und so sahen wir uns das Bauwerk eben nur von Weitem an.

Immerhin hatten wir nach diesem langen Tag einen Eindruck von Paris und seinen Bewohnern. Die Stadt war schon so, wie wir sie uns immer vorgestellt hatten.

Die Menschen zerfielen in zwei Gruppen. Die normalen Einwohner schienen sehr nett und hilfsbereit zu sein, aber die Dienstleister, wie Hotelportiers, Kellner und U-Bahn-Mitarbeiter, die wir kennengelernt hatten, waren nicht die nettesten, um es vorsichtig auszudrücken.

Am nächsten Morgen brachen wir zu unserer letzten Etappe der Hinreise auf. Unser Ziel war erst einmal Bordeaux.

Mit den französischen Autobahnen und deren Gebühren kannten wir uns ja schon aus, und so hatten wir damit keine Probleme. Wir fuhren vorbei an den Städten Orleans, Tours, Poitiers und Angoulême.

Irgendwann erreichten wir Bordeaux und schafften es wenigstens dort, den Stadtring an der richtigen Ausfahrt zu verlassen, um dann der immer breiter werdenden Gironde zu folgen.

Am späten Nachmittag standen wir vor der Schranke zum Euronat-Gelände. Wir ließen das Auto auf dem Parkplatz und gingen zu Fuß bis zur Anmeldung. Ich sagte diesmal schon schlauer: „Bonjour, nous cherchons un chalet pour trois semaines."

Daraufhin bekamen wir einen Plan des Geländes, bei dem drei Häuser angekreuzt waren. Wir liefen los und merkten nach einer Weile, wie groß die Anlage war. Man konnte sich hier einen Wolf laufen. Nicht umsonst galt Euronat als das größte FKK-Gelände Europas.

Zum Glück lagen alle drei Angebote in der Region Asien. Das ganze Gelände war nämlich aufgeteilt in Quartiere, die die Namen der Kontinente führten. Wir suchten uns in der Avenue de Kamtchatka ein Viertelhaus aus, von dem wir annahmen, dass es die meiste Sonne abbekommen würde. Dann wanderten wir wieder zurück zur Rezeption und erledigten die Formalitäten. Leider gehörte dazu auch ein temporärer FKK-Ausweis, den wir dort kaufen mussten, da wir keine Mitglieder im Deutschen Verein für Freikörperkultur waren.

Nachdem alles erledigt war, durften wir mit dem Auto auf das Gelände fahren und es sogar neben dem Haus abstellen.

Als wir unser Gepäck in das Haus getragen hatten, unternahmen wir einen Rundgang, um uns ein wenig die Beine zu vertreten. Dabei stellten wir fest, wie weit es bis zum Strand war. Wir liefen über eine halbe Stunde.

Auf Bitten meiner Frau badete ich an diesem Abend nicht, denn die Wellen waren sehr hoch und die Rettungsschwimmer hatten schon Feierabend.

Stattdessen gingen wir nun wieder vom Strand weg in das auch hier vorhandene Centre Commercial. Dort lockten uns gleich mehrere Restaurants mit ihren Angeboten. Wir entschieden uns für La Poissonnerie und aßen Fisch. Dazu tranken wir eine Flasche weißen Bordeaux.

Müde aber glücklich irrten wir danach zwischen den Häusern herum, denn inzwischen war es dunkel geworden und wir konnten den Weg zu unserem Haus auf dem Plan nicht mehr erkennen. Irgendwie kamen wir aber dann doch noch in unsere Betten und schliefen erst mal den Schlaf der Gerechten.

Am nächsten Morgen machte ich mich auf den Weg, um ein Baguette und andere Frühstückszutaten zu besorgen. Meine Frau kochte inzwischen Kaffee. Ich kam spät zurück, denn erst fand ich den Bäcker nicht und dann fand ich nicht zurück zum Haus. Diesmal lag es daran, dass ich den Plan nicht mitgenommen hatte.

Da die Einkaufsläden in der Nähe des Eingangs lagen, ging ich zurück zum Eingang und folgte der am Vorabend mit dem Auto genutzten Route. Das war sicherlich nicht der kürzeste Weg, aber ich kam wenigstens zum Ziel.

Auf der Terrasse des Viertelhauses, das Rücken an Rücken zu unserem stand, saß eine Dame mit einer Tasse Kaffee und las. Ich begrüßte sie freundlich auf Französisch und sie grüßte französisch zurück, ohne vom Buch aufzublicken.

Meine Frau war schon ganz aufgeregt und der Kaffee war lauwarm, als ich endlich bei ihr eintraf.

Nach dem Frühstück sollte es aber nun gleich zum Strand gehen. Wir cremten uns ein, packten alles Nötige in einen Beutel und nahmen unsere Handtücher über den Arm, dann strebten wir so wie Gott uns geschaffen hatte zum Strand.

Dass es ein weiter Weg bis dahin war, wussten wir ja schon vom Vortag, aber jetzt erschien er uns noch weiter. Wahrscheinlich lag es an der recht starken Sonneneinstrahlung, die lediglich durch die zahlreich vorhandenen Pinien etwas abgemildert wurde.

Am Strand gab es keine Pinien und da war es richtig heiß, aber das kannten wir ja schon und deswegen hatten wir ja die weite Reise gemacht. Die Sonne war jedoch nicht das Einzige was mir auf Anhieb gefiel. Der

Strand war riesig, da musste sich niemand drängeln und die Wellen waren herrlich groß. So hatten wir Meer noch nie erlebt.

Während meine Frau sich erst mal hinsetzen und akklimatisieren wollte, konnte ich es nicht erwarteten ins Wasser zu kommen.

Ich rannte also los und stürzte mich in die Fluten. Es war ein herrliches Gefühl mit den Wellen zu kämpfen. Ich konnte gar nicht genug davon bekommen. Es gelang mir, durch die brechenden Wellen in Ufernähe hindurchzutauchen. Dahinter war das Meer recht ruhig. Man musste nicht mehr kämpfen, sondern wurde sanft geschaukelt. Das Problem war nur, dass man ja irgendwann wieder zum Ufer zurückmusste. Die hohen Wellen mit ihrer Kraft konnten einen schon ganz schön umwerfen, wenn man wieder Boden unter den Füßen hatte. Unbeschadet aus dem Wasser zu kommen, war nur eine Frage des Timing, wie ich feststellte.

Begeistert kam ich zu meiner Frau zurück.

„Sind das tolle Wellen! So etwas habe ich ja noch nie erlebt."

Sie war skeptisch, ob ihr diese hohen Wellen auch so gut gefallen würden wie mir. Ihr hatten die Ostseewellen eigentlich immer gereicht.

In der Tat ging sie auch nur bis zu den Knöcheln ins Wasser, doch dann geschah das, was ich vermutet hatte: Die nächste große Welle riss ihr die Beine weg und sie wurde von Kopf bis Fuß überspült.

Da sie nun schon mal untergetaucht war, blieb sie auch im Wasser, aber immer in unmittelbarer Ufernähe. Weil die Wellen dort am höchsten waren, hatte sie große Mühe, die Nase über Wasser zu halten. Deshalb blieb sie auch nicht allzu lange im Meer und kam bald zur Decke zurück.

Auf unserer Decke genossen wir eine Weile den riesigen Strand und die Sonne. Interessant war, wie sich das Wasser im Laufe des Vormittags immer mehr ausbreitete und der Strand dadurch schmaler wurde. Wir hatten unsere Decke recht dicht am Wasser ausgebreitet. Deshalb mussten wir von Zeit zu Zeit die Position verändern, um nicht nass zu werden.

Eine Familie mit Kindern hatte eine Strandmuschel aufgebaut, die ebenfalls im Gefahrenbereich lag. Das Wasser leckte schon an ihren Füßen. Da sie aber wohl die Mühe scheuten alles ab- und woanders wieder aufzubauen, kamen sie auf die geniale Idee einen Graben um ihren Platz zu schaufeln. Der Familienvater war noch nicht ganz fertig mit dem Graben, da kam eine etwas größere Welle und überflutete Strandmuschel samt Inhalt.

Die Kinder jauchzten vor Vergnügen, während die Eltern verzweifelt die nunmehr vor Nässe triefenden Habseligkeiten retteten. Vorsichtshalber bauten sie dann die nasse Strandmuschel in unmittelbarer Dünennähe auf. Sie trauten dem Frieden nicht mehr.

Zum Glück schluckte das Wasser jedoch nicht den gesamten Strand, sondern ließ noch eine ganze Menge übrig. Trotz ständiger Warnungen und Belehrungen von meiner Frau ging ich mehrmals ins Wasser und kam auch immer wieder unversehrt heraus. Ich wusste und sagte es ihr auch, dass man sich nur flach auf das Wasser legen müsse, dann würde man automatisch ans Ufer geschwemmt. Sie befürchtete jedoch, dass dies nur meine unmaßgebliche Meinung war.

Zum Mittag bekamen wir Hunger und ich ging zum Dünendurchgang, weil wir da einen Imbiss-Stand gesehen hatten. Ich freute mich wieder auf einen französischen Dialog und eröffnete das Gespräch mit den Worten: „Bonjour, je voudrais deux portions de pommes frites, s'il vous plaît."

Als Antwort bekam ich die Gegenfrage: „Zweimal Pommes mit Ketchup oder Majo?"

Ich nickte frustriert und sagte nur: „Ketchup."

Nunmehr gesättigt konnten wir noch eine ganze Weile am Wasser bleiben. Als es jedoch auf den Schultern zu brennen begann, packten wir schleunigst unser Zeug zusammen und verschwanden vom Strand. Wir wollten uns auf keinen Fall den Urlaub durch einen Sonnenbrand versauen.

Im Haus tranken wir erst mal Kaffee, dann überlegten wir, wie wir den Nachmittag verbringen könnten. Als Erstes fiel uns ein, dass wir uns wieder einen Supermarkt suchen sollten, um richtig groß einzukaufen.

Nach dem Kaffee fuhren wir also los und erkundeten die Gegend auf der Suche nach einem Supermarkt. Die Landstraße in Richtung Norden verlief durch eine Art Wüste. Links und rechts gab es nur Sand.

In Soulac-sur-Mer fanden wir einen Carrefour-Markt. Wir stellten unser Auto auf dessen Parkplatz und schauten uns in der Stadt erst mal ein wenig um. Meine Frau ging in fast jeder Stadt zuallererst in das Tourismusbüro, um sich zu informieren – so auch hier.

Auf diese Weise erfuhren wir, dass wir uns im Département Gironde in der Region Aquitaine aufhielten.

Als Sehenswürdigkeiten des Ortes nannte das Office du Tourisme nur die Wallfahrtskirche Notre-Dame-de-la-Fin-des-Terres 500 Meter von der Küste entfernt in einer Sandkuhle.

Nach einem kurzem Weg waren wir bei der Dame am Ende der Erde. Was uns am meisten auffiel, war der viele weiße Sand überall. Die Kirche war in Hunderten von Jahren nach und nach im Sand versunken und trotz zahlreicher Umbaumaßnahmen musste sie im 18. Jahrhundert schließlich aufgegeben werden. Dann war die Düne jedoch weiter gezogen und hatte die Kirche wieder freigegeben, sodass man sie jetzt anschauen konnte.

Nach Besichtigung des historischen Bauwerks gingen wir zurück zum Supermarkt und kauften ein.

Natürlich durften die Büchsen mit Ratatouille nicht fehlen, genau wie der Käse und das Baguette. Auch Wein war in dieser Gegend obligatorisch, und da wir keine Ahnung hatten, wählten wir vorsichtshalber den billigsten aus. Aber er war aus dem Médoc. Darauf achteten wir.

Dermaßen ausgerüstet, kamen wir zurück zu unserem Viertelhaus. Dort luden wir den Einkauf aus. Dann zogen wir uns aus und verließen das Haus wieder, um das Feriendorf weiter zu erkunden.

Irgendwann kamen wir zu einem Weinkeller. Die Besonderheit war, dass man hier mittels kleiner Schnapsgläser den Wein aus verschiedenen Fässern kosten konnte, um sich dann den gewünschten in seine mitgebrachte Flasche abzufüllen.

Wir kosteten ausgiebig und alle Weine schmeckten uns. Wir bedauerten nur, dass wir keine leere Flasche bei uns hatten und deshalb nichts kaufen konnten.

Danach gingen wir zu unserem Feriendomizil. Die Nachbarn saßen auf der Terrasse und aßen Abendbrot. Wir grüßten freundlich auf Französisch. Die Frau grüßte auf Französisch zurück, aber ihr Mann sagte: „Guten Abend."

Wir ließen auch diesen Tag mit Wein und Käsebaguette ausklingen.

Mitten in der Nacht gab es ein Gewitter. Wir wurden wach, weil es um uns herum schrecklich laut krachte. Irgendwann hörte es sich so an, als ob der Blitz in unserer unmittelbaren Nähe eingeschlagen hätte. Da wir sowieso nicht mehr schlafen konnten, schauten wir dem Naturschauspiel interessiert zu und hofften nur, dass kein Baum umkippen und auf unser Haus oder unser Auto fallen würde.

Plötzlich schien es an unsere Tür zu klopfen. Wir erschraken, da wir uns nicht vorstellen konnten, wer uns hier mitten in der Nacht besuchen sollte. Dann klopfte es noch einmal und dazu hörten wir eine männliche Stimme mit einem Schweizer Dialekt fragen: „Ist bei Ihnen auch der Strom ausgefallen?"

Da es sich wohl um unseren Nachbarn handelte, ging ich zur Tür. Dort probierte ich, ob sich unser Licht einschalten ließ. Es blieb dunkel.

Ich bat einen Moment um Geduld und tastete mich zum Sicherungskasten neben der Eingangstür, den ich öffnete und fühlte ganz am Ende einen Kippschalter in der Aus-Stellung. Ich versuchte, ob ich ihn wieder einschalten konnte und es funktionierte. Als das Licht an war, sah ich, dass es die Quasi-Hauptsicherung (für Fachleute: der FI-Schutzschalter) gewesen war, der unseren Teil des Hauses total stromlos gemacht hatte - vermutlich infolge des Blitzeinschlages in der Nähe.

Mit diesem Wissen und im Schlafanzug öffnete ich endlich die Tür und ging mit unserem Nachbarn in dessen Hausviertel, wo ich im Dunklen ebenfalls den Sicherungskasten und die richtige Sicherung fand. So konnte ich ohne Mühe auch für die Nachbarn den Strom wieder einschalten, was mir überschwänglichen Dank auf Französisch und Schweizerdeutsch einbrachte.

Als ich am nächsten Morgen von der Boulangerie zurückkam, grüßte ich die Nachbarin wie immer. Sie jedoch sah mich dieses Mal an und erwiderte: „Bonjour Monsieur, ça va?"

Ich beeilte mich zu antworten: „Oui, ça va bien. On est en vacance."

Mir ging es auch wirklich gut, denn es war ein herrlicher Morgen nach der regnerischen Nacht und wir hatten wieder gute Chancen den Tag am Meer zu verbringen.

Das taten wir dann auch gleich nach dem Frühstück und ich konnte einfach nicht genug von dem Meer mit seiner Brandung bekommen. Das Gute am Atlantik war, dass er keinen Wind brauchte, um hohe Wellen zu produzieren. Somit fror man auch im und am Wasser nicht so wie bei einer stürmischen Ostsee. Es entfiel auch der herumfliegende Sand, den wir von der Ostsee gewöhnt waren und der sich über kurz oder lang überall wiederfand.

Interessiert beobachteten wir die Auswirkungen von Ebbe und Flut auf den Strand. Immer wieder kamen Neulinge, die bei Ebbe ihr Lager so dicht wie möglich am Wasser aufschlugen und die dann mehr oder weniger hektisch ihre Sachen packen mussten, damit nicht alles nass wurde.

Zum Mittag besorgten wir uns wieder einen kleinen Imbiss am Strand und blieben bis wir die Sonne nicht mehr aushielten. Dann gingen wir zum Haus und tranken Kaffee, dazu aßen wir ein paar Madeleines, wie die Muffins in Frankreich heißen.

Unser Haus stand in einem recht dichten Pinienwald, den wir später nach besonders schönen Pinienzapfen durchsuchten. Diese Zapfen sahen aus wie riesige Tannenzapfen. Dass man deren Samen essen kann, wussten wir noch gar nicht. Wir wollten sie lediglich mit nach Hause nehmen, um sie dort zu zeigen. Das Sammeln machte Spaß und wir hatten etwas zu tun, ohne die direkte Sonneneinstrahlung abzubekommen.

Auf diesem Streifzug kamen wir zu einem Haus im Wald, das die überall angepriesene Thalassotherapie beherbergte. Wir studierten die Aushänge und kamen zu der Erkenntnis, dass wir doch auch mal so einen Schnuppertag buchen sollten. Da wir mangels Kleidung keine Taschen und damit kein Geld bei uns hatten, verschoben wir die Buchung auf später. Wenn wir das Haus verließen hatte ich nur den Hausschlüssel in der Hand, alles andere blieb im Chalet.

Den Nachmittag verbrachten wir lesend. Ich hatte mich schon vergewissert, dass es wieder Bücher vor Ort gab. Diesmal war es eine Art Leihbücherei im Eingangsbereich des Geländes. Dort konnte man nach Herzenslust Bücher ausleihen, ohne sich irgendwo einzutragen. Die meisten Urlauber ließen wahrscheinlich ihre ausgelesenen Bücher einfach zurück, anstatt sie wieder mit nach Hause zu nehmen. So haben wir dort und auch in vielen später von uns besuchten Ferienanlagen ein fast kommunistisches System der Buchausleihe vorgefunden. Jeder konnte sich nehmen, was er brauchte und geben, was er nicht mehr wollte und so entstand eine immer gut sortierte Bibliothek.

Als es Abend wurde, schnappten wir unser Geld und unsere leere Weinflasche von gestern. Damit gingen wir zur Wein-Höhle. Wieder verkosteten wir ganz ausgiebig die verschiedenen Weinsorten. Als wir alle probiert hatten, füllten wir uns den gewünschten Wein aus dem entsprechenden Fass ab und gingen zur Kasse. Die Verkäuferin brauchte nicht lange zu rechnen, denn alle Weine hatten denselben Preis und sie sah auf Anhieb, dass wir einen dreiviertel Liter in der Flasche hatten.

Während meine Frau den Wein nach Hause brachte, ging ich noch einmal zur Boulangerie, um ein Baguette zum Abendessen zu kaufen.

Später genossen wir wieder Käsebaguette und Wein und ließen den Tag gemütlich mit einem Buch ausklingen.

Nachdem wir zwei Tage nur zwischen Strand, Boulangerie und Cave de Vin verbracht hatten, wollten wir endlich mal wieder etwas von der Umgebung sehen und außerdem mussten wir einkaufen.

So fuhren wir dann nach Le Verdong-Sur-Mer. An Soulac-sur-Mer fuhren wir vorbei und erreichten bald darauf den nördlichsten Punkt des schmalen Streifens zwischen Atlantik und Gironde. Von dort fuhr eine Autofähre über die Girondemündung nach Royan und ich beobachtete mit großem Interesse das Treiben im Hafen. Besonders hatte es mir die Fähre angetan, denn ich erwog, auf dem Rückweg hier überzusetzen, um dann über Nordfrankreich nach Hause zu fahren.

Nachdem wir uns die Stadt ein wenig angesehen hatten, suchten wir uns ein Restaurant zum Mittagessen direkt am Wasser. Danach fuhren wir nach Soulac-sur-Mer und gingen dort einkaufen. Wein brauchten wir nun nicht mehr zu holen, den hatten wir ja sehr schön nah bei uns. Lediglich eine Flasche Wasser kauften wir uns, denn die eignete sich, wenn sie leer war, besser zum Wein holen. Sie hatte einen Schraubverschluss und war größer.

Der Rückweg war ausgesprochen abenteuerlich, denn die Straße war inzwischen fast vollständig vom Sand zugeweht. Der Wind hatte zugenommen.

An diesem Abend gingen wir noch einmal mit unserer Weinflasche in den Weinkeller, füllten aber einen anderen Wein ab.

Abends aßen wir wieder Knoblauch auf Tomate zum Käsebaguette. Dann folgte das übliche Programm. Ich hatte mir schon vorsorglich ein neues Buch besorgt. Es war ein Krimi von dem mir bis dahin völlig unbekannten Autor John Grisham. Diesmal hatte ich in weiser Voraussicht ein Englisch-Schulwörterbuch mitgenommen, musste aber feststellen, dass ich die Wörter, die ich nicht kannte, größtenteils darin auch nicht fand.

Am nächsten Tag ging es wieder an den Strand. Diesmal hatten wir unsere Wasserflasche dabei, denn wir wollten sie unbedingt leeren, um sie am Abend mit Wein füllen zu können. Von der Notwendigkeit, viel zu trinken, wussten wir zu der Zeit immer noch nichts.

Mittags war es uns dann wieder zu heiß und wir erinnerten uns an die Thalassotherapie. Da wollten wir hingehen. Wir bezahlten an der Kasse und wurden von freundlichen jungen Damen in Empfang genommen. Nackt waren wir ja sowieso schon, deshalb konnten sie uns gleich mit Schlamm einreiben und dann mit Folie umwickeln.

Nach einer gefühlten Unendlichkeit wurden wir ausgewickelt und voneinander getrennt. In einer Kammer wurde ich mit einem starken Wasserstrahl abgespritzt. Als ich wieder gucken konnte, sah ich meine Frau nicht. Ich machte mir Sorgen um sie und fragte deshalb die beiden jungen Physiotherapeutinnen: „Ou est ma femme?" Die beiden lachten und eine antwortete: „Elle s'est volatilisée." Da sie dabei mit den Armen Flügelschläge nachahmte und in den Himmel schaute, verstand ich und musste auch lachen.

Kurz darauf hatte ich meine Frau wohlbehalten wieder.

Wir verließen die freundlichen Damen und hatten das Gefühl etwas Gutes für unsere Gesundheit getan zu haben.

Dann gingen wir doch noch einmal zum Strand, denn es schien uns, als hätten wir noch überall Schlamm.

Wenn man ein Stück am Strand entlangspazierte, fand man überall hässliche alte Betonklötze, die wohl im Zweiten Weltkrieg Teile des Atlantikwalls der Deutschen Wehrmacht gewesen waren. Sie verschandelten die Gegend und weckten in uns Schuldgefühle.

Abends schlenderten wir mit unserer leeren Wasserflasche zur Wein-Höhle, aber wenn wir gedacht hatten, wir könnten die Kassiererin überlisten, hatten wir uns getäuscht. Sie sah sofort, dass es ein Liter war und der Preis war entsprechend höher.

Um noch mehr von der Umgebung zu sehen, fuhren wir auch einmal nach Bordeaux. Wir bummelten durch die Stadt, die uns gut gefiel. In einer Fußgängerzone kauften wir uns Regenjacken, weil sie gerade billig waren, da an Regen nicht zu denken war.

Auf dem Weg zurück besichtigten wir noch einige Weingüter, für die das Médoc bekannt ist. Im Gegensatz zu unseren Weinanbaugebieten gab es dort keine Weinberge, sondern alles wuchs in großen ebenen Gärten. In dieser Gegend bekamen die Reben auch so noch genug Sonne ab.

Der Kauf der Regenjacken hatte sich leider als goldrichtig erwiesen, denn am nächsten Tag fing es an zu regnen. Wir hatten ja noch zwei Wochen Urlaub vor uns und so machten wir uns deshalb keine Sorgen. Dann blieb man eben mal im Haus und las ein bisschen mehr.

Das Wetter wollte jedoch auch an den nächsten Tagen nicht besser werden.

Als einmal die Sonne schien, ergriffen wir die Gelegenheit und gingen zum Strand. Wir hatten den weiten Weg fast zurückgelegt, da fing es schon wieder an zu regnen, was uns veranlasste, zum Haus zurückzukehren. Wir waren ja nackt und konnten uns abtrocknen, aber unsere Strandtücher waren nass und wollten wegen der hohen Luftfeuchtigkeit auch gar nicht mehr trocknen.

Nachdem wir mehrmals dasselbe erlebt hatten, taten wir etwas ganz gegen unsere Überzeugung. Wir fuhren mit dem Auto zum Strand, ließen die Handtücher im Auto und badeten. Wenn wir genug hatten oder es zu blitzen und donnern anfing, rannten wir zum Auto, trockneten uns dort ab und fuhren zum Haus zurück.

In der Hoffnung, dass es noch besser würde, schlugen wir die Zeit tot mit Lesen, Essen und Herumfahren, aber das Regengebiet schien sich festgesetzt zu haben.

Eines Tages klopfte es wieder an unserer Eingangstür. Als ich öffnete sah ich das Schweizer Paar in Hut und Mantel vor mir stehen.

Er sagte: „Adieu, wir verreisen."

Ich fragte: „Wegen des Wetters?"

Er nickte und berichtete, dass sie sich erkundigt hätten und ihnen gesagt worden sei, dass das Wetter nicht so bald besser werden würde.

Wir wünschten ihnen einen guten Heimweg und überlegten, ob wir auch abfahren sollten, kamen aber zu dem Schluss, noch etwas zu warten.

Ein paar Tage später hatten wir dann aber doch die Nase voll. Wir hatten keine Lust noch länger hier zu warten und beschlossen, unseren Rückweg etwas auszudehnen.

So meldeten wir uns am nächsten Morgen bei der Rezeption ab und fuhren gen Norden. In Le Verdong-Sur-Mer nahmen wir die Fähre und setzten über nach Royan. Dann fuhren wir weiter über La Rochelle, Nantes und Rennes.

Das Ziel war das Gezeitenkraftwerk Rance in der Bretagne. Das hatte mich schon immer sehr interessiert und so wollte ich die Gelegenheit wahrnehmen, es zu besichtigen.

Hatte ich erwartet, man dürfe nur von Weitem gucken, so hatte ich mich getäuscht. Es gab ein richtiges Informationszentrum, in dem man anhand von Grafiken und Modellen über die Funktionsweise aufgeklärt wurde und man konnte ganz dicht an das Kraftwerk heran. Ich konnte mich kaum sattsehen.

Inzwischen war es später Nachmittag geworden und wir sahen uns nach einer Unterkunft um. Die nächste Stadt war Saint-Malo. Diese steuerten wir an, suchten uns ein Zimmer in einem Hotel direkt am Strand.

Unser Bummel durch die Altstadt brachte eine sehr angenehme Überraschung. Die Stadt gefiel uns außergewöhnlich gut. Es war schon dunkel als wir uns zum Abendessen in eines der vielen guten Restaurants begaben. Wir wurden gut bedient und aßen exzellent. Die Stadt war voll von britischen Touristen, die wohl mit den Fähren von Jersey oder Guernsey hierher gekommen waren. Darum schienen die Kellner an schlecht französisch sprechende Gäste gewöhnt zu sein.

Am nächsten Morgen wollten wir von unserem Balkon aus noch die Aussicht auf das Meer genießen, aber alles war im Nebel und man sah gar nichts.

Nach dem Frühstück fuhren wir in nordöstliche Richtung weiter, immer am Ärmelkanal entlang.

Mont Saint-Michel ließen wir links liegen, machten aber einen Abstecher nach Cherbourg. Zwischen Cherbourg und Caen gedachten wir der vielen Menschen, die bei der Invasion der Alliierten im Juni 1944 hier umgekommen waren. Es gab überall Hinweise auf den D-Day.

Auf unserem weiteren Weg sahen wir bei Calais den Eingang des kurz vor der Eröffnung stehenden Eurotunnels und hörten in der Nähe ein Nebelhorn, das den Schiffen auf dem Kanal den Weg weisen sollte.

In Dunkerque übernachteten wir und wurden während unseres Rundgangs durch die Stadt wiederum mit den Schrecken des Zweiten Weltkrieges konfrontiert.

Bei uns in der DDR wurde vor allem daran erinnert, welche Gräueltaten die Deutschen in der Sowjetunion begangen hatten; hier sahen wir, dass unsere Vorfahren auch im Westen ganze Arbeit geleistet hatten, um unseren Ruf in aller Welt kaputt zu machen.

Umso mehr waren wir froh und dankbar, dass wir keine 50 Jahre nach dem Ende dieses schrecklichen Krieges hier unbehelligt sein durften.

Am nächsten Tag fuhren wir über Belgien nach Hause.

Das Fazit der Reise war, dass mir der Atlantik sehr gut gefallen hatte. Allerdings war Euronat zu groß, sodass wir uns beim nächsten Mal wohl eine andere Anlage an der Côte d'Argent suchen würden, aber das war ja kein Problem, denn es gab ja noch mehrere.

Sliema (Malta)

1995 sollte ein ganz besonderes Jahr werden. Wir hatten vor, einen uralten Traum wahr werden zu lassen.

Wir wollten eine ganz große Reise machen, und zwar nach Kanada. Meine Frau hatte dort Verwandte und nachdem wir nicht nur nominell die Reisefreiheit besaßen, sondern bei uns auch die materiellen Voraussetzungen vorlagen, hatten wir beschlossen über den großen Teich zu fliegen.

Dabei gab es nur ein kleines Problem: Meine Frau sprach gar kein Englisch und auch ich hatte das Gefühl, dass meine Englisch-Kenntnisse stark verbesserungswürdig wären. Ich hatte schließlich nie richtigen Englisch-Unterricht gehabt.

Da wir gerne reisten und Englisch lernen wollten, bot sich ein Sprachurlaub an.

Wir wählten Malta aus, weil es im Frühjahr dort auch schon warm sein sollte und es nicht so teuer wie England war.

Also stiegen wir am 5. März 1995 in ein Flugzeug von Air Malta und flogen in den Süden.

Der 3-stündige Flug war der längste, den ich bis dahin absolviert hatte. Es schaukelte ziemlich stark als wir über dem Mittelmeer flogen. Trotzdem bekam uns an Bord alles gut und war für uns schon eine kleine Vorbereitung auf den langen Flug nach Kanada. Ich benutzte zum ersten Mal eine Flugzeugtoilette und war erstaunt, wie eng aber auch praktisch diese war.

Am Flughafen wurden wir in Empfang genommen und zusammen mit anderen Reisenden bei strömendem Regen in einem Kleinbus zu unserer Unterkunft in die Stadt Sliema gebracht.

Wir hatten uns gegen eine Gastfamilie entschieden und ein Apartment vorgezogen. Als wir dieses betraten, waren wir ziemlich enttäuscht. Das Haus war alt und wir schauten genau auf einen Hinterhof, auf dem als einziger Lichtblick ein Orangenbaum seine Früchte zeigte. Die Möbel waren auch nicht mehr die neuesten. Beim Versuch, eine Schublade aufzuziehen, zerfiel diese in ihre Bestandteile. Auch Decke und Wände schrien förmlich nach frischer Farbe. Kurz gesagt: Es war alles sehr abgewohnt.

An diesem Abend sahen wir uns trotz des schlechten Wetters noch in der näheren Umgebung des Hauses um. Das Mittelmeer begann gleich hinter der gegenüberliegenden Straßenseite. Leider konnten wir aber nicht den Fahrdamm überqueren, da die See so aufwühlt war, dass die halbe Straße unter Wasser stand. Wir wären klitschnass geworden, wenn wir auf die dem Meer zugewandten Straßenseite gegangen wären.

Maltesische Lire hatten wir schon in Berlin eingetauscht. Also gönnten wir uns eine Pizza in einem benachbarten Restaurant als Abendessen und gingen dann schlafen.

Am nächsten Morgen suchten wir den Speiseraum im Erdgeschoss auf, um unser gebuchtes Frühstück einzunehmen.

Wir waren mal wieder die Ersten und wurden von einer älteren Dame, die wohl für das Büfett verantwortlich war, freundlich in Empfang genommen. Hatten wir Angst gehabt, nichts zu verstehen, so waren wir beruhigt, als sie das uns bekannte „Help yourself" sagte.

Wir halfen uns selbst, indem wir gut und ausgiebig frühstückten – Zeit hatten wir ja genug. Nach und nach kamen die anderen Hausbewohner, die alle mit „good morning" grüßten, sich dann aber ebenfalls als Deutsche zu erkennen gaben.

Nach dem Frühstück gingen wir zur Sprachschule. Es war nur ein kurzer Weg bis dahin und wir waren viel zu früh dort.

Schon zu Hause hatten wir einen Testbogen ausgefüllt, den wir jetzt abgaben. Damit sollte unser Niveau der Sprachbeherrschung ermittelt werden, um uns der richtigen Klasse zuordnen zu können.

Bei meiner Frau lagen die Verhältnisse klar auf der Hand. Sie hatte sich nie mit Englisch beschäftigt, weshalb sie null Punkte im Test hatte und sich mit den uns empfangenen Lehrern nicht in Englisch unterhalten konnte - also Anfänger-Niveau.

Bei mir war die Einstufung etwas komplizierter. Ich hatte ebenfalls nie in der Schule Englischunterricht gehabt, mein Test war mittelmäßig ausgefallen, aber ich konnte mich fließend mit den Lehrern unterhalten. Sie beschlossen daher, mich in eine Klasse für mittleres Niveau zu stecken, gaben mir aber den Hinweis, dass ich jederzeit wechseln könne, wenn ich den Eindruck hätte, überfordert zu sein.

So ging ich dann mit einem etwas ängstlichen Gefühl in die mir zugewiesene Klasse. Auch da war ich wieder der Erste. Nach und nach trafen die übrigen Schüler ein. Am Ende kam auch der Lehrer und der Unterricht konnte beginnen.

Wie so oft, stellten wir uns zuerst einmal vor. Der Lehrer hieß John und eröffnete die Runde, indem er erklärte, dass er Engländer sei und ihn die Liebe nach Malta verschlagen hätte.

Bei den Teilnehmern stellte sich heraus, dass fast alle Deutsche waren. Die einzige Ausnahme bildete eine hübsche junge Dame aus Südfrankreich.

Es fiel mir sofort auf, dass die anderen auch nicht besser Englisch sprachen als ich. Das wunderte mich umso mehr, da sie alle aus Westdeutschland kamen und doch in der Schule Englisch gelernt hatten.

Ärgerlich war, dass der Lehrer keine Gelegenheit ausließ, seine Abneigung gegen Deutsche zu zeigen. Vor allem die Frauen hatten es nicht leicht bei ihm.

Nach der ersten Doppelstunde, die sich vor allem mit Grammatik befasste, kam eine Lehrerin zu uns. Sie war Malteserin und viel netter als John.

In dieser zweiten Unterrichtseinheit ging es vor allem um Konversation. Die Lehrerin gab Themen vor und wir durften nach Herzenslust und Englischkenntnissen darüber diskutieren.

So verging der Vormittag sehr schnell. Ich wartete vor der Schule auf meine Frau und dann gingen wir gemeinsam zu unserer Unterkunft.

Wir hatten einander viel zu erzählen. Bei ihr war das Hauptproblem, dass es in ihrem Klassenzimmer sehr kalt war. Ich hatte zwar nicht gefroren, da unser Unterrichtsraum auf der Sonnenseite lag, aber insgesamt kam es mir auch kalt vor. Zwar regnete und stürmte es nicht mehr wie am Vortag, aber richtig warm war es auch nicht. Vorsichtshalber holten wir uns unsere Jacken aus der Ferienwohnung.

Den ersten freien Nachmittag verbrachten wir, indem wir uns Sliema genauer ansahen. Zum Mittag gab es einen „Home Made Burger" mit Pommes Frites und eine große Coke.

Überall konnte man sich in Englisch verständigen, denn Englisch war und ist eine Amtssprache in Malta.

Die Menschen waren sehr freundlich und hilfsbereit. Immer, wenn wir stehenblieben und auf die Karte schauten, um uns zu orientieren, fragte sofort jemand, ob wir uns verlaufen hätten und ob er uns helfen könne. Sogar mit dem Auto wollte uns jemand fahren.

Viel war nicht zu sehen, aber für den ersten Tag reichte es. Wir holten uns einige Lebensmittel in einem kleinen Tante-Emma-Laden in unserer Straße und ich war froh, dass mein Englisch schon reichte, um die Produkte benennen zu können, denn Selbstbedienung gab es da nicht.

In unserem Apartment sah ich mir an, was meine Frau an diesem Tag gelernt hatte und konnte feststellen, dass ich das schon alles wusste und sicher sehr unglücklich in der Anfängerklasse gewesen wäre.

Der Unterricht am nächsten Vormittag festigte meine Meinung, dass ich in der Klasse der Fortgeschrittenen nicht überfordert war. Die Englisch-Lektionen bei der BBC waren besser als ich gedacht hatte. Außerdem kam mir zugute, dass ich mich schon immer sehr für Grammatik interessiere. So gelang es mir, vor dem teilweise zynischen und verletzenden John in der ersten Doppelstunde zu bestehen und mir eine gewisse Hochachtung zu erwerben. Trotzdem fand ich es hart, wie er mit den Teilnehmerinnen umging. Die Französin wurde von ihm übrigens verschont.

Auch in der zweiten Unterrichtseinheit verstand ich alles und konnte mich lebhaft an den Diskussionen beteiligen.

Nun bestand aber unsere Reise nicht nur aus Sprachunterricht, sondern es gab nachmittags freie Zeit, um Land und Leute kennenzulernen. Das taten wir denn auch ausgiebig.

Schon daheim hatten wir uns klargemacht, dass Malta ein sehr kleines Land ist. Seine Fläche ist etwas kleiner als die der Stadt Bremen. Die Einwohnerzahl liegt bei 400 000.

Zwischen den einzelnen Städten verkehrten Busse, die ihresgleichen suchten. Sie schienen aus der Zeit zu stammen, als Malta noch britische Kronkolonie war, denn sie waren so alt und klapprig, dass man sich kaum vorstellen konnte, dass sie die nächste Fahrt überstehen würden.

Trotzdem stiegen wir ein. Man musste beim Fahrer Tickets kaufen. Diese entwertete er sofort, indem er sie einriss.

Nun versuchte ich mich in eine der Sitzbänke zu zwängen, was aufgrund meiner langen Beine unmöglich war. Ich ließ die Beine also im Gang stehen und musste nur aufpassen, dass niemand darüber hinfiel.

Nach und nach füllte sich der Bus. Ich weiß nicht, ob es einen Fahrplan gab oder ob die Anzahl der Passagiere der Grund war, dass es irgendwann losging. Der Fahrer ließ den Motor an und die einheimischen Fahrgäste bekreuzigten sich, was auf Grund des Klapperns aller Teile des Busses auch nachvollziehbar war. Wenn wir gedacht hatten, dass sich die Tür schließen würde, hatten wir uns geirrt. Sie blieb während der gesamten Fahrt offen. Dass dies angenehm war wegen der Wärme, war sicher nicht der Hauptgrund. Wir vermuteten eher, dass der Mechanismus defekt war.

Dann fuhren wir los. Dass in Malta Linksverkehr herrschte, war klar wegen der früheren Besetzung durch die Briten. Allerdings kam nur sehr selten ein Fahrzeug entgegen und so fuhr der Bus meist in der Mitte der Straße.

Es war eine schöne Fahrt, die meist nahe am Wasser verlief. Nach etwa einer halben Stunde waren wir am Ziel angelangt.

Wir stiegen aus und waren mitten in der Hauptstadt Valetta. Man sah, dass hier die Regierung des Landes untergebracht war. Es gab altehrwürdige Gebäude, wie den Präsidentenpalast.

Wir schauten uns alles sehr gut an, denn wir hatten ja viel Zeit. Zwischendurch aßen wir bei Pizza Hut und lernten eine andere Art von Pizza kennen.

Am späten Nachmittag gingen wir wieder zur Bushaltestelle, um zurückzufahren. Wie auf dem Hinweg kaufte ich zwei Tickets, die vom Fahrer wieder eingerissen wurden. Dann quetschten wir uns in eine der engen Sitzreihen.

Beim Anlassen des Motors bekreuzigten sich wieder viele der Fahrgäste, dann ging es los.

Plötzlich stand ein Mann auf und begann die Fahrscheine zu kontrollieren. Zu uns kam er zuletzt, denn wir saßen ganz hinten. Als ich ihm unsere Tickets zeigte, sagte er mir, dass das keine gültigen seien und ob wir noch andere hätten. Ich verneinte und er ging an der nächsten Haltestelle zum Fahrer. Dort diskutierten sie eine Weile, schauten zu uns und der Busfahrer nickte. Damit war die Sache erledigt, denn der Kontrolleur stieg aus, ohne uns noch eines Blickes zu würdigen.

Nachdem wir ausgestiegen waren, gingen wir noch einkaufen. Als ich mein Portemonnaie öffnete, fand ich plötzlich zwei Bustickets. Wir verglichen sie mit den strittigen und sahen, dass sie an einer anderen Stelle eingerissen waren. Daran hatte also der Kontrolleur gemerkt, dass unsere nicht gültig waren. Wahrscheinlich hatte sich dann aber der Busfahrer an uns erinnert und bestätigt, dass wir bezahlt hatten und alles war gut gegangen.

Am nächsten Tag fragte John, was wir am Vortag zu Mittag gegessen hätten. Als ich an der Reihe war antwortete ich stolz, dass wir bei Pizza Hut gegessen hätten. Dabei sprach ich Hut, wie das deutsche Wort Hut aus. Immerhin hatte dieses Restaurant ja einen Hut in seinem Logo. Das war natürlich wieder ein gefundenes Fressen für den Gentleman. Er belehrte mich, dass Hut ein englisches Wort sei mit einer anderen Bedeutung, die er mir aber nicht erklären wollte und dass man niemals so ein amerikanisches Zeug essen sollte.

Später schaute ich in das im Unterricht verpönte Wörterbuch und entdeckte, dass hut Hütte heißt. Gut, dann waren wir gestern eben in der Pizza Hütte gewesen.

So verlief die erste Woche mit Vormittagsunterricht und Nachmittagsfreizeit. Wir machten unsere Busausflüge auch in weiter entfernte Orte und hatten bald ganz Malta bereist, was bei der Größe auch keine Kunst war.

Alles hätte noch schöner sein können, wenn es nicht so kalt und windig gewesen wäre. In der Klasse meiner Frau gab es schon erste Fälle von Erkältungen und die Schulleitung spendierte für die besonders betroffenen Klassenräume Heizkörper. Meine Frau zog alles an, was sie hatte, um sich vor der Kälte zu schützen.

Trotz der allgemeinen Kälte gab es doch auch Badestrände, die genutzt wurden, und auch ich hätte gern im Meer gebadet, hatte aber keine Badehose dabei und einen FKK-Strand fanden wir nicht.

Ich hatte nach ein paar Tagen das Problem, dass ich wegen des frischen Windes bei unseren Ausflügen oft fror, aber trotzdem auf dem Kopf einen Sonnenbrand hatte. Die Ursache waren wohl mein dünner werdendes Haupthaar und die doch schon sehr intensive Sonneneinstrahlung.

Ab Donnerstag fehlte die junge Französin. Sie hatte sich überfordert gefühlt und um Versetzung in einen Kurs mit niedrigerem Niveau gebeten. Das bedauerte ich, denn sie war sehr nett und in den Pausen versuchte ich immer ihr auf Französisch von unseren Urlauben in Frankreich zu erzählen. Von villages naturistes hatte sie noch nie etwas gehört.

Am Freitag gab es großen Abschied, denn einige der Schüler fuhren nach Hause. John ließ sich natürlich die Gelegenheit nicht entgehen, um die abreisenden Damen noch einmal zu demütigen, indem er so tat als ob er deren Heimatstädte Braunschweig, München und Köln nicht von Tirana, Bratislava und Belgrad unterscheiden könne. Die Damen sollten ihm die Unterschiede erklären und kamen dabei schnell an die Grenzen ihrer Sprachbeherrschung, woran er sich genüsslich weidete. Dabei machte er keinen Hehl daraus, dass er alle sechs genannten Städte für abscheulich hielt.

Für das Wochenende hatte die Lehrerin einer anderen Klasse einen Ausflug organisiert und suchte noch Teilnehmer. Da wir nichts Besseres vorhatten, schlossen wir uns an.

Mit einem Kleinbus ging es über die ganze Insel und sogar mit der Fähre nach Gozo, wo wir am Azure Window Picknick machten. Das Blaue Fenster ist eine natürliche Steinbrücke über das Wasser und sehr imposant anzuschauen. Man kann sie auch überqueren.

Während der Fahrt wurden wir auf vieles hingewiesen, das uns teilweise bei unseren Busfahrten schon aufgefallen war.

Da waren zum Beispiel die schwarzen Felder. Nun erfuhren wir, dass dies gemahlene Lava sei, die das wenige vorhandene Wasser speicherte und an die Pflanzen abgab.

Die einheimische uns begleitende Lehrerin erzählte auch, dass die Malteser sehr fromm und abergläubisch seien.

Als Beispiele nannte sie, dass die Kirchturmuhren auf allen Seiten verschiedene Zeiten anzeigten. Was wir bis dahin für ein technisches Problem gehalten hatten, war in Wirklichkeit ein ausgeklügelter Trick, der dazu diente, den Teufel zu verwirren, auf dass dieser nicht wüsste, wann Gottesdienst sei und ihn deshalb nicht stören könne.

Ebenso hätten die Ställe auch keine Fenster zur Straße, damit die Tiere nicht durch den bösen Blick eines Vorübergehenden verhext würden.

Dass sich die Menschen im Bus vor der Abfahrt bekreuzigen, erklärte sie mit deren Frömmigkeit und damit, dass die Fahrt in die Hauptstadt und zurück für sie eine große Reise bedeutete, selbst wenn es sich nur um wenige Kilometer handelte.

Meine Frage, ob es auf Malta auch irgendwo einen FKK-Strand gäbe, verneinte sie vehement. Wir sollten es bloß nicht versuchen, denn erst vor ein paar Tagen sei eine Urlauberin nur deswegen verhaftet worden, weil sie sich oben ohne am Strand aufgehalten hätte.

Am Sonntag wanderten wir wieder durch Sliema. Da wir am Tag zuvor so lange im Auto gesessen hatten, wollten wir uns bewegen.

Das taten wir denn auch und entdeckten noch viel Neues in der Stadt. Als uns das nicht reichte, setzten wir mit der Fähre nach Valetta über. Das war eine angenehme Schifffahrt für wenig Geld.

Im Hafen von Valetta sahen wir ein großes Kreuzfahrtschiff. Die Passagiere gingen an Land und wurden dort sofort von geschäftstüchtigen Taxi- und Kleinbusfahrern bedrängt, wie es wohl in jedem Hafen der Welt üblich ist.

Zum Mittagessen in einem Restaurant hatten wir uns an den letzten freien Tisch mit vier Plätzen gesetzt, dann bestellt und warteten nun auf unser Essen, da suchte ein anderes Paar einen freien Tisch, fand aber keinen mehr. Sie fragten uns auf Deutsch, ob unsere beiden Plätze noch frei seien. Wir bejahten das und sie setzten sich zu uns.

Wir bekamen unser Essen und sie bestellten. Dann waren wir mit unserer Mahlzeit fertig und bei ihnen wurde serviert.

Da wir nicht lange zusehen wollten, wie sie aßen, bat ich um die Rechnung, indem ich zum Kellner rief: „The bill please."

Dieser Ruf blieb jedoch völlig ungehört. Auch als ich es noch einmal mit dem amerikanischen Wort check versuchte, tat sich nichts.

Als dann der Kellner zu unseren Tischnachbarn kam, konnte ich ihn direkt ansprechen und bat erneut um die Rechnung. Er sah mich erstaunt an, als hätte er mich nicht verstanden. Ich zweifelte an meinem Englisch und zeigte ihm meine Geldbörse.

Nach einer Weile kam dann auch endlich die Rechnung und wir stellten fest, dass darauf vier Mahlzeiten und vier Getränke berechnet waren.

Also musste ich wieder eine günstige Gelegenheit abpassen, um dem Kellner mitzuteilen, dass wir nur die ersten beiden Gerichte und Getränke gehabt hätten und wir deshalb auch nicht mehr bezahlen würden. Er sah mich total verwirrt an. Am Ende kam dann aber doch noch die richtige Rechnung und wir bezahlten.

Da die ganze Angelegenheit natürlich in Englisch abgehandelt wurde, hatte ich meinen Grad der Sprachbeherrschung am praktischen Beispiel testen können. So richtig positiv fiel die Bilanz nicht aus, denn schließlich war es mir ja erst nach mehreren Anläufen möglich gewesen, mein Anliegen vorzubringen.

Am Sonntagnachmittag wollten wir uns etwas Besonderes gönnen und gingen in eine Konditorei. Ich sagte zu meiner Frau: „Schwarzwälder Kirschtorte werden sie hier wohl nicht haben."

Da sollte ich mich aber gewaltig geirrt haben, denn sie hatten prima Black Forrest Cake. Und ich hatte bis dahin keine bessere gegessen. Unverhofft kommt oft!

Der nächste Tag war Montag und der Unterricht begann wieder. Zu meinem Bedauern stand in der ersten Stunde wieder John vor uns. Der Job schien für ihn gemacht zu sein. Es gab wieder neue Schüler und Schülerinnen, wobei er sich in seiner unnachahmlichen Art auf letztere stürzte. Auch sie tappten alle in seine Fallen, die ich schon aus der vorigen Woche kannte.

Eine ältere Teilnehmerin erzählte in ihrer Naivität, dass ihre Vorfahren aus Böhmen seien, was John anstachelte, sie nur noch Gypsy zu nennen, was auf Deutsch Zigeuner(in) heißt.

Mit diesem Geplänkel und einigen für mich auch nicht neuen Regeln der Grammatik vergingen auch diese zwei Stunden.

Nach der Pause erschien eine neue Lehrerin, die sich auch als sehr nett erwies. Sie gab uns die Möglichkeit nach Unklarheiten zu fragen, die wir in Bezug auf die Sprache oder das Land hatten.

Da wagte ich es, von dem merkwürdigen Erlebnis im Restaurant zu berichten. Sie lachte und erklärte mir, dass es in Malta nicht üblich sei, dass Fremde zusammen an einem Tisch im Restaurant säßen. Deshalb sei der Kellner zuerst verwirrt gewesen, dass ich die Rechnung bestellt hatte, obwohl die anderen noch aßen. Als ich aber dann insistiert hatte, brachte er mir die Rechnung für den ganzen Tisch, da er dachte, wir gehörten zusammen und ich bezahle für alle.

Mein Ruf als Sprachkundiger war gerettet, aber ich lernte, dass es noch mehr zu beachten gibt, wenn man sich in einem fremden Land aufhält – die Sprache ist jedenfalls nur ein Teil von vielen.

Im Verlauf der letzten Woche fanden wir dann auch noch einen richtigen Supermarkt mit Selbstbedienung, den wir am Montag aufsuchten, um uns mit Lebensmitteln zu versorgen.

Die meisten Waren sahen aus wie bei uns, nur gab es leider nicht alles, was wir suchten. So mussten wir uns eben mit dem Vorhandenen begnügen. Das fiel uns nicht schwer, denn wir waren es ja aus der DDR nicht anders gewöhnt.

An der Kasse fragte die Kassiererin etwas uns Unverständliches. Ich stand da wie doof, weil ich nicht wusste, was sie wollte.

Später sah ich, dass viele Kunden eine Karte zeigten und wahrscheinlich für ihren Einkauf Punkte oder Meilen gutgeschrieben bekamen. Auch das war also nichts, worüber man sich Sorgen machen musste, denn das hätte auch in Deutschland passieren können, wenn man das Bonussystem irgendeiner Kette nicht gekannt hätte. Da hätten wir auch dumm aus der Wäsche geschaut, wenn wir danach gefragt worden wären.

Am Ende des Kurses bekamen wir ein Zeugnis, das uns die Teilnahme bestätigte.

Die Gefühle in Bezug auf diese Sprachreise waren ambivalent. Ich konnte weder behaupten, mich gelangweilt zu haben, noch habe ich viele neue Vokabeln oder unbekannte Grammatik-Regeln kennengelernt.

Trotzdem war der Kurs gut, denn ich sah, dass ich tatsächlich viel bei der BBC gelernt hatte, das ich auch gut anwenden konnte. Ich hätte wohl etwas mutiger sein und noch eine Stufe höher einsteigen sollen, aber das hatte ich mich nicht getraut.

Meine Frau war zufrieden mit ihrem Lernerfolg. Sie hatte viele Wörter und Redewendungen gelernt. Was sie davon anwenden konnte und wollte, sollte sich im Verlauf der weiteren Reisen zeigen.

Auch ohne den Sprachunterricht war es eine interessante neue Erfahrung. Das Land und seine Bewohner vermittelten uns einen recht fremden Eindruck. Trotzdem schätzten wir ihre Hilfsbereitschaft, die allerdings bei uns nie nötig war, aber das konnten sie ja nicht wissen.

Gleichwohl werden wir ganz sicher nicht noch einmal nach Malta reisen, denn am Meer sein und sich zum Baden anziehen müssen, kommt für uns nicht mehr infrage.

Toronto

1995 verkehrte Air Canada noch direkt zwischen Toronto und Berlin-Schönefeld. Einen solchen Flug nutzten wir und starteten am 31. August unsere bis dahin längste Reise. Nun sollte der Traum in Erfüllung gehen, den wir schon so viele Jahre hatten. Wir besuchten die Verwandten in Kanada.

Da Kanada so groß ist und die Anreise so weit, wollten wir möglichst viel entdecken und begannen den Trip in Toronto, um dann unsere Reise im Land fortzusetzen.

Das Flugzeug, in das wir einstiegen war viel größer als die, mit denen wir bis dahin geflogen waren. Unsere Plätze waren nebeneinander weit hinten rechts am Fenster und am Gang.

Das Personal war sehr freundlich, sprach allerdings nur englisch. Lediglich ein etwas älterer Steward sprach deutsch und half, wenn es Sprachprobleme gab.

Als wir zur Startbahn rollten, gab es die Begrüßung und die Sicherheitsbelehrung sowohl auf Deutsch als auch auf Englisch. Besonders erfreut nahmen wir zur Kenntnis, dass es sich um einen Nichtraucherflug handelte. Es war uns bei den bisherigen Flügen immer unangenehm aufgefallen, dass in den hinteren Reihen geraucht werden durfte, weil dadurch die Luft im gesamten Flugzeug verqualmt wurde.

Kaum war das Flugzeug auf die Startbahn eingebogen, da gab der Pilot auch schon Gas und es dauerte nicht lange und wir waren in der Luft.

Wir flogen in nordwestlicher Richtung, sodass wir Großbritannien und Irland überflogen.

Über dem Ozean kam es hin und wieder zu Turbulenzen, die beim Dösen störten. Ich schreckte immer wieder aus dem Halbschlaf hoch, weil das Flugzeug schaukelte. Ich sah aus dem Fenster, wie sich die Tragflächenspitze auf und ab bewegte, aber ich war die ganze Zeit voller Vertrauen, dass das Material der Belastung standhalten würde.

Nach vielen Stunden, die wir nur über Wasser flogen, erreichten wir die Ostküste des amerikanischen Kontinents, waren aber deshalb noch lange nicht am Ziel.

An Bord gab es zwei sehr gute Mahlzeiten. Vor dem Mittagessen wurden heiße feuchte Tücher gereicht, mit denen wir uns die Hände säuberten. Andere Passagiere legten sie sich auf das Gesicht.

Kurz vor der Landung wurden englischsprachige Formulare ausgeteilt, die wir ausfüllen mussten. Da den Passagieren viele Begriffe fremd waren, kamen von dem freundlichen deutsch sprechenden Steward per Lautsprecherdurchsage die Erläuterungen in Deutsch Zeile für Zeile. Ein wirklich toller Service!

Als wir landeten, waren wir fast neun Stunden unterwegs gewesen, aber nach Ortszeit war es erst früher Nachmittag. Trotzdem waren wir müde. Jetzt erfuhren wir am eigenen Leib, was ein Jetlag ist.

Nachdem wir die Grenzbeamten von unserer Harmlosigkeit überzeugen konnten, durften wir unser Gepäck abholen. Dann mussten wir noch durch die Zollkontrolle und endlich waren wir in Kanada eingereist. Jetzt brauchten wir nur noch unseren reservierten Mietwagen abzuholen, dann konnten wir zu unserem gebuchten Hotel aufbrechen.

Für viel Geld hatten wir uns in Berlin internationale Führerscheine ausstellen lassen, da die Frau vom Reisebüro gesagt hatte, dass diese in Kanada Pflicht seien.

Als wir bei der Autovermietung Hertz nun diese Dokumente vorlegten, konnte der Angestellte gar nichts damit anfangen. Er fragte, ob wir keine nationalen Führerscheine hätten. Die hatten wir und er war glücklich, denn damit kannte er sich aus.

Inzwischen hatten wir auch Kreditkarten, da man diese zum Automieten brauchte. Die Kreditkarte kam in einen Apparat. Darüber wurde ein zweiseitiges Formular mit Kohlepapier gelegt und das Ganze dann mit einer Walze überrollt. Dadurch erschienen auf dem Formular die Prägungen der Kreditkarte und die Bezeichnung der abbuchenden Firma. Normalerweise wurde dann ein Betrag eingesetzt und der Karteninhaber musste unterschreiben. Ich hatte gelesen, dass man niemals eine Blankoabrechnung unterzeichnen dürfe, aber genau das musste ich bei der Autoanmietung tun. Was sollte ich machen? Hätte ich nicht unterschrieben, hätten wir das Auto nicht bekommen. Ich signierte also, hatte aber ein sehr ungutes Gefühl dabei. Es war eben das erste Mal, dass wir ein Auto mieteten. Später sah ich, dass es immer so läuft.

Wir bekamen ein ziemlich großes Auto, das aber keine Klimaanlage hatte.

„Macht nichts," dachte ich. „Die haben wir in unserem Mitsubishi daheim auch nicht."

Mehr Sorgen machte mir, dass der Leihwagen ein Automatikgetriebe hatte. Damit kannte ich mich noch gar nicht aus.

Ich fragte noch, wie wir zu unserem Hotel kämen, welches ich wohlweislich so gewählt hatte, dass es sich in der Nähe des Flughafens befand.

Die verbale Wegbeschreibung, die ich erhielt, war sicherlich exakt, enthielt aber so viele Informationen, dass ich am Ende nur die Richtung wusste, in der wir die Fahrzeughalle verlassen sollten.

Als ich den Motor angeworfen hatte, versuchte ich den Hebel auf „D" wie Drive zu stellen, was nicht gelang. Ich musste einen der Mitarbeiter bitten, mir zu zeigen, wie man das Auto in Gang setzte. Er sagte mir nur: „Push the break!"

Als ich die Bremse trat, ließ sich tatsächlich auch ein Gang einlegen und das Auto begann zu rollen, nachdem ich das Bremspedal freigab. Nach dem Verlassen der Garage gab es eigentlich keine Möglichkeit, sich zu verfahren, denn überall waren Schilder mit den Wörtern „Exit" und „Sortie" zu sehen. Man konnte den Ausgang eigentlich gar nicht verpassen.

Dann aber kam die eigentliche Herausforderung. Plötzlich waren wir auf einer Autobahn und hatten keine Ahnung, wie wir weiterfahren sollten. Ich wusste nur, dass unser Hotel direkt am Flughafen sein musste, weshalb ich bei der nächsten Gelegenheit die Autobahn wieder verließ.

Das automatische Getriebe irritierte mich sehr. Immer, wenn wir anhalten mussten, wollte ich den linken Fuß zum Kuppeln einsetzen und mit der rechten Hand einen anderen Gang einlegen, was beides nicht ging.

Eine Klimaanlage hätte uns sicher gut getan, denn das Bordthermometer zeigte 36°C an.

Nachdem wir eine Viertelstunde gefahren waren, tauchte vor uns eine Tankstelle auf. Das war die Rettung!

Wir traten ein und ich bat um einen Stadtplan von Toronto und eine kalte Coke. Zu meiner Verwunderung sagte die Dame an der Tankstellenkasse anscheinend: „This is Missis Sauga."

Ich dachte, sie nennt ihren Namen und überlegte schon, ob es wohl üblich sei in Kanada, dass man sich an der Tankstelle vorstellt. Sie bemerkte mein Unverständnis und zeigte mir eine Karte von Mississauga. Ich kapierte jetzt, dass wir Toronto verlassen hatten und in dem Vorort Mississauga gelandet waren.

Wir bekamen unsere Cola und eine Karte von Toronto, auf der auch Mississauga eingezeichnet war. Nun mussten wir den ganzen Weg wieder zurückfahren und sahen, dass wir uns vorhin an einem Autobahnkreuz für die falsche Richtung entschieden hatten. Eigentlich war der Weg vom Flughafen zum Flughafenhotel ein Katzensprung. „Warum einfach, wenn es auch kompliziert geht?", hätte meine Oma gesagt.

Es fiel uns auf, dass alle wichtigen Hinweise in Englisch und Französisch gegeben wurden. Man sah, dass wir uns in einem Land mit zwei Amtssprachen aufhielten.

Im Hotel angekommen, checkten wir ein. Wir wurden von einem sehr kultivierten jungen Mann begrüßt, der Sir zu mir sagte und Madam zu meiner Frau.

Das Zimmer war gut und wir waren ziemlich sicher, dass wir uns hier wohlfühlen würden.

Jetzt waren wir erst mal hundemüde und hatten Hunger. In Berlin musste es schon später Abend sein, während es in Toronto erst nachmittags war.

Da der Hunger größer als die Müdigkeit war, suchten wir das Hotelrestaurant auf, um etwas zu essen. Wir waren die einzigen Gäste zu dieser Zeit.

Eine Kellnerin kam an unseren Tisch und fragte nach unseren Wünschen. Ich sagte ihr, dass wir gerade aus Europa eingetroffen und deshalb etwas aus der Zeit seien und jetzt Hunger hätten.

Sie fragte, woher wir denn kämen und als wir „Berlin, Germany" antworteten, da freute sie sich, denn sie war in Stuttgart aufgewachsen und sprach fortan deutsch mit uns.

Sie konnte uns trotz dieser ungewöhnlichen Zeit etwas Essbares servieren und wir waren glücklich.

Dann aber waren wir so müde, dass wir uns kaum noch auf den Beinen halten konnten. Was blieb also übrig, als am helllichten Tag schlafen zu gehen?

Wir schliefen auch sofort ein, wachten aber nachts um ein Uhr auf und waren ausgeschlafen. Wir lasen eine Weile, aber dann kam schon wieder der Hunger und wurde immer größer. Trotzdem mussten wir bis sieben Uhr warten, dann erst gab es Frühstück.

Als meine Frau in der Dusche war, ließ sie die Tür offen, da sie befürchtete, mit den Armaturen nicht zurechtzukommen. Sie duscht immer sehr lange und sehr heiß und so kamen bald Dampfwolken aus dem Badezimmer. Es dauerte gar nicht lange, da ertönte ein unangenehmes lautes Piepsen. Ich ortete das Geräusch und stellte fest, dass der Rauchmelder im Flur diese Töne von sich gab. Allerdings wusste ich nicht, ob auch das Hotelpersonal diese Meldung erhielt. Meine Frau hingegen verfiel in Panik, da sie dachte, das Hotel brennt und wollte am liebsten nackt und nass auf den Flur laufen. Nur mühsam konnte ich sie beruhigen und davon überzeugen, sich etwas anzuziehen, da ich befürchtete, dass gleich die Feuerwehr käme, um den vermeintlichen Brand zu löschen. Zum Glück geschah das nicht. Wir öffneten das Fenster und bald darauf hörte das Piepsen wieder auf. Niemand hatte davon Notiz genommen.

Endlich war es soweit. Wir standen frisch geduscht und halb verhungert vor dem Frühstücksraum und warteten auf Einlass. Der wurde uns schließlich auch gewährt und wir konnten an einem Tisch am Fenster Platz nehmen.

Wir bekamen Kaffee und wurden dann gefragt, was wir zum Frühstück essen wollten. Mir fiel mal wieder nichts Besseres ein als „bread, butter and eggs". Wenn ich gehofft hatte, dass damit das Fragen beendet wäre, so hatte ich mich geirrt. Die nächste Frage des Kellners war: „How do you want your eggs?"

Darüber, wie ich die Eier gern hätte, hatte ich mir vorher keine Gedanken gemacht. Bei uns waren die Frühstückseier immer gekocht. Das passte gut zu dem mir zur Verfügung stehenden Wortschatz. Also antwortete ich: „Boiled."

Der Kellner sah mich zweifelnd an, um dann weiter zu fragen: „With ham and bacon?"

Ich tat so, als sei dies die normalste Sache der Welt, als ich antwortete: „Yes, why not?"

Warum sollte man keine gekochten Eier mit Schinken und Speck essen?

Der Anblick der sich uns dann bot, als wir die Eier serviert bekamen, war schon seltsam. Da lagen die weißen Eier auf einem Teller umrahmt von gebratenem fetten Speck und Schinken. Es schmeckte trotzdem, aber bei den später eintreffenden Gästen sah ich, dass sie alle Rührei oder Spiegelei bekamen. Die Wörter scrambeled und fried schlug ich dann später im Wörterbuch nach. Entweder hatte mir die BBC diese wichtigen Vokabeln unterschlagen oder ich hatte die entsprechende Sendung verpasst. Von da an sollten mir diese Wörter aber für immer im Gedächtnis bleiben.

Während wir frühstückten, lief ständig ein Kellner mit einer gläsernen Kaffeekanne durch das Restaurant und fragte jeden Gast: „More Coffee?"

Wenn er am Fenster vorbeiging, sah man ganz deutlich, dass der Kaffee, den er anbot, außerordentlich dünn war, denn man konnte durch den Kaffee hindurch ins Freie schauen. Während dies ein Kaffee nach meinem Geschmack war, litt meine Frau fürchterlich. Sie bekam einfach nicht genug Koffein.

Nach dem Frühstück wollten wir aber nun endlich Toronto sehen. Wir stiegen in unser Auto und fuhren in die Stadt. Dort suchten wir uns einen Parkplatz und schrieben uns den Straßennamen auf, um später zurückzufinden.

Nun stromerten wir durch das Stadtviertel und bewunderten die vielen hohen Häuser. Wir erkundeten, dass es auch in Toronto eine U-Bahn gab, die man dort Subway nennt. Was also lag näher, als Tickets zu kaufen und einzusteigen?

Das Liniennetz war überschaubar. Genau genommen gab es nur drei Linien, aber die mussten erst mal abgefahren werden. Zu unserer Freude verliefen viele Teilstrecken der Subway auch dort oberirdisch, sodass man zwischen den Bahnhöfen etwas anderes als Tunnelwände sehen konnte.

Eine der Linien führte direkt in den Hafen. Zwar liegt Toronto nicht am Meer, aber der Ontariosee ist auch sehr groß und so legen im Hafen viele Fähren und Frachtschiffe an, die wir uns gern und ausgiebig ansahen.

Wir verbrachten diesen Tag mit Herumfahren und Spaziergängen durch Toronto Downtown und hatten abends das Gefühl, einen guten Ausgleich für das stundenlange Sitzen im Flugzeug geschaffen zu haben.

Zum Dinner blieben wir im Hotel und suchten dessen Restaurant auf. Wir aßen T-Bone-Steaks, was wir in Deutschland nie getan hätten, denn in Europa herrschte gerade BSE - auch bekannt als Rinderwahn. Von kranken kanadischen Rindern hatten wir dagegen noch nie etwas gehört, weshalb wir dort angstfrei aßen. Allerdings muss ich sagen, dass es mit diesen Steaks auch nicht so ideal war. Sie waren riesig, zäh und blutig. Als gefragt wurde, wie wir die Steaks denn gern hätten, hatte ich nur medium gekannt, und nun saßen wir da mit den großen halbgaren Fleischstücken. Ich musste ein weiteres Mal zugeben, dass die BBC mich nicht vollständig auf das Essen in englischsprachigen Ländern vorbereitet hatte, denn sonst hätte ich gewusst, dass wir das Fleisch lieber well done gehabt hätten.

Dazu tranken wir kanadisches Bier, das ebenso dünn war wie der Kaffee am Morgen. Jedes Mal wenn mein Glas leer war, tauchte der Kellner auf und fragte: „Another Beer, Sir?"

Darauf antwortete ich die ersten drei Male: „Oh yes, that's a good idea!"

Dann war ich zwar noch nicht betrunken, dachte aber an die Rechnung. Außerdem wurde ich müde.

Wir waren noch nicht ganz in der neuen Zeit angekommen, aber immerhin hatten wir schon bis 21 Uhr Ortszeit durchgehalten.

Am nächsten Morgen nahmen wir das Frühstück in einer gegenüberliegenden Tankstelle ein. Dort gab es ein richtiges kleines Restaurant, in dem wir mit Truckern zusammen ein paar Muffins aßen und Kaffee tranken, der aber auch nicht stärker war als der im Hotel. Auf jeden Fall aber hatten wir ein paar kanadische Dollar eingespart. Trotzdem wollten wir am nächsten Morgen wieder im Hotel bleiben, denn erstens war es uns beiden in dem Tankstellenbistro zu laut und zweitens mochte meine Frau keine Muffins.

Nach dem Frühstück machten wir wieder Toronto unsicher. Am Tag zuvor hatten wir etwas für uns Neues entdeckt, nämlich sogenannte Hop-On Hop-Off Buses. Die wollten wir mal ausprobieren. Das funktionierte so, dass man ein Ticket kaufte und damit den ganzen Tag durch die Stadt fahren konnte. Man durfte an jeder Haltestelle aussteigen und an jeder beliebigen Haltestelle wieder einsteigen. Dabei war man nicht auf einen einzigen Bus angewiesen, sondern konnte auch andere Busse derselben Gesellschaft benutzen, die in kurzen Abständen auf derselben Route verkehrten. So war man flexibel, machte eine Stadtrundfahrt, konnte aber die Fahrt unterbrechen, wo immer man wollte, und konnte, wenn man Lust und Zeit hatte, auch mehrere Runden mitfahren.

Auf diese Weise sahen wir die wichtigsten Sehenswürdigkeiten von Toronto, wie Toronto Eaton Centre, Casa Loma und vieles mehr. Da wo es uns gefiel, stiegen wir einfach aus und schauten uns die Gegend genauer an.

Besonders reizte uns das Chinatown von Toronto, weshalb wir dort ausstiegen und uns ausgiebig umsahen. Neben einem richtigen Markt gab es auch überall Auslagen vor den Geschäften. Mit Interesse, aber ohne Appetit sahen wir allerlei Pflanzen und Tiere, die da angeboten wurden. Bei den exotischen getrockneten Pilzen und Kräutern konnte man sich eventuell noch vorstellen, diese zu essen. Bei den angebotenen Fischen, Lurchen, Würmern und anderen Tieren hingegen fiel die Vorstellung schon schwerer, denn die sahen nicht mehr sehr frisch aus nachdem sie wohl schon stundenlang unverpackt in der Sonne gelegen hatten. Am schlimmsten war, dass sämtliche potenziellen Kunden alles prüfend anfassten, was da zum Verkauf angeboten wurde.

Ehrlich gesagt, hätte ich auch nichts davon gegessen, wenn es taufrisch und unberührt gewesen wäre.

Trotzdem machte uns das Markttreiben Spaß. Wir waren so ziemlich die einzigen Nicht-Chinesen, und es wurde überall nur chinesisch gesprochen, was die Sache noch interessanter machte.

An einem Stand, der unter anderem Regenschirme anbot, fiel uns ein, dass wir keinen Schirm nach Kanada mitgenommen hatten. Es sah zwar aus, als würde es hier nie regnen, aber unsere Reise fing ja erst an und vielleicht würde sich doch noch eine Verwendung dafür finden.

Ich ging an den Stand und schnappte mir einen Knirps, probierte, ob er sich öffnen ließ und ob alles in Ordnung war. Nachdem ich das festgestellt hatte, fragte ich den Verkäufer nach dem Preis. Da ich nicht chinesisch spreche, versuchte ich es auf Englisch. Er verstand es auch und antwortete: „Five Dollars."

Fünf Dollar fand ich ein bisschen viel, denn der Knirps hatte keine Hülle. Ich schlug deshalb vor: „Three Dollars."

Er nickte erfreut, nahm das Geld und hatte wahrscheinlich immer noch ein gutes Geschäft gemacht. Ich dagegen hatte das Gefühl durch mein großartiges Verhandlungsgeschick zwei Dollar gespart zu haben. Also eine klassische Win-win-Situation.

Danach warteten wir auf den nächsten Hop-on Hop-off Bus, der uns weiter durch die Stadt bringen sollte.

Der kam auch, aber was ich nicht bedacht hatte, war, dass wir auf dem nicht überdachten Oberdeck saßen und dass es immer noch hochsommerlich heiß war. Als dann der Bus eine Viertelstunde im Stau stand, hatte ich es geschafft, in diesem Jahr den zweiten Sonnenbrand auf meinem Kopf zu bekommen, da ich weder daran gedacht hatte, ein Basecap aufzusetzen noch mich einzucremen.

Auf die Idee, den Schirm zu benutzen, kam ich auch nicht, denn der war ja ein Regenschirm.

Ich merkte es erst abends beim Duschen und dem Versuch, mich zu kämmen, wie stark die Haut auf dem Kopf verbrannt war.

Da half es nur, mit Hilfe von Bier den Flüssigkeitshaushalt wieder in Ordnung bringen, was ich dann auch beim Abendbrot ausgiebig praktizierte.

Man saß in dem Flughafenhotel gewissermaßen in der Einflugschneise des Toronto Pearson International Airport. Mit großem Interesse sah ich zu, wie die Flugzeuge landeten. Es herrschte dort eine Flugfrequenz, die Berlin-Tegel weit in den Schatten stellte. Häufig landeten sogar zwei Flugzeuge gleichzeitig, was darauf schließen ließ, dass es mindestens zwei Start- und Landebahnen gab.

Der nächste Tag war den Niagarafällen gewidmet. Nach dem Frühstück fuhren wir los und waren nach etwa einhalb Stunden dort. Es gab einen riesigen kostenpflichtigen Parkplatz, sodass wir kein Problem hatten, unser Auto abzustellen.

Schon auf dem Parkplatz bemerkten wir den Nebel, der durch das versprühte Wasser verursacht wird. Ebenso war der Lärm der herabstürzenden Fluten zu hören.

Als wir dann am Besucherzentrum waren, und freien Blick auf die Fälle hatten, beeindruckten uns die herabstürzenden Wassermassen enorm.

Unter uns sahen wir gelbe Würmer am Berg entlang laufen, die sich bei näherem Hinsehen als Schlangen von Menschen in gelben Regenpelerinen entpuppten.

Auf dem aufgewühlten Wasser unterhalb der Fälle fuhr ein Schiff mit dem schönen Namen Maid of the Mist. Die darauf befindlichen Menschen waren alle in blaue Capes gekleidet.

Ein besonderer Kick war es, hinter den Wasserfall zu gelangen, was auch möglich war. Wir mussten uns schier endlos lange anstellen, dann zahlten wir einen Obolus und bekamen ebenfalls die schon gesehenen Capes aus gelber Folie.

Bald darauf waren auch wir Teile der gelben Würmer, wie wir sie schon von oben gesehen hatten. Unten angekommen, wussten wir wozu man diesen Nässeschutz brauchte. Das Wasser spritzte nur so um uns herum. Der Blick von hinten auf den Wasserfall war wirklich spektakulär. Wir bereuten nicht, uns so lange angestellt zu haben.

Als wir danach wieder auf der Straße waren, überlegten wir, ob wir über die Brücke in die USA gehen sollten. Ich hatte jedoch gelesen, dass die Einreiseformalitäten in die USA sehr kompliziert sein sollten und dass man sowieso von der kanadischen Seite den besseren Blick auf die Niagarafälle hätte. Aus diesen beiden Gründen blieben wir in Kanada und schauten noch eine Weile auf die Fälle.

Da wir nun schon mal so weit außerhalb der Stadt waren, wollten wir uns auch mal das Umland von Toronto ansehen. So fuhren wir eine Weile durch kleinere und größere Dörfer mit Häusern, die überwiegend aus Holz gebaut waren. Mein Wunsch, Indianer zu sehen, ging leider nicht in Erfüllung, so dass wir einigermaßen enttäuscht ins Hotel zurückfuhren.

Am Abend ließen wir den Tag im Hotelrestaurant mit einem guten Dinner nebst kanadischem Bier ausklingen. Ich beobachtete wieder die Flugzeuge und war glücklich.

Der nächste Tag war unser letzter in Toronto und wir wollten diesen Stadtbesuch mit dem CN Tower abschließen. Während unserer Anwesenheit in Toronto hatte der CN Tower sich mit dem Microsoft Symbol geschmückt und wies auf die Veröffentlichung von Windows 95 hin. Außerdem erklang überall der Rolling-Stones-Hit „Start me up!"

Zum Besuch des Fernsehturms von Toronto brauchten wir allerdings keinen besonderen Anlass. Den hatten wir schon vorher in unser Besichtigungsprogramm aufgenommen. Wir zahlten einen sündhaft hohen Eintrittspreis, mussten wieder lange warten und fuhren dann etwa 350 Meter hoch. Der CN Tower war der höchste Fernsehturm der Welt, wenn man berücksichtigt, dass er insgesamt 553 Meter hoch war - die Antenne mitgerechnet.

Oben gab es eine Aussichtsetage, von der aus man einen wunderbaren Blick auf die Umgebung hatte. Das Bemerkenswerteste war jedoch eine Glasscheibe im Fußboden, durch die man 350 Meter in die Tiefe sehen konnte. Ganz Mutige betraten sie vorsichtig, Kinder sprangen darauf herum, aber uns jagte die Vorstellung, darauf zu gehen einen Schauer über den Rücken, obwohl man sicher sein konnte, dass das Glas dick genug war, mehrere Menschen zu tragen.

Während wir noch das Panorama und die Menschen auf der dicken Glasplatte bewunderten, bemerkten wir, wie es um uns herum zunehmend dunkel wurde und sich unter uns das Dach des Footballstadions schloss. Eine dicke Gewitterfront kam auf uns zu und bald fing es an zu regnen wie aus Eimern. Um uns herum tobte scheinbar der Weltuntergang.

Da es uns unheimlich wurde und man auch gar nichts mehr sah, wenn man aus dem Fenster schaute, beschlossen wir herunterzufahren. Das hatten die anderen Besucher des Turms auch vor und so dauerte es eine ganze Weile, bis wir mit dem Aufzug nach unten fahren konnten.

Als wir unten aus der Eingangshalle heraus kamen, hatte der Regen schon wieder aufgehört, aber der Parkplatz stand tief unter Wasser. Wir hatten Angst, dass unser Auto vollgelaufen sein könnte und wateten zu ihm hin. Schuhe, Strümpfe und Hosenbeine waren im Nu nass.

Zum Glück konnten wir gerade noch die Autotür öffnen, ohne dass Wasser in das Wageninnere lief. Ich hoffte nur, dass die Nässe, die wir mit unseren Beinkleidern in das Auto brachten, bald wieder verdunsten würde, wenn wir die Heizung laufen ließen.

Vorsichtig fuhr ich los, damit die Bugwelle nicht zu hoch wurde. Auf der Straße war das Regenwasser schon besser abgelaufen und so konnten wir einigermaßen zügig fahren. Kritisch wurde es in einer Unterführung, wo schon ein Auto bis zum Fenster im Wasser steckte. Von der Böschung lief immer neues Wasser in Sturzbächen herunter. Jetzt waren wir heilfroh, nicht so schnell gewesen zu sein, sonst hätten wir möglicherweise dort halb unter Wasser gestanden.

Nur mit viel Mühe konnten wir uns aus dieser Situation befreien, denn auch diese Straße war wie eine Autobahn angelegt und so war es schwierig zu wenden und an den nachrückenden Fahrzeugen vorbei bis zur vorigen Ausfahrt zurückzufahren.

Wir erreichten unser Hotel und schämten uns ein wenig wegen unserer nassen Hosenbeine, aber es schien niemandem aufzufallen.

Am nächsten Morgen nahmen wir Abschied von Toronto und dem Flughafenhotel. Für mich begann noch eine stressige Phase, und ich machte mir schon vorher viele Gedanken, wie ich die Fahrzeughalle des Autovermieters wiederfinden sollte.

Unterwegs tankte ich noch einmal voll, denn es war vereinbart, das Auto mit vollem Tank abzugeben. Die Benzinpreise in Kanada waren einfach ein Traum für jeden deutschen Autofahrer.

Zum Glück gab es an jeder Kreuzung einen Hinweis auf den Airport, sodass wir problemlos dahin fanden. Am Flughafen selber hatte man auch an die Reisenden mit Leihwagen gedacht, denn überall waren Schilder die uns den Weg zu den Autovermietern wiesen.

Die Abgabe des Autos ging ganz schnell. Der Angestellte warf einen kurzen Blick auf das Äußere des Autos, dann schrieb er den Kilometerstand auf und prüfte, ob der Tank voll war.

Er half uns sogar noch, unser Gepäck aus dem Kofferraum zu wuchten, dann war diese Hürde auch genommen und wir konnten zur Abflughalle gehen.

Humboldt (Kanada)

Da wir schon einige Erfahrungen mit dem Fliegen und fremden Ländern gemacht hatten, war es keine große Herausforderung für uns, nur mithilfe der englischen Sprache einzuchecken. Alles lief problemlos und bald saßen wir wieder in einem Flugzeug von Air Canada, aber diesmal waren wir wahrscheinlich die einzigen Deutschen an Bord.

Wenn ich etwas nicht auf Anhieb verstand, schaltete die Stewardess sofort auf die französische Sprache um, die ich aber noch weniger beherrschte. Es waren allerdings auch nur Bagatellen, um die es ging, weshalb es nicht so schlimm war, wenn man etwas nicht verstand. Ob Kaffee mit milk oder creme war mir egal.

Wir flogen etwas mehr als dreieinhalb Stunden, dann landeten wir auf dem Flughafen von Saskatoon. Meine Frau war schon ganz aufgeregt ihre Verwandten, die im Jahr 1926 nach Kanada ausgewandert waren, kennenzulernen. Einige von ihnen wollten uns abholen.

Nachdem wir unser Gepäck hatten, traten wir in die Ankunftshalle und da warteten sie schon. So wie wir sie, kannten auch sie uns nur von Fotos. Wir hätten nicht gedacht, dass das Empfangskomitee so groß sein würde. Wir konnten in der Eile gar nicht zählen, wie viele es waren. Fritz, der Großcousin meiner Frau, der noch in Deutschland geboren war, begrüßte uns herzlich auf Deutsch und stellte alle Anwesenden vor. Natürlich konnten wir uns vor Aufregung keinen Namen merken.

Dann brachte uns Fred, wie er in Kanada genannt wurde, zu unserem zeitweiligen Wohnort in Humboldt. Dort lebte eine seiner Schwestern, die eigentlich Elisabeth hieß, aber Lissy genannt wurde und die jüngste der noch in Deutschland geborenen Verwandten war. Sie besaß ein kleines Holzhaus.

Während wir in ihre Einfahrt fuhren, kam sie heraus und winkte freudig. Als wir aus dem Auto ausstiegen, kam sie auf uns zu und umarmte uns herzlich. Mit ihr und Fred hatten wir all die Jahre korrespondiert, weshalb wir sie von all den vielen Verwandten in Kanada am besten kannten.

Wir traten in ihr Haus ein und wurden an einen gedeckten Tisch geleitet, auf dem sich allerlei zum Essen befand. Wir waren zu einem Brunch eingeladen – einer Mahlzeit, die wir damals noch gar nicht kannten. Alles sah sehr wohlschmeckend aus und hungrig waren wir auch.

Während wir uns ein wenig frisch machten, kamen Frieda und ihr Mann hinzu. Frieda war die älteste Schwester von Fred und Lissy und war als junges Mädchen nach Kanada gekommen.

Wir saßen am Tisch und als wir gerade anfangen wollten zu essen, da fragte uns Frieda ganz unvermittelt: „Do you pray or did you quit?"

Meine Frau war fein raus, denn sie verstand nichts. Ich hatte zwar schnell begriffen, was Frieda von uns wollte, fand aber keine Antwort. Ich wusste zwar, dass die ganze Familie streng katholisch war, aber dass sie eine so erzkonservative Katholikin war, machte mir Sorgen, denn wir würden im Umgang mit ihr viel falsch machen können. Immerhin waren wir Gäste und wollten nicht gleich am ersten Tag durch unangemessenes Benehmen auffallen. Deshalb falteten wir brav unsere Hände und beteten vor dem Essen wie kleine Kinder.

Auch nach dem Essen kamen wir uns ständig vor wie ertappte Sünder. Immer wieder gab es mit Frieda Differenzen, bei denen ich normalerweise scharf reagiert hätte. Dort blieb ich aber ruhig.

Zum Beispiel hatten wir einen Bildband als Geschenk mitgebracht, worin es sehr schöne Fotos aus Deutschland von der Ostsee bis zu den Alpen gab. Beim Durchblättern des Buches blieb Friedas Blick an einem Bild hängen, auf dem ein Stück Ostseestrand abgelichtet war.

„Ist so etwas bei euch möglich?", war ihre anklagende Frage auf Deutsch, sodass meine Frau sie auch verstand.

Wir starrten auf das Bild und wussten nicht, was sie meinte. Wir hatten beim Kauf bewusst darauf geachtet, dass kein FKK-Strand abgebildet war.

Als wir nicht begriffen, was sie so erregte, zeigte sie auf ein kleines nacktes Kind, das nur sehr unscharf zu erkennen war. Meine Frau trat mir gegen das Schienbein, da sie wusste, was ich jetzt am liebsten sagen würde. Dann antwortete sie so neutral wie möglich: „Ja, das ist erlaubt."

Frieda stöhnte gequält auf, bevor sie wieder Worte fand. „Oh Gott, was ist nur aus unserem Deutschland geworden?"

Wir antworteten nicht. Was sollte man dazu auch sagen?

Am Abend verließen uns dann die übrigen Familienmitglieder, nachdem wir noch einmal gebetet und gegessen hatten und wir blieben mit Lissy allein. Sie hatte uns ihr großes Bett überlassen, in dem sie wohl früher mit ihrem Mann geschlafen hatte. Sie schlief unsertwegen im Keller auf einem Feldbett. Spätestens in diesem Moment bereute ich es, von meinem Vorsatz abgegangen zu sein und doch wieder bei Verwandten zu übernachten. Lissy meinte aber, es sei nicht schlimm für sie, denn bei so einer Hitze, wie sie gerade herrschte, schliefe sie sowieso immer im Keller.

Am nächsten Morgen war Lissy schon früh auf den Beinen und während wir noch duschten und uns anzogen, bereitete sie schon das Frühstück für uns vor.

Es gab Rührei mit Speck und Schinken und dazu Toast. Kaffee hatte sie auch gemacht, aber als ich den ersten Schluck trank, wusste ich, dass er meiner Frau zu dünn sein würde.

Mir schmeckte jedenfalls alles sehr gut. Wir genossen das Alleinsein mit Lissy, denn es machte viel Freude sich mit ihr zu unterhalten, da sie sehr humorvoll war und immer noch den aus Deutschland mitgebrachten Dialekt sprach. Es hörte sich sehr lustig an, wenn sie erzählte.

Wenn ab und zu das Telefon klingelte, fertigte sie die Anrufer stets sehr schnell ab mit dem Hinweis: „I have company from Germany."

Wir hatten den Eindruck, dass sie sich nicht nur freute, dass wir da waren, sondern auch ausgesprochen stolz darauf war.

Nach dem Frühstück verließen wir zu dritt das Haus und machten einen ersten Rundgang durch den Ort.

Als wir die Main Street entlanggingen, erwartete ich, dass jeden Moment eine Horde wild gewordener Cowboys oder Indianer angeritten kämen und ihre Pferde vor dem Saloon anbinden würden. Das passierte natürlich nicht, aber ich wurde an allen Ecken und Enden an eine Westernstadt erinnert.

Lissys Haus befand sich nahe einer Kreuzung zweier Fernstraßen. Kurios war, dass die Vorfahrt an dieser Stelle so geregelt war, dass alle vier Seiten ein Stoppschild hatten. Zum Glück gab es dort kaum Straßenverkehr. Ich stellte mir vor, was an solchen Kreuzungen in Berlin passieren würde. Wahrscheinlich müsste man dort einen Krankenwagen und ein Polizeiauto dauerhaft stationieren.

Auf unserem weiteren Weg durch Humboldt kamen wir zu einem kleinen Museum, in dem Schulbänke und andere Gegenstände aus alten Zeiten ausgestellt waren. Dabei stand eine Tafel mit der Inschrift „A little bit of Germany in the heart of the prairies". Damit war wohl Humboldt zu der Zeit, als die Deutschen dort eingewandert waren, gemeint.

Wir gingen in verschiedene Läden und wurden von Lissy überall vorgestellt. Anscheinend kannten sich alle Bewohner von Humboldt persönlich und nahmen Anteil am Leben der anderen. Wir trafen sogar noch weitere Verwandte, wie die Bäckersfrau in der Nachbarschaft, die eine Nichte von Lissy war.

Lissy zeigte uns den Friseurladen, in dem sie früher gearbeitet hatte. Beim Postamt, das sich in der Nähe befand, holte sie Briefe aus dem Fach, das für uns bis dahin nur eine abstrakte Zeichenkette gewesen war, an die wir unsere Briefe an sie immer adressiert hatten.

Als es Zeit zum Mittagessen war, lud sie uns in ein kleines Restaurant ein. Da wir sie nicht mehr als nötig belasten wollten, zahlten wir und sie protestierte nicht nennenswert dagegen.

Am Nachmittag unterbreitete Lissy uns das von der gesamten in Humboldt und Umgebung ansässigen Familie ausgearbeitete Besuchsprogramm.

Wir waren überrascht, denn es zeigte sich, dass wir jeden Abend bei einem anderen Zweig der umfangreichen Familie verbringen sollten. An diesem Abend waren wir bei Fred eingeladen. Seine Farm lag nahe der Stadt Annaheim.

Für den Weg dorthin und auch zu allen anderen späteren Zielen stellte uns Lissy ihr Auto zur Verfügung, welches sie Petunia getauft hatte. Als es losgehen sollte, eröffnete sie uns, dass sie sich nicht mehr zutraue, Auto zu fahren. Deshalb sollte ich der Chauffeur sein. Nach den Erfahrungen mit dem großen Auto in Toronto fühlte ich mich dazu durchaus in der Lage. Platz war ja in Kanada genug, um solche Straßenkreuzer zu fahren und einzuparken.

Als sie jedoch ihre Garagentür öffnete, bekam ich einen Schreck. Das war vielleicht eine alte Karre, die da zum Vorschein kam! Ich konnte mir vorstellen, dass Fans von Oldtimern vor Freude in die Luft gesprungen wären, wenn sie so ein Auto gesehen hätten. Ich kenne mich nicht so gut damit aus und weiß nur, dass es sich bei Petunia um einen uralten Dodge handelte.

Als ich einstieg und hinter dem Lenkrad Platz nahm, fiel mein Blick sofort auf einen Aufkleber, auf dem zu lesen war „Next inspection 1977". Da wir gerade das Jahr 1995 schrieben, verlangte es von mir einige Überwindung, mit diesem Auto auf eine öffentliche Straße zu fahren. Lissy aber meinte, dass es mit Sicherheit kein Problem geben würde. Schließlich hätte sie niemals einen Führerschein gemacht und wäre noch nie kontrolliert worden.

Ich fuhr also aus der engen Garage und Lissy und meine Frau setzten sich neben mich auf die breite Sitzbank. Als ich auf der Straße fuhr bemerkte ich, dass die Lenkung schlecht reagierte. Nach meinen Erfahrungen mit Trabant und Wartburg vermutete ich, dass die Spurstangenköpfe ausgeschlagen waren oder dass die Spur verstellt war oder beides.

Innerhalb der Stadt, wo ich mit niedriger Geschwindigkeit fuhr, ging es ja noch, als wir jedoch aus der Stadt heraus waren, und ich zaghaft auf 70 Stundenkilometer beschleunigte, brauchte ich die ganze Breite der Landstraße, da das Auto nicht geradeaus fuhr. Es war nur gut, dass die kanadischen Straßen so breit waren und uns niemand entgegen kam. Es dauerte lange bis ich es endlich geschafft hatte, wenigstens auf der rechten Straßenhälfte zu bleiben. Als ob das nicht Stress genug gewesen wäre, feuerte mich Lissy an, schneller zu fahren. Als ich den verbalen Aufforderungen nicht nachkam, drückte Lissy, die neben mir saß, mein rechtes

Bein kräftig nach unten, sodass ich das Gaspedal bis zum Bodenblech durchtrat.

Ich war erstaunt, dass der Tacho miles per hour und kilometers per hour anzeigte. Zu schnell war ich allerdings in beiden Einheiten.

Nach ein paar weiteren Minuten hatte ich es geschafft, so gefühlvoll mit dem Lenkrad umzugehen, dass ich fast geradeaus fuhr. Trotzdem war es die anstrengendste Fahrt, die ich je mit einem Auto gemacht hatte, wenn man mal von meiner ersten Fahrstunde absieht.

Unterwegs wurden wir überholt, was für mich kein Problem darstellte, da ich es ja jetzt schaffte ganz rechts zu fahren. Lissy hingegen regte sich fürchterlich auf, denn am Steuer des überholenden Autos saß eine Indianerin. Von den First Nations hatte Lissy keine gute Meinung. Sie schilderte uns, dass diese Menschen Milliarden von Dollar bekämen und sich trotzdem noch unterdrückt und benachteiligt fühlten. Außerdem wären sie alle dem Alkohol verfallen. Die junge Frau, die uns gerade überholt hatte, nannte sie eine Schnake.

Ich war enttäuscht über ihre Ansicht, wo ich doch als Junge Karl May gelesen hatte und eine sehr hohe Meinung von Indianern habe. Ich war und bin überzeugt davon, dass weiße Siedler, wie unsere Verwandten, daran schuld sind, dass die amerikanischen Ureinwohner dermaßen an den Rand der Gesellschaft gedrängt wurden. Ich wagte es allerdings nicht, diesen Gedanken während der Fahrt zu äußern, denn das Auto forderte meine volle Konzentration und wie gesagt, ich wollte nicht allzu unangenehm auffallen.

Als wir nach einer halben Stunde endlich bei Freds Farm in Annaheim ankamen, stand da schon eine riesige Menschenmenge. Ich fragte Lissy, wer das alles sei, und sie antwortete, dass es sich um Freds Kinder und Enkelkinder handele.

Uns war bekannt, dass die Familien der Verwandten in Kanada sehr groß waren, aber als wir dann zwölf Kinder mit deren Ehepartnern und Kindern versammelt sahen, war das für uns schon ziemlich ungewöhnlich.

Wir stiegen aus und wurden begeistert empfangen. Fred stellte uns alle seine Familienmitglieder vor, wobei er die Namen der zahlreichen Enkelkinder teilweise verwechselte. Nachdem wir anfangs versucht hatten uns die genannten Namen zu merken, gaben wir schließlich auf. Ein bisschen peinlich war es, dass wir bestaunt wurden wie die Affen im Zoo. Ein kleines Mädchen zeigte auf mich und fragte ihren Vater: „Daddy, who's that guy?"

Bevor wir uns versahen, saßen wir auf der Ladefläche eines Pick-up und wurden von Freds jüngstem Sohn zu ihrem Feld gefahren. Wie wir dann feststellten, war das Feld viel größer als wir es uns vorgestellt hatten. Es schien bis an den Horizont zu reichen. Fred war sichtlich stolz auf sein Land. Er brach einige Ähren ab und prüfte den Reifegrad und die Qualität des Weizens. So stellte er fest, dass die Erntezeit herannahte.

Dann fuhren wir wieder zum Haus zurück und kamen gerade rechtzeitig, um uns noch von allen fotografieren zu lassen, bevor uns eine energische Frauenstimme von der Terrasse aufforderte, zum Essen ins Haus zu kommen. Ich blickte erstaunt dorthin und erkannte zu meiner Verwunderung, dass es Frieda war, die da rief.

Als wir nicht gleich folgten, sagte Fred leise: „Better we go."

Wir schmunzelten, wegen der Hörigkeit, gingen aber ebenfalls folgsam ins Haus.

Da wohl niemand einen so großen Tisch hatte, der Platz für die mehr als 60 Gäste geboten hätte, durften wir als Ehrengäste sowie die Gastgeber und die anwesenden älteren Familienangehörigen wie Lissy, Frieda und deren Mann am Tisch Platz nehmen, während die jungen Leute um uns herum standen und uns beim Essen zuschauten. Das tat uns leid und es machte uns unsicher, beim Essen so direkt beobachtet zu werden. Es gab als Hauptgericht Truthahn, den sie dort aber erstaunlicherweise nicht turkey sondern chicken nannten.

Viel aßen wir nicht, denn es war alles zu aufregend. Jeder stellte Fragen und ich konnte gar nicht alles beantworten – vor allem nicht mit vollem Mund. Ich stellte also das Essen ein und gab vor, satt zu sein. Dann widmete ich mich ganz der Konversation.

Das Wissen der Kanadier über Deutschland erschütterte mich sehr. Einer fragte mich, ob denn der Krieg schon vorbei sei. Ich antwortete, dass wir glücklicherweise seit 50 Jahren keinen Krieg mehr gehabt hätten, aber er widersprach, indem er mir sagte, dass er gerade im Fernsehen gesehen hätte, wie der Krieg in Sarajevo tobe. Mein Hinweis, dass Sarajevo zu Jugoslawien und nicht zu Deutschland gehörte, wurde mit ungläubigen Erstaunen zur Kenntnis genommen.

Eine Frage, die immer wieder gestellt wurde und die mich jedes Mal ärgerte, war die, warum wir nicht einfach über die Mauer hinübergeklettert wären. Ich hatte mir bald eine Standardantwort gebastelt, in der die Wörter „death strip" und „mines" vorkamen, die ich immer wieder zitierte.

Am schlimmsten aber fand ich die Meinung von Frieda, die steif und fest behauptete, es sei eine Lüge, dass in Deutschland sechs Millionen Juden umgebracht worden seien. Sie hatte so ein edles Bild von den Deutschen, dass sie sich das einfach nicht vorstellen konnte. Als wir ihr bestätigten, dass es diese furchtbare Vergangenheit wirklich gab, sanken wir wahrscheinlich in ihrer Achtung noch mehr. Sie wollte sich ihr verklärtes Deutschlandbild wohl nicht von uns zwei Heiden und Nestbeschmutzern kaputtmachen lassen.

Nach einem langen anstrengenden Abend fuhren wir zurück zu Lissys Haus, wo wir müde zu Bett gingen.

Am nächsten Morgen gab es Toast mit Butter und Ahornsirup. Das schmeckte nicht schlecht, klebte aber fürchterlich, da Lissy die geschmierten Toasts einfach übereinander stapelte, wodurch sie von beiden Seiten voller Sirup waren.

Beim Morgenkaffee hatten wir Zeit, um uns zu unterhalten. Lissy erzählte uns vieles aus ihrem Leben. Wir erfuhren, wie es ihnen vor, bei und nach der Auswanderung ergangen war. Das war für mich interessant, aber für meine Frau noch viel mehr, denn es ging schließlich um die Geschichte der Schwester ihrer Großmutter und deren Nachkommen.

Lissy verstand es so lustig zu erzählen, dass es auch für mich nicht langweilig wurde.

Dann schickte sie mich einkaufen. Vor ihrem Haus hatte sich eine Obsthändlerin etabliert und ich sollte Äpfel kaufen, während die Frauen abwuschen.

Das fand ich aus zwei Gründen sehr gut, denn erstens hatte ich keine Lust bei der Hausarbeit zu helfen und zweitens sah ich den Einkauf als eine Art Sprachpraktikum an.

Ich nahm also mein Portemonnaie und ging zum Obststand. Eigentlich wäre die Sache ganz einfach zu erledigen gewesen, aber die Obsthändlerin fragte mich, ob ich Lissys Besuch aus Deutschland sei und wie es mir in Kanada gefiele. Das war für mich alles sehr spannend, denn ich konnte über unsere bisherigen Erfahrungen in Kanada berichten und wurde verstanden. Dann wollte sie mir unbedingt noch anderes Obst verkaufen. Ich aber lehnte ab, denn ich hatte ja nur den Auftrag, Äpfel zu kaufen. Eine Herausforderung war noch, ihr klarzumachen, dass ich das als Kostprobe angebotene Stück Pfirsich nicht anfassen oder gar essen mochte. Am Ende sagte ich einfach: „I hate the skin."

Mit einem freundlichen „Bye, bye" verabschiedete ich mich dann und ging mit den erworbenen Äpfeln zurück ins Haus.

Die Frauen waren inzwischen mit der Hausarbeit fertig und wir konnten einen weiteren Stadtbummel unternehmen.

Wiederum trafen wir viele Bekannte von Lissy, wurden vorgestellt und mussten sagen, wie es uns in Kanada gefiele.

Am Nachmittag ging es dann wieder mit Petunia in die Ferne. Diesmal war die Stadt Naicam unser Ziel. Nach knapp zehn Kilometern passierten wir die Stadt Muenster, wo uns Lissy das erste Haus der Familie zeigte, das sie nach ihrer Einwanderung bewohnt hatten. Abgesehen davon, dass es alt und baufällig war, sah es auch nicht besonders komfortabel aus, war aber immer noch Luxus gegenüber dem Blockhaus in Naicam, das sich die Familie damals selbst gebaut hatte, nachdem sie von ihrem ersten Grund und Boden wegen Zahlungsunfähigkeit vertrieben worden war.

Wenn man weiß, dass im Winter dort Temperaturen von -40°C auftreten können, dann ahnt man, was die Familie in den ersten Jahren durchgemacht hatte.

Das Haus, in das wir an diesem Tag eingeladen waren, machte hingegen einen modernen Eindruck. Es gehörte einem Neffen von Fred – dem Sohn einer weiteren Tochter des ausgewanderten Paares.

Auch dort wurden wir mit allen Ehren empfangen und bewirtet. Am Tisch saßen außer den Gastgebern dieselben Verwandten vom Vortag. Frieda und ihr Mann durften natürlich auch nicht fehlen.

Es wurde wieder ein anstrengender Abend. Die Kinder der Gastgeberfamilie sangen mehrstimmig für uns und schenkten uns eine Tonkassette mit von ihnen aufgenommenen Liedern. Sie hofften damit berühmt zu werden. Ihr Gesang war zwar sehr schön, aber wir hörten später leider nie einen Song von ihnen im Radio.

Wie jeden Abend musste ich meine Frau und Lissy wieder nach Hause kutschieren. Niemand verstand, warum ich bei den Treffen keinen Alkohol trank, aber ich trinke prinzipiell nicht, wenn ich Auto fahre und außerdem war Petunia eine ganz besondere Herausforderung, bei der man alle seine Sinne beisammen haben musste.

Ich verglich dieses Auto mit einem Mustang, den ich eingeritten hatte und der mir jetzt gehorchte – wenn auch widerwillig.

Am nächsten Tag gab es Pancakes mit Ahornsirup zum Frühstück.

Danach fragte mich Lissy, ob ich nicht Lust hätte, den Rasen zu mähen. Das tat ich gerne, war es doch eine Möglichkeit, ihr für ihre Gastfreundschaft zu danken. In ihrer unnachahmlichen humorvollen Weise, sagte sie wie zur Entschuldigung: „Der Rasenmäher wird nämlich jedes Jahr schwerer."

Ich mähte mit einem vorsintflutlichen Gerät, bei dem die Zuleitung schon an mehreren Stellen notdürftig mit Isolierband geflickt war. Lissy nannte es gefixt.

Die Abende verliefen im Prinzip alle gleich. Wir waren zu Verwandten eingeladen, die in so großer Zahl vorhanden waren, dass wir völlig überfordert waren. Manchmal fragten wir Lissy hinterher nach den Namen, aber sie konnte auch nicht immer helfen. Die Familie war einfach zu groß.

Wir blieben genau eine Woche in Humboldt und kamen in dieser Zeit kaum zum Nachdenken. So stellte ich mir einen Staatsbesuch vor. Wir hatten täglich einen Termin und sahen wenig vom Land, in dem wir zu Gast waren.

So war es sehr wohltuend, dass wir den gesamten letzten Tag bei Lissy blieben und nicht wieder losfahren mussten.

Zum Mittagessen gab es etwas, das sie Stew nannte. Wir hätten es Grüne-Bohnen-Eintopf genannt. Zuerst gingen wir in einen Supermarkt und kauften Rindfleisch, dann ernteten wir Bohnen und Kartoffeln in Lissys Garten.

Während sich die Frauen in den Garten setzten, um die grünen Bohnen zu schnippeln und die Kartoffeln zu schälen, verdrückte ich mich, denn ich hatte riesige Lust einmal allein durch die Stadt zu gehen.

Ich ging die Main Street entlang, die parallel zu einer Eisenbahnstrecke verläuft. Die Eisenbahn diente vor allem dem Abtransport des geernteten Getreides und man sah an der Strecke große Silos, zur Lagerung des Korns bis zur Verladung.

Ich folgte dem Verlauf der Straße und kurz bevor ich den Stadtrand erreichte, kam ich an eine Tankstelle. Ich hatte Geld bei mir und konnte der Versuchung nicht widerstehen mir ein Eis zu kaufen. Aus Sparsamkeit hätte ich in Deutschland niemals Eis an der Tankstelle gekauft, aber in dem Moment hatte ich Lust dazu, denn es war heiß und ich wollte mal in Ruhe sehen, wie es in so einer dörflichen kanadischen Tankstelle zugeht.

Ich suchte mir ein Eis aus, bezahlte es und schlenderte dann die Main Street zurück zu Lissys Haus. Dabei hatte ich das Gefühl von unbegrenzter Freiheit, wie sie wohl weiland Old Shatterhand gehabt haben muss – nur dass der damals wohl kein Eis geschleckt haben dürfte.

Zum Mittag gab es das sogenannte Stew und es schmeckte recht gut.

Wir saßen dann bis zum Abend zusammen und lauschten Lissy, die in ihrer drollige Art über die Immigration und das schwere Leben damals in Kanada erzählte.

Auch wir kamen hin und wieder zu Wort und konnten einige, wenn auch nicht annähernd so spannende Geschichten aus unserem Leben erzählen.

Am nächsten Morgen holten uns Fred und seine Frau ab, um uns zum Flughafen zu bringen. Es gab einen tränenreichen Abschied von Lissy. Sie prophezeite uns, dass wir einander niemals wiedersehen würden, womit sie leider recht hatte.

Wir fuhren los und sie stand vor ihrer Tür und winkte uns weinend nach, bis wir aus ihrer Sichtweite waren.

Am Flughafen von Saskatoon gingen wir erst einmal zum Check-In-Schalter, während Fred und seine Frau warteten. Zu meiner Enttäuschung musste ich hören, dass unser Flug nach Calgary mit Air Canada ausfiel. Ersatzweise bekamen wir Tickets für einen Flug mit Canadian Airlines drei Stunden später.

Wir konnten dafür schon an einem anderen Schalter einchecken und unser Gepäck aufgeben. Dann gingen wir zu den Verwandten, die uns schon verwundert zugesehen hatten und informierten sie über die Planänderung.

Sie wollten uns nicht allein warten lassen und so schlugen wir vor, in das Flughafenrestaurant zu gehen. Sie kannten jedoch ein kleines nettes Restaurant in der Nähe, welches wir dann gemeinsam aufsuchten. Somit hatten wir unerwartet viel Zeit miteinander und konnten uns noch lange unterhalten. Fred deutete an, dass er große Lust hätte, einmal nach Deutschland zu reisen, um das Land seiner Vorfahren kennenzulernen. Wir ermutigten die beiden, waren aber so vorsichtig, keine Einladung auszusprechen, denn was wir an Gastfreundschaft erlebt hatten, würden wir niemals bei uns bieten können. Es wäre schon allein an den geeigneten Räumlichkeiten gescheitert.

Schließlich war es dann soweit, dass wir endgültig Abschied nehmen mussten. Sie winkten uns nach, als wir durch die Sicherheitsschleuse gingen, dann war auch dieser Teil der Reise beendet und wir waren froh, uns noch zwei Wochen davon erholen zu können – so nett die Verwandten auch waren.

Banff (Kanada)

Als wir den Sicherheitscheck hinter uns hatten, gelangten wir in eine kleine Wartehalle. Während wir immer noch der Meinung waren, zum Fliegen müsse man sich ordentlich anziehen, waren die übrigen Wartenden leger gekleidet, um es vorsichtig auszudrücken. Eigentlich sahen sie aus wie Holzfäller in ihrer typischen Berufsbekleidung auf dem Weg zur Arbeit.

Zu unserem Erstaunen füllte sich die Halle auch nicht sehr, sodass höchstens 20 Personen auf das Flugzeug warteten. An dieser Stelle wurde uns klar, warum das ursprüngliche Flugzeug ausgefallen war.

Der Flug nach Calgary dauerte nur eine gute Stunde. Dort angekommen, nahmen wir unser Gepäck vom Band und suchten die Autovermietung auf. Hier lief es noch besser als in Toronto, obwohl es auch die Firma Hertz war. Wir bekamen diesmal einen Stadtplan, auf dem der Angestellte die Lage unseres Hotels und den Weg dorthin markierte. Das Auto war noch eine Nummer größer als das in Toronto und hatte eine Klimaanlage. Wir fanden das Hotel diesmal ohne Probleme.

In Calgary wollten wir nur eine Nacht bleiben, um am nächsten Tag in die Rocky Mountains aufzubrechen. Das war vielleicht etwas zu vorsichtig, aber jetzt zeigte es sich, dass es doch gar nicht so falsch war, denn es war schon Nachmittag und ich hatte keine Lust, bei Dunkelheit in die Berge zu fahren. Ich hatte ja zu Hause noch nicht wissen können, in welchem Zustand die Straßen in Kanada waren. Ich war auf eine Serpentinenstrecke gefasst, denn Banff lag 1400 Meter hoch.

Am nächsten Tag zeigte es sich, dass die Straßen ausgezeichnet und ziemlich geradlinig waren und dass wir in weniger als zwei Stunden unser Ziel erreicht hatten. Zwar darf man auf dem Trans-Canada Highway nur 100 Stundenkilometer schnell fahren, aber da es keinen Stau und fast keinen Verkehr gibt, ist man sehr entspannt unterwegs und schnell am Ziel.

Die einzige stressige Situation entstand, als kurz nach Einfahrt in den Banff Nationalpark und Kauf des Park Passes plötzlich ein schwarzer Bär die Fahrbahn überqueren wollte. Ich fuhr zwar nur mit der erlaubten Geschwindigkeit, aber auch dabei ist der Bremsweg ziemlich lang. Ich bremste, sah aber, dass ich es nicht mehr schaffen würde. Da gab der Bär nach und verließ die Straße rechtzeitig.

Glück für ihn und uns!

Bald waren wir in Banff und fanden auch schnell die Pension Tannenberg.

Wie der Name vermuten lässt, gehörte das Haus einem Deutschen. Ich hatte diese Pension über das Internet, das damals noch in den Kinderschuhen steckte, gefunden und gebucht. Der Name des Besitzers war Reiter. Deshalb hatte ich gehofft, dass es sich um einen Deutschen handelte. Diese Vermutung stellte sich bei dem folgenden Briefwechsel als richtig heraus und so hofften wir, dass wir uns dort heimisch fühlen würden.

Ich hatte als Sicherheit einen Reisescheck über 100 Dollar dorthin senden müssen, damit die Buchung zustande kam.

Nicht jedoch der Besitzer, sondern eine junge dunkelhaarige Frau, die wie eine Südamerikanerin aussah, begrüßte uns und stellte sich als Missis Reiter vor. Ihr Englisch hatte einen starken Akzent. Sie wies uns den Weg zu unserer Unterkunft, denn wir wohnten nicht im Haupthaus, sondern in einem nahe gelegenen großen Holzbungalow.

Da wir mit dem Auto die Straße benutzten, während sie auf kurzem Weg durch den Wald ging, kamen wir fast gleichzeitig dort an.

Sie zeigte uns die Räumlichkeiten und wir waren hochzufrieden mit unserem Quartier. Eigentlich gab es zwei Wohnungen in dem Bungalow, aber die andere war nicht vermietet.

Wir übergaben der Vermieterin weitere in Berlin gekaufte Reiseschecks und bezahlten damit unsere Unterkunft. Die junge Dame erzählte uns, dass sie vor Jahren die Spanischlehrerin von Herrn Reiter gewesen war und dass sie ihn auf diese Weise kennengelernt hatte.

Die Pension Tannenberg lag etwas außerhalb des Stadtzentrums und nachdem wir unser Gepäck ins Haus gebracht hatten, gingen wir los, um die Stadt zu erkunden.

Wir mussten nur den Bow River überqueren, dann lag die Innenstadt vor uns. Alles war sehr touristisch. Es gab Bars und Restaurants jeder Art sowie Kaufhäuser und Supermärkte. Zu meiner Freude gab es auch einen Bahnhof, an dem sogar die Trans Canada Rail hielt. Überall herrschte geschäftiges Treiben, denn es war Hauptsaison und viele Urlauber waren in Banff.

Es war Mittag und wir hatten uns schon längst an die Zeitverschiebung gewöhnt, sodass wir rechtzeitig Hunger bekamen. Aus diesem Grund suchten wir ein zünftiges Steakrestaurant mit dem treffenden Namen Buffalo Bill auf und speisten dort genüsslich. Da wir nicht mehr viel Bargeld hatten, bezahlten wir mit Kreditkarte, was dort offensichtlich auch sehr gern gesehen wurde.

Danach gingen wir in einen der Supermärkte, um uns mit Lebensmitteln einzudecken – schließlich waren wir ja jetzt Selbstversorger.

An der Kasse fragte ich zaghaft, ob man unseren letzten Reisescheck annehmen würden, obwohl er einen Wert von 100 Dollar hatte. Das wurde freundlich bejaht und wir bekamen eine Menge Wechselgeld. Dadurch sparten wir die Suche nach einer Bank, die den Scheck eingelöst hätte.

In diesem Supermarkt erlebten wir zum ersten Mal diese übertriebene Freundlichkeit, die wir aus Deutschland nicht kannten. Dass Verkäuferinnen ihre Kunden freundlich begrüßen, fanden wir ja in Ordnung, aber dass jede Kassierung mit „Hi, how are you today?" beginnen musste, war uns einfach zu viel des Guten. Zuerst versuchte ich noch etwas Nettes zu antworten, aber bald bemerkte ich, dass es niemanden interessierte, ob es uns gut oder schlecht ging. Es war einfach nur eine auswendig gelernte Floskel.

Wir trugen unsere Lebensmittel in unser Ferienhaus, verstauten sie und machten uns dann auf den Weg, um unsere nähere Umgebung zu erkunden.

Diesmal gingen wir nicht über den Bow River sondern in die andere Richtung. Die Pension hieß nicht umsonst Tannenberg, denn sie lag an einem Berg und es gab überall Tannen.

So konnten wir schon am ersten Tag eine schöne Wanderung machen, bei der wir immer wieder frei laufenden Elchen begegneten, die dort Moose heißen. Anfangs hatten wir ein bisschen Angst vor ihnen, denn manche hatten riesige Geweihe, aber sie taten niemandem etwas, fraßen nur alles ab, was wuchs und machten nicht einmal vor dem Blumenbeet auf dem Kirchenvorplatz halt.

Am Abend toasteten wir uns unser Weißbrot, denn dunkles Brot gab es nicht. Meine Frau hatte schon Entzugserscheinungen, da wir seit unserer Abreise nur noch Weißbrot gegessen hatten.

Beim Hin- und Herlaufen merkten wir, dass der Bungalow ziemlich laut war. Alles bestand aus Holz und die Dielenbretter knarrten und klapperten sehr, wenn man darauf trat. Wir waren froh, dass die zweite Wohnung des Bungalows frei war, denn es wäre uns peinlich gewesen, die Nachbarn durch unsere Geräusche zu stören.

Am nächsten Morgen gab es wieder Toastbrot. Im Gegensatz zu Lissy vermieden wir es jedoch die einzelnen Scheiben übereinander zu stapeln, nachdem sie mit Ahornsirup bestrichen waren. So war das Essen wesentlich angenehmer.

Nach dem Frühstück packten wir unseren Rucksack, zogen uns unsere Wanderschuhe an und dann ging es los in die Berge. Dazu fuhren wir mit dem Auto einige Kilometer zur Talstation des Sulphor Mountain. Dort stellten wir das Auto ab und wanderten den an manchen Stellen ziemlich steilen Weg zum 2400 Meter hohen Gipfel hinauf.

Unterwegs fanden wir häufig die Hinweise „Beware of bears!", die uns daran erinnerten, dass wir mit Bären rechnen mussten. Zwar hatten wir großen Respekt vor diesen Tieren, aber im Reiseführer hatte ich gelesen, dass in Kanada mehr Menschen an Zeckenbissen sterben, als durch Bären. Gegen die durch Zeckenbisse übertragene Hirnhautentzündung hatten wir uns vor der Reise impfen lassen; gegen Bärentatzen gab es leider keine Impfung.

Viele Bergwanderer, die wir trafen, hatten sich Glöckchen umgehängt, da sie hofften, auf diese Weise die Bären vertreiben zu können.

Wir sahen jedenfalls auf dem ganzen Weg nach oben keinen einzigen Bären und waren darüber auch nicht traurig.

Oben gab es dieselbe Situation wie in den Bayerischen Alpen. Die meisten Menschen waren mit der Seilbahn hochgefahren und saßen gut gekleidet und nicht verschwitzt im Restaurant und aßen Mittag.

Wir bedienten uns aus unserem Rucksack, wozu wir uns etwas abseits hinsetzten. Dabei hatten wir einen wundervollen Blick auf Banff und als plötzlich ein Zug unten im Tal fuhr, der so klein aussah, wie eine Modelleisenbahn, da war ich vollkommen glücklich. Der Zug wand sich um die Berge herum, um irgendwo in einem Tunnel zu verschwinden und auf der anderen Seite des Berges wieder ans Tageslicht zu kommen.

Nachdem wir den gesamten Ausblick vom Gipfel ausführlich genossen hatten, beschlossen wir den Rückweg anzutreten. Da wir aber auf dem Weg nach oben schon gemerkt hatten, wie steil es teilweise war, beschlossen wir, zurück die Gondel zu nehmen. Ausschlaggebend war das Argument, dass die Talfahrt nichts kostete. Man ging wohl davon aus, wer oben ist, konnte nur mit der Seilbahn hoch gefahren sein und hatte demzufolge schon bezahlt.

Wir stiegen also in eine Seilbahngondel ein, die vier Personen Platz bot. Nach uns stieg ein junges Paar ein, das miteinander französisch sprach. Als ich den jungen Mann mit meinem Bein anstieß, entschuldigte ich mich, indem ich „Pardon" sagte. Das veranlasste nun dieses Pärchen auf Französisch auf uns einzureden, da sie wohl dachten, wir kämen ebenfalls aus Quebec. Ehrlich gesagt, verstand ich kein Wort und unterbrach sie schnell, indem ich sagte: „Nous sommes d'Allemagne." Daraufhin wollten sie sofort wissen, ob aus Ost- oder Westdeutschland. Als ich ihnen sagte, dass wir aus Ostdeutschland kämen, war ihr Interesse noch größer und sie wollten viele Einzelheiten über unser neues Leben und die Veränderungen nach der Wiedervereinigung erfahren. Da für solche Auskünfte allerdings mein französischer Wortschatz zu klein war, schaltete ich auf Englisch um, das sie offensichtlich genauso verstanden wie Französisch. Ich konnte mich dabei gut der bei den Verwandten so oft gebrauchten Vokabeln bedienen.

Ohne dass ich es merkte, waren wir in der Talstation angekommen und mussten aussteigen. So sah ich zwar nicht viel von der sicherlich schönen Aussicht während der Fahrt, hatte aber trotzdem ein gutes Gefühl, denn ich war fest davon überzeugt, etwas für die Völkerverständigung getan zu haben.

Als wir nach Hause kamen, mussten wir uns erst mal ausruhen. Der Aufstieg war doch sehr anstrengend gewesen. Da wir zu müde waren noch einmal loszugehen, mussten wir in der Ferienwohnung Abendbrot essen – also wieder Weißbrot.

Wir hatten gerade aufgegessen, da hörten wir Stimmen vor unserem Haus. Neugierig schauten wir aus dem Fenster und sahen, dass ein zweites Auto vorgefahren war, aus dem ein junger Japaner ausstieg, der mit Frau Reiter zusammen in unser Haus ging. Offenbar wurde jetzt die zweite Ferienwohnung in unserem Haus belegt. Das war uns nicht sehr lieb, denn wir wussten, dass Japaner sehr leise Menschen sind und befürchteten, dass sie sich durch unser Herumlaufen und die knarrenden Dielen gestört fühlen würden.

Der junge Mann kam zurück, öffnete die Autotür, verbeugte sich und half dann einem älteren Mann aus dem Auto.

Beide gingen ins Haus, und nach einer Weile kam der Jüngere heraus, sagte etwas in das Autoinnere, wonach eine ältere und eine jüngere Frau aus dem Auto stiegen und mit ins Haus gingen.

Also schienen sie die Wohnung zu nehmen und sie waren zu viert.

Bald darauf entfernte sich unsere Vermieterin und der junge Japaner schleppte nach und nach das Gepäck der Familie ins Haus. Dass dabei einige Geräusche entstanden, war uns klar, denn wir litten ja selbst unter den knarrenden Dielen. Was dann allerdings nebenan ablief konnten wir akustisch sehr gut verfolgen und kaum ertragen.

Zuerst unterhielten sie sich in einer Lautstärke, dass man befürchten musste, es sei in der Nachbarwohnung zu Streitereien gekommen, die am Ende in Handgreiflichkeiten übergehen könnten.

Dann wurden Möbel gerückt. Anscheinend liefen alle vier ständig hin und her, wobei sie die Einrichtung umsortierten. Mehrmals hatten wir das Gefühl, dass irgendwelche Koffer herunterfielen oder sogar Möbel umkippten.

Wir hatten uns schon hingelegt, denn inzwischen war es dunkel und wir waren müde, aber da ging es nebenan erst richtig los.

Die Familie schien zu kochen. Dazu wurden Teller, Pfannen und Töpfe aus dem Schrank geholt und erst einmal lautstark abgewaschen. Die Zubereitung der Mahlzeit erzeugte ebenfalls großen Lärm. Dann schurrten Stühle über den Holzfußboden und die Nachbarn schienen sich an den Tisch zu setzen.

Bei dem anschließenden Essen ging es auch nicht gerade leise zu, denn man unterhielt sich recht lautstark bei Tisch.

Inzwischen war es Mitternacht und wir hatten noch keine Minute geschlafen.

Wenn wir aber gedacht hatten, dass nach dem Essen Ruhe einkehren würde, so hatten wir uns geirrt. Das Geschirr und vor allem die Töpfe mussten ja noch abgewaschen werden, was wiederum für einen erheblichen Lärm sorgte. An Schlaf war also für uns immer noch nicht zu denken.

Ich vermutete, dass die Nachbarn gerade aus Japan eingetroffen wären und demzufolge in der falschen Zeit lebten. Anders war diese Nachtaktivität nicht zu erklären.

Irgendwann war dann endlich Ruhe und wir konnten schlafen.

Als wir am nächsten Morgen aufwachten, nahm ich mir fest vor, die Leute anzusprechen und sie zu bitten nachts etwas leiser zu sein.

Das scheiterte allerdings daran, dass sie zu dieser Zeit noch schliefen. Ich nahm mir deshalb vor, dieses Gespräch auf einen späteren Zeitpunkt zu verlegen.

Am Tag zuvor hatten wir uns beim Hiking richtig angestrengt und davon einen Muskelkater bekommen. Wir beschlossen also, diesen Tag etwas ruhiger zu gestalten. Deshalb wollten wir mit dem Auto zu einem weiter entfernten Ziel fahren. Wir suchten in unserem Reiseratgeber und fanden, dass uns Lake Louise gefallen könnte.

Also setzten wir uns ins Auto und fuhren dorthin. Dazu mussten wir wieder auf den Trans-Canada Highway.

Die Fahrt dauerte eine knappe Stunde und dann waren wir an einem malerischen Fleck angelangt. Der See lag türkisblau vor gewaltigen schneebedeckten Bergen. Es gab auch ein großes Hotel, das mit seiner tollen Lage viele Gäste anlockte.

Eine besondere Attraktion war ein Alphornbläser, der die Spaziergänger mit seiner Musik unterhielt. Den hätte man hier wirklich nicht erwartet. Als wir ihn ansprachen, hörte er auf zu blasen und sprach mit uns Deutsch mit Schweizer Dialekt.

An einer Informationstafel erfuhren wir, dass der See zu keiner Jahreszeit mehr als 4°C hätte, sodass Wassersport mit äußerster Vorsicht zu betreiben sei.

Wir folgten einem am Hotel beginnenden Wanderweg und hatten einen schönen Spaziergang, der nicht allzu anstrengend war.

Am Nachmittag fuhren wir wieder zurück nach Banff.

Auf der Fahrt legte ich mir schon die Worte zurecht, die ich den Japanern sagen wollte, wenn ich sie sah. Es durfte nicht zu böse klingen, denn wir wollten die Nachbarn ja nicht verärgern, aber auch nicht zu kompliziert sein, denn ich wusste ja nicht, wie gut ihr Englisch war.

Als wir zu unserem Haus in Banff kamen, war der Parkplatz leer. Anscheinend waren sie unterwegs. Da ich sie auf jeden Fall bei der Wiederkehr abpassen wollte, warteten wir im Haus auf sie. Zu unserer Verwunderung kamen sie aber nicht zurück.

Offenbar hatten sie nur für eine Nacht gebucht und waren heute weitergefahren. Wahrscheinlich nervten sie jetzt andere Leute mit ihrer Betriebsamkeit.

Den Besitzer des Tannenbergs lernten wir auch persönlich kennen. Er schien ursprünglich aus Nürnberg oder Umgebung zu kommen und wenn er redete, wusste ich nie, ob er gerade fränkisch oder englisch sprach. Er hatte sich ein Gemisch aus beiden Sprachen zugelegt, wurde aber von den Kanadiern verstanden. Er war immer sehr beschäftigt und hatte kaum Zeit für uns.

Wir wanderten während der nächsten Tage noch auf einige Berge in der Nähe, aber zu unserem Glück hatten wir dabei keine Begegnung mit Bären. Dafür sahen wir possierliche Tiere wie Erdmännchen und Streifenhörnchen. Letztere waren so frech, dass sie uns unsere mitgebrachten Kekse aus der Hand rissen und damit flüchteten.

Außerdem sahen wir Bisons, die aber zu unserer Beruhigung in einem abgezäunten Bereich waren, und immer wieder Moose in freier Wildbahn.

Zu einer Begegnung mit Grizzlybären kam es dann doch noch. Unser Gastgeber gab uns den Tipp an einen bestimmten Wasserlauf zu fahren, an dem die Bären auf die Lachse warteten, die während ihrer Laichwanderung bergauf schwammen. Er sah unsere Skepsis und beruhigte uns, indem er sagte, dass die Bären nur an Fisch interessiert seien und von den anwesenden Menschen keine Notiz nähmen. Wir waren zwar noch nicht restlos überzeugt, konnten aber der Versuchung nicht widerstehen, die Grizzlybären so nah zu sehen.

Als wir an dem besagten Flüsschen angekommen waren, sahen wir dort viele Autos. Wir waren also nicht die Einzigen, was uns etwas beruhigte. Die Touristen standen auf einem etwa ein Meter hohen Holzsteg und die Entfernung zu den Bären betrug auch nur ein bis zwei Meter. Wir betraten den Steg und mussten aufpassen, dass wir nicht in Kleckse, die aussahen wie verschüttete Blaubeermarmelade, traten. Ich war etwas vorsichtiger und beobachtete die ganze Angelegenheit so, dass ich notfalls schnell zum Auto gelangen konnte, während meine Frau weiter nach vorne ging, um besonders gute Fotos zu schießen.

Was wir sahen, war ein ungleicher Kampf zwischen Bären und Lachsen. Die Fische mussten in ganz flachem klaren Wasser bergauf schwimmen und die Bären brauchten nur zuzugreifen, dann war ein Lachs gefangen und kurz darauf verspeist.

Alles war so harmlos, wie es unser Vermieter geschildert hatte, bis sich plötzlich ein Bär vom Fischfang abwandte und unvermittelt auf die neugierigen Menschen zukam. Ein Aufschrei ging durch die Zuschauer und sie versuchten, sich in Sicherheit zu bringen, denn der Bär schickte sich an auf den Steg zu klettern, was ihm auch ohne sichtliche Mühe gelang. Dadurch schnitt er den Rückweg für die Hälfte der Zuschauer ab, zu denen auch meine Frau gehörte.

Auf dem Steg hatte der Bär dann nichts Besseres zu tun, als sich zu erleichtern und noch einen Klecks Blaubeermarmelade hinzuzufügen. Nach erledigtem Geschäft sprang er wieder herunter und fischte weiter. Die Bären schienen den Steg als Toilette zu benutzen.

Meine Frau kam ziemlich verstört zu mir und sagte, dass sie gedacht hätte, dass der Steg für die Bären unerreichbar sei und dass sie sich deswegen so weit vorgewagt hätte.

Von da an machten wir keine gefährlichen Experimente mehr.

So verbrachten wir 12 abwechslungsreiche Tage in Banff und lernten viel über Land und Leute in Kanada. Dabei sahen wir leider keine Angehörigen der First Nations, um es politisch korrekt auszudrücken. Schade, ich hatte mir gewünscht, mit Indianern zusammenzutreffen. Die kanadischen Rocky Mountains schienen jedoch fest in der Hand des weißen Mannes zu sein, denn auch Schwarze sahen wir dort nicht.

Frau Reiter ließ es sich nicht nehmen uns zum Abschied aufzusuchen und alles Gute zu wünschen. Vielleicht wollte sie auch nur überprüfen, ob wir keine Einrichtungsgegenstände eingepackt hatten.

Dann hieß es von den Bergen Abschied zu nehmen und zurück nach Calgary zu fahren. Dort verbrachten wir eine Nacht in demselben Hotel wie zwei Wochen zuvor.

Am nächsten Morgen fuhren wir zum Flughafen, gaben ganz unkompliziert das Auto ab und flogen nach Toronto, wo wir drei Stunden auf unseren Anschluss nach Berlin-Schönefeld warten mussten.

Während der Wartezeit wurden wir von einem schrecklichen Durst heimgesucht, hatten aber alles kanadische Geld ausgegeben. „Kein Problem, schließlich haben wir ja Kreditkarten," dachte ich. Also bestellte ich an einer Bar aus Sparsamkeit nur zwei kleine Cola im Werte von zusammen 3 Dollar und zückte die Karte. Zwei große Gläser hätten 5 Dollar gekostet. Der Barkeeper winkte ab und sagte, dass er Kreditkarten erst ab einem Betrag von 5 Dollar annehmen dürfe. Er verwies uns an ein Restaurant, wo man unsere Karte gern akzeptieren würde. Wir setzten uns dort hinein und bestellten auch dort zwei kleine Cola. Die wurden gebracht kosteten aber zusammen 6 Dollar. Die Kreditkarte wurde aber gern angenommen. Auf diese Weise hatten wir wenigstens noch etwas zum Lachen während der weiter andauernden Warterei.

Dann ging es endlich los – wenn auch verspätet. Wir hatten uns Plätze im Heck ausgesucht und saßen in der allerletzten Reihe. Das war uns vorher egal gewesen, aber als wir eine Weile saßen, merkten wir, dass wir einen Nachteil hatten. Wir konnten nämlich unsere Lehnen nicht kippen, denn da war die Rückwand. So mussten wir die ganze Zeit stocksteif sitzen, was besonders unbequem war, da die Leute vor uns es sich gemütlich machten, wobei sie fast auf unserem Schoß lagen.

Kanada war ein ganz besonderes Highlight unter unseren Reisen. Es war für meine Frau die Erfüllung eines so lange gehegten Traumes, da sie sich von Kindheit an gewünscht hatte, einmal ihre Verwandten besuchen zu dürfen. Realistisch musste sie in der DDR davon ausgehen, dass sie diese Möglichkeit nicht haben würde, denn die Reisefreiheit für DDR-Bürger begann bekanntlich erst mit Eintritt des Rentenalters. Niemand konnte jedoch wissen, ob man in diesem Alter noch so weit reisen konnte und ob man das Geld dazu hätte.

Für mich war damit eine Tür aufgestoßen. Wir waren über den großen Teich geflogen und hatten keine nennenswerten Probleme damit. Ich konnte mir nun noch viele weitere große Reisen in exotischere Länder vorstellen.

So ist es dann auch gekommen. An diesen Trip sollten sich tatsächlich noch viele weitere anschließen, über die ich gern später berichten werde.